国際私法

廣江健司

国際書院

Private International Law

by Kenshi HIROE

Copyright © 2015 Kenshi HIROE

ISBN978-4-87791-265-9 C3032 Printed in Japan

はしがき

　『国際私法』と題する本書は、国際私法を広義に解して、国際民事関係の事案に対する国際私法による処理について、その解釈の方法論の現在の法状態を概論するものである。

　本書によって、国際私法的処理について、その解釈の方法論を理解して、その法的センスを養成することができるであろう。本書によって、国際私法的処理の主要な問題として、いかなる国際民事事件に対して日本の裁判所が管轄権を有するか、いずれの法域（国・州）の法を事案の法律関係について適用すべき法として選定するか、いかなる外国裁判所の判決を承認するか・執行するか、といった国際裁判管轄権、準拠法、外国判決の承認・執行の問題を理解することができる。

　本書は、あとがきに記した事情により成ったものであり、概論書という性質により、従来からの研究成果によりつつも、引用していない。本書によって国際私法について知的好奇心を喚起されたら、法情報の検索によって得る関連文献・判例研究を参考に、その考察を深化されることを期待する。

　本書は、2014年（平成26年）6月10日現在の法状態について論述している。その後の法状態については、読者のご批判を仰ぎつつ、法の発展に応じて、他日における本書の改訂に期したい、と思う。

　本書の刊行にあたって、国際書院の石井彰社長に深謝を申し上げる。

2014年（平成26年）11月3日

廣江健司

凡例

　本書において、判例・裁判例・審判例から引用する場合において、最高裁判所の判例からのときは【判例】と、下級審裁判所の裁判例からのときは【裁判例】と、家庭裁判所の審判例からのときは【審判例】と、それぞれ記す。判例集名は、法文献における引用の慣例に従って、次のように略記する。

最高裁判所民事判例集	→ 民集	高等裁判所民事判例集	→ 高民集
下級裁判所民事判例集	→ 下民集	家庭裁判月報	→ 家月
判例時報	→ 判時	判例タイムズ	→ 判タ

　判例・裁判例・審判例からの引用において、《判旨》等の引用は「　」で示し、「　」中の〔　〕は著者による補記を、……は省略をそれぞれ表す。事件関係人・訴訟当事者等の名称は、適宜に変更して表す。判例・裁判例・審判例は、新旧を問わず、論述の素材として適切である、と評価したものを採録している。新しいものが改善されたものであるとは限らない、と思う。

　本書は、概論書であるから、簡潔に表現している。たとえば、「……を意味するものと解釈する、と理解されている」とか、「……と解するものと考えている」と表現する必要があるところでも、本書は、「……を意味する」とか、「……と解する」と簡潔に表現している。接続詞は、できる限り、使っていない。本書は、教科書・解説書ではないから、「……のである」という表現をしていない。「……のである」という表現は、教授するといった教科書・解説書で使われる表現である、と思う。

　こうした点を補って読まれるように。

目次

はしがき Ⅲ
凡例 Ⅳ

第1章 渉外的法律関係および国際民事紛争の解決の流れ…………………1
1. はじめに………………………………………………………………………1
2. 渉外的法律関係………………………………………………………………1
 （1） 渉外的法律関係の意義〈1〉 （2） 渉外性の判定〈2〉
3. 国際民事紛争の解決の流れ…………………………………………………4
 （1） 国際（商事）仲裁〈4〉
 （2） 裁判における国際裁判管轄権および準拠法〈5〉
4. 結びに代えて………………………………………………………………10

第2章 民事裁判権および国際裁判管轄権…………………………………13
1. はじめに……………………………………………………………………13
2. 民事裁判権…………………………………………………………………14
 （1） 民事裁判権の免除に関する法制〈14〉
 （2） 民事裁判権の免除に関する原則と例外〈16〉
3. 国際裁判管轄権――財産関係事件…………………………………………19
 （1） 日本の裁判所の管轄権に関する法制（民事訴訟法第1編第2章第1節）〈19〉
 （2） 管轄権の標準時（第3条の12）〈21〉 （3） 管轄権に関する事項の職権証拠調べ（第3条の11）〈21〉 （4） 管轄原因事実の主張・立証〈22〉
4. 結びに代えて………………………………………………………………24

第3章 日本の裁判所の管轄権および訴訟手続………………………………26
1. はじめに……………………………………………………………………26
2. 財産関係事件に対する日本の裁判所の管轄権――民事訴訟法の規定……27
 （1） 管轄権の専属（第3条の5）〈27〉 （2） 管轄権に関する合意（第3条の7）〈28〉 （3） 応訴による管轄権（第3条の8）〈30〉 （4） 普通裁判籍の管轄原因（第3条の2）〈30〉 （5） 特別裁判籍に相当する管轄原因（第3条の3）〈31〉 （6） 消費者契約および労働関係に関する訴えの管轄権（第3条の4）〈38〉 （7） 併合請求における管轄権（第3条の6）〈39〉 （8） 特別の事情による訴えの却下

（第3条の9）〈40〉（9）中間確認の訴えおよび反訴の管轄権（第145条および第146条）〈41〉
3．訴訟当事者および訴訟手続……………………………………………………42
（1）「手続は法廷地法による」の原則〈42〉（2）当事者能力・訴訟能力・当事者適格の準拠法〈43〉（3）国際司法共助〈45〉
4．結びに代えて……………………………………………………………………47

第4章　抵触法の機能および抵触法の規定の構造……………………………49
1．はじめに…………………………………………………………………………49
2．渉外的法律関係の法規整………………………………………………………50
（1）統一法（条約）〈50〉（2）国際私法（準拠法を定める法）〈51〉
（3）モデル法および援用可能統一規則〈51〉
3．準拠法の選定の方法論…………………………………………………………53
4．国際私法の意義…………………………………………………………………54
（1）国際私法の定義〈54〉（2）国際私法の機能、目的および性質〈55〉
5．抵触法の規定の解釈・適用……………………………………………………58
（1）抵触法の法源〈58〉（2）抵触法の規定の構造〈59〉（3）法律関係の性質の決定〈60〉（4）連結政策〈63〉（5）連結素の確定および連結素の確定の基準時〈64〉（6）連結素の主張・立証〈65〉（7）連結素の詐欺的変更〈65〉
6．先決問題および適応問題………………………………………………………65
（1）先決問題およびその処理〈65〉（2）適応問題およびその処理〈66〉
7．結びに代えて……………………………………………………………………66

第5章　外国法の解釈・適用および外国法の規定の適用の排除……………69
1．はじめに…………………………………………………………………………69
2．外国法の解釈・適用……………………………………………………………70
（1）外国法の解釈・適用〈70〉（2）外国法の不明の場合の処理〈71〉
（3）外国法の適用違背に基づく上告に対する処理〈73〉
3．外国法の規定の適用の排除……………………………………………………74
（1）公序則の意義〈74〉（2）適用すべき抵触法の規定の解釈・適用（第42条）〈74〉（3）外国法の規定の適用の排除後についての処理〈76〉
4．結びに代えて……………………………………………………………………77

第 6 章　婚姻関係……………………………………………………… 79
1．はじめに…………………………………………………………… 79
2．婚姻関係事件に対する日本の裁判所の管轄権…………………… 79
（1）　解釈の方法論（判断の枠組み）〈79〉（2）　離婚請求事件〈80〉
3．婚姻の成立………………………………………………………… 81
（1）　婚姻の実質的成立要件〈81〉（2）　適用すべき抵触法の規定の解釈・適用（第24条第1項）〈82〉（3）　婚姻の形式的成立要件（方式）〈83〉（4）　適用すべき抵触法の規定の解釈・適用（第24条第2項）〈84〉
4．婚姻の効力………………………………………………………… 85
（1）　婚姻の身分的効力〈85〉（2）　適用すべき抵触法の規定の解釈・適用（第25条）〈86〉（3）　婚姻の財産的効力〈88〉（4）　適用すべき抵触法の規定の解釈・適用（第26条）〈88〉
5．離婚………………………………………………………………… 91
（1）　離婚の法律関係〈91〉
（2）　適用すべき抵触法の規定の解釈・適用（第27条）〈91〉
6．結びに代えて……………………………………………………… 92

第 7 章　親子関係……………………………………………………… 96
1．はじめに…………………………………………………………… 96
2．親子関係事件に対する日本の裁判所の管轄権…………………… 98
（1）　解釈の方法論（判断の枠組み）〈98〉（2）　親権者指定・変更申立事件〈98〉（3）　認知請求事件〈100〉（4）　養子縁組許可申立事件〈100〉
3．嫡出である子の親子関係………………………………………… 101
（1）　嫡出である子の親子関係の成立〈101〉
（2）　適用すべき抵触法の規定の解釈・適用（第28条）〈101〉
4．嫡出でない子の親子関係………………………………………… 103
（1）　嫡出でない子の親子関係の成立〈103〉（2）　適用すべき抵触法の規定の解釈・適用（第29条第1項・第3項）〈103〉（3）　認知〈104〉（4）　適用すべき抵触法の規定の解釈・適用（第29条第2項）〈104〉
5．準正………………………………………………………………… 107
（1）　準正〈107〉（2）　適用すべき抵触法の規定の解釈・適用（第30条）〈107〉
6．養子縁組…………………………………………………………… 108
（1）　養子縁組〈108〉

（2）　適用すべき抵触法の規定の解釈・適用（第31条）〈109〉
　7．親族関係についての法律行為の方式……………………………………………111
　（1）　親族関係についての法律行為の方式〈111〉
　（2）　適用すべき抵触法の規定の解釈・適用（第34条）〈111〉
　8．親子間の法律関係………………………………………………………………112
　（1）　親子間の法律関係〈112〉
　（2）　適用すべき抵触法の規定の解釈・適用（第32条）〈113〉
　9．その他の親族関係の準拠法（第33条）………………………………………114
　10．扶養義務の準拠法に関する法律………………………………………………114
　11．結びに代えて……………………………………………………………………116

第8章　相続関係の準拠法………………………………………………………119
　1．はじめに…………………………………………………………………………119
　2．相続関係の準拠法………………………………………………………………120
　（1）　相続〈120〉　（2）　適用すべき抵触法の規定の解釈・適用（第36条）〈120〉
　3．遺言………………………………………………………………………………123
　（1）　遺言〈123〉　（2）　適用すべき抵触法の規定の解釈・適用（第37条）〈124〉
　4．遺言の方式の準拠法に関する法律……………………………………………127
　5．結びに代えて……………………………………………………………………128

第9章　本国法の特定および外国の抵触法の適用………………………………130
　1．はじめに…………………………………………………………………………130
　2．国籍による本国法の特定………………………………………………………131
　（1）　国籍の意義〈131〉　（2）　重国籍の場合（第38条第1項）〈132〉
　（3）　無国籍の場合（第38条第2項）〈134〉
　3．不統一法国をめぐる本国法の特定……………………………………………134
　（1）　不統一法国の意義〈134〉　（2）　地域的不統一法国の場合（第38条第3項）
〈135〉　（3）　人的不統一法国の場合（第40条）〈136〉
　4．常居所地の法・最密接関係地の法の特定……………………………………137
　（1）　常居所地の法〈137〉　（2）　最密接関係地の法〈138〉
　5．外国の抵触法の解釈・適用……………………………………………………139
　（1）　反致の意義〈139〉　（2）　適用すべき抵触法の規定の解釈・適用（第41条）
〈140〉　（3）　隠れた反致〈141〉

6．結びに代えて……………………………………………………………143

第10章　自然人関係の準拠法および法人の従属法……………………145
　1．はじめに…………………………………………………………………145
　2．自然人……………………………………………………………………145
　（1）　人の行為能力〈145〉　（2）　適用すべき抵触法の規定の解釈・適用（第4条）〈146〉　（3）　後見開始の審判等の管轄権および準拠法（第5条）〈148〉　（4）　失踪の宣告の管轄権および準拠法（第6条）〈150〉
　3．法人………………………………………………………………………152
　（1）　外国法人・外国会社〈152〉　（2）　外国法人の認許〈153〉　（3）　法人の従属法〈153〉
　4．外国会社…………………………………………………………………157
　（1）　外国会社〈157〉　（2）　擬似外国会社（会社法第821条）〈157〉
　5．結びに代えて……………………………………………………………158

第11章　物権関係の準拠法………………………………………………160
　1．はじめに…………………………………………………………………160
　2．物権等の準拠法…………………………………………………………160
　（1）　物権等〈160〉　（2）　適用すべき抵触法の規定の解釈・適用（第13条第1項）〈161〉　（3）　物権の得喪〈162〉　（4）　適用すべき抵触法の規定の解釈・適用（第13条第2項）〈162〉
　3．移動中の物の準拠法……………………………………………………164
　4．担保物権の準拠法………………………………………………………165
　（1）　約定担保物権〈165〉　（2）　法定担保物権〈166〉
　5．知的財産の国際的保護…………………………………………………167
　（1）　知的財産の意義〈167〉　（2）　属地主義の原則および保護国法主義〈168〉　（3）　著作権〈169〉　（4）　産業財産権〈170〉　（5）　並行輸入〈170〉
　6．結びに代えて……………………………………………………………172

第12章　法定債権関係の準拠法…………………………………………174
　1．はじめに…………………………………………………………………174
　2．事務管理または不当利得の準拠法……………………………………175
　（1）　事務管理または不当利得〈175〉　（2）　適用すべき抵触法の規定の解釈・適

用（第 14 条）〈175〉　（3）　準拠法の選定の例外（第 15 条）〈176〉　（4）　準拠法の変更（第 16 条）〈178〉
　3．不法行為の準拠法……………………………………………………………179
　　（1）　不法行為〈179〉
　　（2）　適用すべき抵触法の規定の解釈・適用（第 17 条）〈180〉
　4．生産物責任および名誉または信用の毀損の特例…………………………182
　　（1）　生産物責任について適用すべき抵触法の規定の解釈・適用（第 18 条）〈182〉
　　（2）　名誉または信用の毀損について適用すべき抵触法の規定の解釈・適用（第 19 条）〈185〉
　5．不法行為の準拠法についての修正…………………………………………186
　　（1）　準拠法の選定の例外（第 20 条）〈186〉　（2）　準拠法の変更（第 21 条）〈187〉　（3）　不法行為についての公序による制限（第 22 条）〈188〉
　6．結びに代えて…………………………………………………………………190

第13章　任意債権関係の準拠法……………………………………………193
　1．はじめに………………………………………………………………………193
　2．契約の準拠法…………………………………………………………………194
　　（1）　当事者自治の原則〈194〉
　　（2）　適用すべき抵触法の規定の解釈・適用――主観的連結（第 7 条）〈195〉
　3．選択がないときの処理………………………………………………………199
　　（1）　「選択がないとき」〈199〉
　　（2）　適用すべき抵触法の規定の解釈・適用――客観的連結（第 8 条）〈199〉
　4．準拠法の変更（第 9 条）……………………………………………………202
　5．法律行為の方式の準拠法（第 10 条）………………………………………202
　6．消費者契約および労働契約の特例…………………………………………204
　　（1）　消費者契約について適用すべき抵触法の規定の解釈・適用（第 11 条）〈204〉
　　（2）　労働契約について適用すべき抵触法の規定の解釈・適用（第 12 条）〈206〉
　7．代理の準拠法…………………………………………………………………208
　8．債権債務関係の準拠法………………………………………………………209
　　（1）　債権の譲渡（第 23 条）〈209〉
　　（2）　債務の引受、債権質、相殺、債権者代位権、詐害行為取消権〈210〉
　9．国際物品売買契約の準拠法…………………………………………………212
　　（1）　国際物品売買契約〈212〉　（2）　ウィーン売買条約〈214〉

10　結びに代えて……………………………………………………………………215

第14章　外国判決の承認・執行および国際的訴訟競合の処理……………219
　1．はじめに………………………………………………………………………219
　2．外国裁判所の確定判決………………………………………………………220
　3．外国裁判所の確定判決の承認の要件（民事訴訟法第118条）……………222
　　（1）　間接管轄（第1号）〈222〉　（2）　送達または応訴（第2号）〈225〉
　　（3）　公序（第3号）〈226〉　（4）　相互の保証（第4号）〈228〉
　4．外国裁判所の判決についての執行判決……………………………………229
　　（1）　解釈の方法論（民事執行法第24条）〈229〉　（2）　実質的再審査の禁止（第2項）〈229〉　（3）　外国裁判所の判決の確定の証明および承認要件の具備（第3項）〈230〉
　5．国際的訴訟競合………………………………………………………………230
　　（1）　国際的訴訟競合の意義〈230〉　（2）　国際的訴訟競合の処理〈231〉
　6．結びに代えて…………………………………………………………………233

第15章　国際商事仲裁……………………………………………………………234
　1．はじめに………………………………………………………………………234
　2．国際仲裁に関する法制………………………………………………………236
　3．仲裁の準拠法…………………………………………………………………237
　　（1）　仲裁合意〈237〉　（2）　仲裁手続の準則（仲裁法第26条）〈239〉
　　（3）　仲裁判断において準拠すべき法（仲裁法第36条）〈240〉
　4．外国仲裁判断の承認および執行決定………………………………………241
　5．結びに代えて…………………………………………………………………243

あとがき　〈245〉
判例・裁判例・審判例の索引　〈246〉
事項の索引　〈252〉

第1章　渉外的法律関係および
　　　　　国際民事紛争の解決の流れ

1．はじめに

　国際化した現代の日本社会において、人々は、国境を越えて生活を営んでいる。この生活は、人・物・金・モノが国境を越える生活関係である。生活関係は、法による規律の対象となると、法律関係となる。法律関係は、たとえば、人をめぐる法律関係として婚姻関係・親子関係・相続関係など、取引をめぐる法律関係として法人関係・物権関係・知的財産関係・法定債権関係・任意債権関係などである。

　現代の国際社会において、基本的に、法秩序は、国家や連邦国家の州などを単位として形成されている。単一の法秩序を形成する地域を法域という。法域の法秩序は、その法域内においてのみ効力を有する。

　一方では、法律関係が国境を越えて生じており、他方では、法秩序が法域ごとに形成されている状況から、国境を越える法律関係について特有の法規整が必要となる。

2．渉外的法律関係

（1）　渉外的法律関係の意義

　国境を越える法律関係は、法律関係を構成する要素に外国的（法域外の）要素（渉外的要素）を含む。渉外的要素を含む法律関係を渉外的法律関係という。渉外的法律関係とは、法廷地からみて、法律関係を構成する要素のなかに渉外的要素を含む法律関係を意味する。法廷地は、観念的に常に考える

ことができる地であって、現実に裁判を行う地に限らず、事案を処理する地である。法廷地からみて、ある法律関係を渉外的法律関係と判定するためには、法律関係を構成する要素のなかのいかなる要素が渉外的要素であるか、という問題が生ずる。この問題は、渉外的法律関係の意義であり、具体的事案における渉外性の判定である。

渉外的法律関係は、一般に、法律関係を構成する諸要素が複数の国に関わるような関係であるとの見解や、生活関係を構成する要素の1つが外国法に関連がある生活関係（渉外的私法関係）であるとの見解など、見解の相違がある。法廷地からみて、いかなる当時における、いかなる要素に渉外的要素を含むか、と考える。支配的見解（通説的見解）によると、渉外的法律関係とは、原則として、法律関係の発生の当時において、法律関係を構成する要素の少なくとも1つに、すなわち、当事者の国籍・常居所、目的物の所在地、事実発生地など国際私法において連結点となり得る要素に外国的要素を含む法律関係を意味する。この見解は、渉外的法律関係を形式的に解する。この見解は、国際私法の意義や連結点（連結素）の機能について理解した後に評価することとなる。

渉外性を肯定すると、具体的事案における法律関係が国際私法の規律の対象となるから、事案の渉外性の判定は、国際私法の適用の前提となる。

（2）　渉外性の判定

事案の渉外性は、裁判所が、職権で、事案の渉外的要素を構成する事実を認定して判定するか、当事者の主張・立証に基づいて判定するかが問題となる。この問題は、渉外性の判定のための要素それ自体が諸種の性質をもつから、その性質に応じて資料の証拠法上の処理を決める、と考える。

具体的事案の渉外性について典型的には、判例・裁判例・審判例は、次のように判定する。

【審判例】熊本家裁平成10年7月28日審判（家月50巻12号48頁）

《審判要旨》「本件は、中国国籍を有する申立人が日本国籍を有する相手方に対し婚姻費用分担の審判を求める渉外事件である。」

【裁判例】大阪高裁平成 11 年 2 月 26 日判決（金判 1068 号 45 頁）
《判旨》「本件は、パナマ共和国法に基づいて設立され同国に本店を有する控訴人が、日本法に基づいて設立され日本に本店を有する銀行である被控訴人に対し、保証債務の履行を求めている事案であり、いわゆる渉外事件である。」

【判例】最高裁平成 14 年 9 月 26 日第一小法廷判決（民集 56 巻 7 号 1551 頁）
《判旨》「本件差止請求及び本件廃棄請求は、私人の財産権に基づく請求であり、本件両当事者が住所又は本店所在地を我が国とする日本人及び日本法人であり、我が国における行為に関する請求ではあるが、米国特許法により付与された権利に基づく請求であるという点において、渉外的要素を含むものであるから、準拠法を決定する必要がある。」「本件損害賠償請求は、本件両当事者が住所又は本店所在地を我が国とする日本人及び日本法人であり、我が国における行為に関する請求ではあるが、被侵害利益が米国特許権であるという点において、渉外的要素を含む法律関係である。本件損害賠償請求は、私人の有する財産権の侵害を理由とするもので、私人間において損害賠償請求権の存否が問題となるものであって、準拠法を決定する必要がある。」

　この判決は、本件の差止請求および廃棄請求または損害賠償請求という具体的事案の渉外性について、「米国特許法により付与された権利に基づく請求」または「被侵害利益が米国特許権」であるから、「渉外的要素を含む」法律関係であると判定し、渉外事件であるから、「準拠法を決定する必要がある」と判示する。準拠法とは、国際私法に従って選定し、具体的事案における法律関係について適用すべき法を意味する。
　具体的事案の渉外性について、裁判所は、基本的に、当事者の国籍・住所・本店の所在地などの属性に渉外的要素を含むかどうかを形式的に判定しつつ、請求の原因となる事実関係から、具体的事案における法律関係が渉外的要素を含むかどうかを実質的に判定する、という立場を採る。
　次の裁判例は、具体的事案の渉外性をどのように判定するかによって、渉外事件と認めるかどうかについて考えることができる。

【裁判例】千葉地裁平成9年7月24日判決（判時1639号86頁）
〈事案の概要〉「本件は、カナダでのスキーツアーに参加した〔日本人である〕原告と〔日本人である〕被告が……〔訴外スキークラブ主催の『……ウィスラースキーとバンクーバー7日間の旅』に参加し、ウィスラースキー場でスキー滑走中に〕接触事故を起こし、原告がこれにより傷害を負ったとして、不法行為を理由に、被告に対し、日本に帰国後に生じた治療費や休業損害等の賠償を求めた事案である。」

具体的事案における法律関係が渉外的要素を含むものとして、渉外事件であると認めると、その渉外事件の国際私法的処理が問題となる。

3．国際民事紛争の解決の流れ

国際民事紛争の解決の流れを概観し、その内容を本書の関連する章において詳論する。概観の視点を国際取引紛争の解決のめの私的自治において、国際的な仲裁合意、国際裁判管轄の合意、準拠法の合意を中心に考える。

（1）　国際（商事）仲裁

仲裁は、紛争について仲裁人（仲裁廷）の仲裁判断にゆだねる旨の紛争の当事者による仲裁合意（仲裁契約）に基づいて、仲裁人がした仲裁判断に当事者が拘束されることによって紛争を解決する手続である。

国際（商事）仲裁は、当事者の国籍・本拠地、仲裁地、紛争の性質など仲裁を構成する要素に外国的要素を含む。国際仲裁は、仲裁合意により紛争の解決のための仲裁人（仲裁廷）を選任し、いずれかの法域の裁判所の管轄権に関する争いを排除し、裁判外紛争処理手続のうちで国際取引紛争の解決に実効的な手続であるともいえる。

【実務例】　Article ○　Arbitration
All Disputes, controversies or differences which may arise between the parites hereto, out of or in connection with this Agreement shall be finally settled by arbitration in (name of city), in accordance with the Commercial Arbitration Rules of The Japan

Commercial Arbitration Association.
〔この契約からまたはこの契約に関連して当事者間に生ずることがあるすべての紛争、論争または意見の相違は、(社)日本商事仲裁協会の商事仲裁規則に従って、(都市名)において仲裁により最終的に解決されるものとする。〕

(2)　裁判における国際裁判管轄権および準拠法

　国際家族関係の民事裁判の流れは、基本的に、次の審判例が示している。

【審判例】大阪家裁昭和54年2月1日審判（家月32巻10号67頁）
《審判要旨》「本件は日本に居住する日本国籍の申立人がアメリカ合衆国カリフォルニア州に居住するアメリカ国籍の相手方に対し別居中の婚姻費用分担金の支払と夫婦としての同居を請求するもので、いわゆる渉外事件である。従って、本件については国際裁判管轄権と国際私法上の準拠法について検討することが必要である。」

　裁判所は、具体的事案の渉外性を判定すると、まず、渉外事件に対する日本の裁判所の（国際裁判）管轄権の有無を判断し、管轄権を肯定すると、つぎに、本案審理に移行して、国際私法（抵触法）に従って具体的事案の渉外的法律関係について適用すべき法（準拠法）を選定し、最後に、選定した準拠法を解釈・適用して、判決を言い渡すこととなる。国際私法を広義に解すると、この一連の流れが国際私法的処理である。国際私法的処理の主要な問題は、日本の裁判所の（国際裁判）管轄権についての解釈の方法論（判断の枠組み）および準拠法の選択・指定（選定）である。

　管轄は、裁判所間の裁判権の分掌の定めであり、管轄権は、管轄による裁判所の権限である。国際民事事件に対して、いずれの国の裁判所が裁判をすることができるか、裁判をすべきかに関する定めを国際裁判管轄という（国際裁判管轄と国際裁判管轄権との用語の使用に注意。）。国際裁判管轄は、国際民事事件に対する裁判事務を国際的に分配する定めであり、原則として、各国が独自にこれを規律する。国際裁判管轄権は、民事裁判権を分担する裁判管轄権の範囲内において、一定の国の裁判所が裁判管轄権を行使する権限である。国際私法的処理には、次の問題も生ずる。

【判例】最高裁平成 26 年 4 月 24 日第一小法廷判決（判時 2221 号 35 頁、判タ 1401 号 157 頁）
〈事案の概要〉アメリカ合衆国カリフォルニア州法人である「上告人は、……日本法人である A 株式会社との間で、日本国内における本件技術等の独占的使用権等を A に付与し、その対価を受領する旨の契約を締結した。」「上告人は、同契約に基づき、……〔同〕州内の上告人の施設において、A の従業員であった被上告人ら……に対し、本件技術等を開示した。」「上告人は、……被上告人らによる本件技術等の不正な開示及び使用を理由に、カリフォルニア州中部地区連邦地方裁判所に対し、被上告人らを被告として、……〔同州民法典の〕規定に基づく損害賠償及び差止めを求める訴えを提起した。」同「裁判所は、……被上告人らに対し、損害賠償のほか、日本国内及び米国内における本件技術等の不正な開示及び使用の差止めを命ずる旨の判決」を言い渡した。「本件は、上告人が、営業秘密（……〔同〕州の法律におけるもの）の不正な開示及び使用を理由に損害賠償及び差止めを命じた米国の裁判所の判決のうち懲罰的損害賠償を命じた部分を除く部分について、民事執行法 24 条に基づいて提起した執行判決を求める訴えである。」「被上告人らは、本件においては米国に間接管轄が認められないなどと主張して、これを争っている。」
《判旨》「執行判決を得るためには、民訴法 118 条各号に掲げる要件を具備する必要がある。」民事執行法第 24 条第 3 項（号）参照。

【審判例】京都家裁平成 6 年 3 月 31 日審判（判時 1545 号 81 頁）
〈事案の概要〉本件は「フランス人の父（申立人）から、日本人の母（相手方）に対して、フランス及び日本の二重国籍を持つ当事者間の長女（事件本人）との面接交渉を求める事案である」。申立人は、フランス国パリ地方裁判所に、相手方を被告として離婚訴訟を提起し、同裁判所の判決に対して一部控訴したところ、パリ控訴院は、両親の間に別段の合意がない限り、子を父親のもとに一定期間同居させる旨の判決を言い渡し、同判決は確定した。
《審判要旨》「1　国際裁判管轄権及び準拠法」「国際的裁判管轄権に関しては、我が国には特別の規定も、確立した判例法の原則も存在しないが、子の福祉に着目すると子の住所地国である日本の裁判所に専属的国際裁判管轄権を認めるのが相当である。」「準拠法については、法例 21 条〔法の適用に関する通則法第 32 条に対応。〕に従い母の本国法と同一である子の本国法の日本法が準拠法である。」「2　フランス控訴院判決の承認について」「フランス控訴院判決の承認の問題については、離婚等を内容とする訴訟裁判の部分と面接交渉等に関する非訟裁判の部分に区分して判断されるべきものと解する。」「面接交渉に関する外国非訟裁判の承認については、日本民事訴訟法

200条〔現行の第118条に対応。〕の適用はないと解されるが、〔国際民事手続法上の〕条理により、その承認の要件としては、外国の裁判が国際〔民事〕手続法上裁判管轄権を有する国でなされたこと、それが公序良俗に反しないことの2つをもって足りると考える。」「本件面接交渉申立審判事件については、日本国が専属的国際裁判管轄権を有するものと解されるので、上記フランス控訴院判決の面接交渉に関する判示事項を承認することはできず、当裁判所が同事項について独自の立場で判断をすることとなる。」

　日本の裁判所の（国際裁判）管轄権の有無についての解釈の方法論（判断の枠組み）および準拠法の選定に加えて、外国裁判所の裁判（判決）の承認という問題が生ずる。外国裁判所の判決（外国判決）の承認を前提として、外国判決についての執行判決を求める訴えに対して外国判決による強制執行を許すか、という問題も生ずる。国際的訴訟競合の問題も生ずる。

【裁判例】東京地裁平成元年5月30日中間判決（判時1348号91頁、判タ703号240頁）
〈事案の概要〉本件は、原告（日本の会社）が「アメリカ合衆国デラウエア州法に基づき設立され同国イリノイ州内に本店を有する会社……〔を被告として、原告が、被告の元従業員Aが社長兼株主であるB〔社〕との間で技術援助契約を締結し、右契約に基づいて同会社から被告の専有ファイル情報の供与を受けたところ、右専有ファイル情報は、被告が独占的に有するノウ・ハウに含まれるものであり、右技術援助契約に基づく専有ファイル情報の入手は、被告とAとの間の雇用契約に基づいてAが被告に負っていた秘密保持義務に違反するものであり、右技術援助契約の締結および専有ファイル情報の入手に際して、右の事情を知りながら専有ファイル情報を得るとともに、Aに右雇用契約違反の行為をさせたうえで、専有ファイル情報の商業的生産等のために専有ファイル情報を使用しているとの〕事実に基づく原告の被告に対する不法行為による損害賠償債務、……〔原告による被告の専有ファイル情報の入手、使用等が法律上の原因なく取得したとの〕事実に基づく原告の被告に対する不当利得返還債務及び……被告の〔専有技術および事業情報に関する〕ノウ・ハウに対する原告の侵害行為についての被告の原告に対する差止請求権がいずれも存在しないことの確認を求める」事案である。「〔証拠〕によれば、原告による本訴提起に先立ち、被告は原告を相手方として、……アメリカ合衆国オハイオ州北部東地区連邦地方裁判所に対し、本件訴訟と同一の訴訟物について、……不正競争、企業機密の盗用、不当利得に対する訴え及び組織犯罪取締法（1970年法）の……違反に基づく民事救済を求める訴え

（米国訴訟）を提起しており、本件口頭弁論終結時において、右米国訴訟がなお係属中であることが明らかである。」
《判旨》「本件訴訟の国際的裁判管轄権の有無を判断するについては、立証の便宜という観点から不法行為地に特別裁判籍を認めた民事訴訟法……〔第 5 条第 9 号に基本的対応。〕……〔により〕、不法行為地が我が国内にあるときは、我が国の裁判所が管轄権を有するものと解する」。「本件不法行為の加害行為とされているもののうち専有フォイル情報の入手という異常な行為が日本の東京で行われた」。本件は「我が国の裁判所に不法行為地の裁判所として国際的裁判管轄権を認める」。「被告は、本訴の提起が国際的二重起訴に該当することを理由に本件訴えの却下又は訴訟手続の中止を求め」る。民事訴訟法の第 118 条が「一定の承認要件の下に外国判決の国内的効力を承認する制度を設けている趣旨を考え、国際的な二重起訴の場合にも、先行する外国訴訟について本案判決がされてそれが確定に至ることが相当の確実性をもって予測され、かつ、その判決が我が国において承認される可能性があるときは、判決の抵触の防止や当事者の公平、裁判の適正・迅速、更には訴訟経済といった観点から、二重起訴の禁止の法理を類推して、後訴を規制することが相当とされる」。「本件について、我が国の裁判所が、……管轄権を有するにもかかわらず、現段階で承認可能性のある本案判決がされるかどうかを確実に予測することができない米国訴訟が先に係属していることを理由に二重起訴の禁止の法理の趣旨を類推して本件訴えを不適法として却下し、その審理を拒絶することは相当ではない」。「国際的な二重起訴の場合に裁判所に訴訟手続を中止する権限を認める成文〔法〕上の根拠はない」。

【裁判例】東京地裁平成 3 年 9 月 24 日判決（判時 1429 号 80 頁、判タ 769 号 280 頁）
《判旨》「債務不存在確認訴訟の準拠法は、審理の対象とされている債務の性質に応じて、法例〔法の適用に関する通則法〕の規定に従って決められる」。「本件の準拠法は、法例 11 条〔同法の第 14 条・第 17 条に基本的に対応。〕の解釈に従って決められるべきである。」侵害行為である「原告と A との技術援助契約の締結及びこれに基づく情報の入手……はいずれも東京で行われ、右契約締結のための連絡交渉や、……原告と A の技術会議も東京で開催されたことは当事者間に争いがないから、被告主張にかかる原告の違法行為の極めて重要な部分が日本国内で行われた」。「日本において不当利得又は不法行為の原因たる事実が発生した……から、日本法が準拠法になる」。

　　国際私法的処理の主要な問題は、国際私法を広義に解すると、日本の裁判所の管轄権の有無、準拠法の選定、外国判決の承認・執行である。
　　本書では、準拠法の選定を抵触法的処理といい、国際裁判管轄権の有無な

第1章　渉外的法律関係および国際民事紛争の解決の流れ

ど国際民事手続法上の問題をも含む国際私法的処理とは区別する。国際私法的処理・抵触法的処理の内容について、国際民事訴訟法（国際民事手続法）、国際私法（抵触法）から、それぞれ論理的に構成する解釈の方法論（判断の枠組み）を概観する。

次の裁判例は、国際私法的処理について典型的な構成を採る。

【裁判例】大阪高裁平成11年2月26日判決（本書3頁）
《判旨》「第1　本件の裁判管轄及び準拠法について」「1　本件は、パナマ共和国法に基づいて設立され同国に本店を有する控訴人が、日本法に基づいて設立され日本に本店を有する銀行である被控訴人に対し、保証債務の履行を求めている事案であり、いわゆる渉外事件である。」「2　裁判管轄」「裁判管轄については、控訴人・被控訴人間に本件保証に関する訴訟事件については神戸地方裁判所の専属管轄に服する旨の合意があるから（……）、本件の保証債務履行請求については右裁判所及びその上級審である当裁判所の裁判管轄を認めることができる。」「3　準拠法」「保証債務の履行請求は、保証契約の効力の問題であるから、当事者の意思により準拠法が定められるところ（……）、本件保証については、控訴人・被控訴人間に英国法を準拠法とする合意があったことが認められるから（……）、本件保証債務履行請求については英国法が準拠法となる。」「第2　保証債務履行請求について」

国際取引紛争を円滑・迅速に処理するために、その処理の方法が予測可能であり、かつ、国際取引に関連がある国の国際裁判管轄に関する法規に関わりなく、法廷地が容易に確定可能であることが重要である。そのため、特定の国の裁判所に管轄権を指定する旨の合意をする。この合意を国際裁判管轄の合意という。仲裁合意に代えて、国際裁判管轄の合意（国際裁判管轄条項）を国際契約に定める。

【実務例】　Article ○　Jurisdiction
Any dispute arising out of or in connection with this Agreement shall be subject to the exclusive jurisdiction of the court of（name of jurisdiction）.
〔この契約からまたはこれに関連して生ずるすべての紛争は、（法域名）の裁判所の専属管轄権に服するものとする。〕

国際裁判管轄の合意の効力によって、特定国の裁判所への管轄権の付与も日本の裁判所からの管轄権の排除も認められる。国際裁判管轄の合意の内容と異なる国の裁判所に訴えが提起された場合において、被告が、妨訴抗弁として、合意の存在を主張するときは、合意の有効性が問題となる。

　国際民事事件に対して、日本の裁判所は、管轄権を有する場合には、本案審理に移行して、事案における法律関係について適用すべき法を選定する。適用すべき法について予測可能であるために、特定の国の法を選定する旨の合意をする。この合意を準拠法の合意という。準拠法の合意（準拠法条項）を国際契約に定める。

【実務例】　Article ○　Governing Law
This Agreement shall be governed by and construed in accordance with the laws of (name of jurisdiction).
〔この契約は、（法域名）の法によってこれを規律し、かつ、解釈するものとする。〕

4．結びに代えて

　国際民事紛争の具体的事案に対する国際私法的処理を、次のように考えてゆくことができる。第1に、仲裁合意が存在するかを問題とする。仲裁合意が存在しない場合において、訴えを提起するときは、第2に、国際裁判管轄の合意が存在するかを問題とする。国際裁判管轄の合意が存在しない場合において、第3に、国際裁判管轄に関する民事訴訟法の規定の解釈・適用について、その事案がいかなる類型の訴えであるか、いずれの条項が適用されるべきか、適用される条項が規定する管轄原因事実が日本国内にあるかを問題とする。管轄原因事実が日本国内にある場合において、日本の裁判所が管轄権を有することとなるときは、第4に、その事案の請求に係る法律関係について準拠法の合意が存在するかが問題となる。準拠法の合意が存在しない場合には、第5に、抵触法の規定に従って準拠法（その法律関係について適用す

べき法）を選定して、その法を解釈・適用する。

　国際取引関係に係る国際民事紛争については、国際私法的処理についての予測可能性を確保する3つの合意、すなわち、仲裁合意、国際裁判管轄の合意、準拠法の合意についての論理構成上の位置づけを理解して、これらを基軸にしてその流れを概観する。

　国際家族関係に係る渉外事件については、日本の裁判所が（国際裁判）管轄権を有するかを問題とし、抵触法の主要成文法規定の解釈・適用を問題とすることによって、国際私法的処理・抵触法的処理を概観する。

国際民事裁判の流れ

```
生活関係 → 法律関係
           ↓  ← 具体的事案における渉外性の判定
    渉外的法律関係 ——→ 渉外事件
```

国際私法的処理

具体的事案に対する日本の裁判所の（国際裁判）管轄権の有無の判断

```
  ┌ （国際裁判）管轄権を否定 ————————————→ 訴え却下（判決）
  │
  └ （国際裁判）管轄権を肯定 → 中間判決
                    ← 本案審理に移行
                    → 強行法規の解釈・適用 → 請求の認否（判決）

  ┌ 条約あり ——→ 条約の規定の解釈・適用 → 請求の認否（判決）
  └ 条約なし ——→ 準拠法の選定
```

（抵触法的処理）

```
    具体的事案       法律関係の性質の決定    抵触法の規定
       ↓                 ↓                    ↓
    単位法律関係の分類 → 当てはめ（包摂）← 指定概念の解釈

    ┌ 法適用通則法の規定の不存在 ————→ 抵触法上の条理
    └ 法適用通則法の規定が存在 ————→ その規定の解釈・適用

  具体的事案における準拠法の規定の解釈・適用 ————→ 請求の認否（判決）
```

第 2 章　民事裁判権および国際裁判管轄権

1．はじめに

　日本の裁判所は、具体的事案の渉外性を判定し、これを肯定して渉外事件（国際民事事件）である認めると、いかなる国際民事事件に対して国際裁判管轄権を有するか、という問題が生ずる。この問題は、国際民事事件に対して、我が国の民事裁判権が存在することを前提とする。国際民事事件に対して、日本の裁判所は、第 1 に、我が国の民事裁判権が存在するか否かを判断し、これを肯定すると、第 2 に、（国際裁判）管轄権を有するか否かを判断し、これを肯定すると、第 3 に、（国内裁判）管轄権を有するか否かを判断する。日本の裁判所は、我が国の民事裁判権を否定すると、訴えを却下し、我が国の民事裁判権を肯定しても、（国際裁判）管轄権を否定すると、訴訟を国境を越えて移送する、という制度が存在しないから、訴えを却下することとなる。

　裁判権は、国家主権の司法権として自国の裁判機関が事件を処理する司法管轄権であり、行政裁判権、刑事裁判権、非訟裁判権および民事裁判権がある。民事裁判権は、民事紛争事件を裁判によって処理するために行使する国家の主権的な権能であり、原則として、自国の領域内のすべての人および物に及ぶ。民事裁判権には、国際法上、司法行為の対象となる者の主権的な性質による対人的制約がある。この対人的制約は、外国国家や外交使節などが民事司法手続の対象となる場合には、外国の国家主権の行使を担う者の権能を保障する制約である。この制約は、民事裁判権の免除（主権免除）の問題である。

　民事裁判権の行使を認めることを前提とするものの、渉外事件に対して日

本の裁判所が管轄権を有するか否かは、別の規律である。日本の裁判所の（国際裁判）管轄権に関する規律は、民事裁判権の範囲内における法廷地の国際民事訴訟法によるものである。

　我が国の民事裁判権に関する法規、日本の裁判所の管轄権に関する法規、その法規の存在しない場合における国際民事訴訟法（国際民事手続法）上の条理について、これらの法規および条理の解釈・適用が問題となる。

2．民事裁判権

(1) 民事裁判権の免除に関する法制

　民事裁判権の免除の原則は、国際法上の原則であって、外国の国家に対する訴えについて、その外国の国家、政府機関およびその構成員を内国の裁判所の民事裁判権から免除する、という原則であり、主権免除の原則ともいう。この原則は、「対等なものは対等なものに対して支配権をもたない」という法諺に由来する。外国の国家等に対する民事裁判権の免除は、国家が互いに独立した主権を有し、互いに平等であることから、相互に主権を尊重するために認められたものである。ただし、外国等がその免除を放棄して提訴または応訴をした場合、法廷地国に所在する不動産を直接の目的とする訴えの場合および法廷地国に所在する財産の相続に関する訴えの場合を除く。これを絶対免除主義という。絶対免除主義に関する国際慣習法の存在は認めるものの、国家の活動の範囲が拡大している現代において、絶対免除主義は批判される。現在では、国家の行為を国家権力に関連する公法的行為または主権的行為と私人がなし得る私法的行為、商業的行為または非主権的行為とに区別し、民事裁判権の免除の対象を公法的行為から生ずる訴訟に制限する。これを制限免除主義という。

【判例】最高裁平成 18 年 7 月 21 日第二小法廷判決（民集 60 巻 6 号 2542 頁）
《判旨》「外国国家は私法的ないし業務管理的な行為についても法廷地国の民事裁判権

から免除される旨の国際慣習法はもはや存在しない」。「外国国家の私法的ないし業務管理的な行為については、我が国が民事裁判権を行使したとしても、通常、当該外国国家の主権を侵害するおそれはないものと解されるから、外国国家に対する民事裁判権の免除を認めるべき合理的な理由はない」。「外国国家の主権を侵害するおそれのない場合にまで外国国家に対する民事裁判権免除を認めることは、外国国家の私法的ないし業務管理的な行為の相手方となった私人に対して、合理的な理由のないまま、司法的救済を一方的に否定するという不公平な結果を招くこととなる。したがって、外国国家は、その私法的ないし業務管理的な行為については、我が国による民事裁判権の行使が当該外国国家の主権を侵害するおそれがあるなど特段の事情がない限り、我が国の民事裁判権から免除されないと解するのが相当である。」

　制限免除主義において、公法的行為と私法的行為との区別についての判断の基準が問題となる。解釈論として、行為目的説と行為性質説とがある。行為目的説は、国家の行為の目的によって判断するとの見解であるが、行為の認定が恣意的になる、と批判される。行為性質説は、国家の行為の性質が、国家が主権的な権能の行使として国家のみがなし得る行為の性質であるか私人でもなし得る行為の性質であるか、という国家の行為の性質によって判断するとの見解であって、積極的に評価される。行為性質説により、契約および不法行為のような私人でもなし得る行為（業務管理的な行為）については、その性質を私法的行為と決定して、民事裁判権を免除しない。

【判例】最高裁平成18年7月21日第二小法廷判決（本書14頁）
《判旨》「外国国家は、……特定の事件について自ら進んで我が国の民事裁判権に服する意思を表明した場合には、我が国の民事裁判権から免除されない」が、「私人との間の書面による契約に含まれた明文の規定により当該契約から生じた紛争について我が国の民事裁判権に服することを約することによって、我が国の民事裁判権に服する旨の意思を明確に表明した場合にも、原則として、当該紛争について我が国の民事裁判権から免除されないと解するのが相当である。なぜなら、このような場合には、通常、我が国が当該外国国家に対して民事裁判権を行使したとしても、当該外国国家の主権を侵害するおそれはなく、また、当該外国国家が我が国の民事裁判権からの免除を主張することは、契約当事者間の公平を欠き、信義則に反するというべきであるからである。」

この判例の趣旨に照らして、外国国家等が、合意または提訴により応訴した場合および民事裁判権についての明示の合意をした場合には、外国等に対して民事裁判権を免除しない。最高裁は、傍論において、外国等の行為が「その性質上、私人でも行うことが可能な商業取引であるから、その目的のいかんにかかわらず」と説示して、行為性質説を採用する。

　なお、民事裁判権の行使は、判決の言渡しや強制執行のみならず、訴状の送達および証人尋問などをも含む。執行免除は、判決手続と執行手続とを区別し、判決手続の実施が執行手続の裁判権の存在までは意味しないから、外国の国家に対して執行手続で別途に免除を主張することを許す。

　外交使節としての外交官・職員に対する裁判権免除は、「外交関係に関するウィーン条約」（昭和39年条約第14号）が規定する。「領事関係に関するウィーン条約」（昭和58年条約第14号）も同旨である。「国及びその財産の裁判権からの免除に関する国際連合条約」（未発効。日本国平成19年1月11日署名　平成21年6月11日国会承認。）（以下「民事裁判権条約」という。）がある。

（2）　民事裁判権の免除に関する原則と例外

　日本は、民事裁判権条約および最高裁平成18年7月21日第二小法廷判決の趣旨を考慮して、「外国等に対する我が国の民事裁判権に関する法律」（平成21年法律第24号）（以下「対外国民事裁判権法」という。）を制定した。この法律は、① 規律の対象とする「外国等」の意義、② 外国等に対して我が国の民事裁判権が及ぶ範囲を規定したうえで、第17条から第19条まで外国等の財産に対する保全処分および民事執行について我が国の民事裁判権を免除しない場合および第20条から第22条まで民事の裁判手続についての特例を規定する。

① 対外国民事裁判権法第2条柱書は、同条各号に定める「国等」と日本国および日本国に係るものを除く「外国等」とに区別する。「国等」は、各号に規定する定義に該当するものである。「外国等」は、「国等」のうちで日本国および日本国に係るもの以外のものである。同条第1号が規定する「国」

とは、主権平等の原則により、国際法上、我が国が承認した国家を意味する。「その政府の機関」とは、立法、行政および司法の各機関を意味する。同条第2号が規定する「主権的な権能」とは、国家主権の具体的な発現である立法、行政および司法の各作用を行う権能を意味する。「主権的な権能を行使する権限」とは、法律の制定、適用または執行の各権限を意味する。「連邦国家の州その他これに準ずる国の行政区画」とは、立法権、行政権および司法権を有する主体を意味する。同条第3号が規定する「団体」とは、政府により輸出入許可の権限を付与された商業銀行、中央銀行などを意味する。同条第4号が規定する「代表者」とは、国家元首、内閣総理大臣、各省庁の大臣、大使など、および連邦国家の州の州知事などを意味する。

② 対外国民事裁判権法第4条は、我が国の民事裁判権についての原則を規定する。「外国等」は、第5条以下に規定する民事裁判権から免除されない事由に該当しない限り、「裁判権（我が国の民事裁判権をいう。……）」から免除されるものとする。民事裁判権から免除される効果は、裁判手続において、民事裁判権の有無が訴訟要件に関する判断であるから、訴訟要件の欠如としての裁判上の効果であり、訴えまたは申立ての却下である。民事裁判権の存在は、民事裁判権が訴訟要件であるから、裁判所による職権調査事項に属し、その判断資料について職権探知主義に服する、と解する。

　対外国民事裁判権法の第5条から第7条までは、外国等の同意および同意の擬制について規定する。第5条第1項の規定により、「特定の事項又は事件」が明示的な同意の対象であり、その「事項又は事件」が同一である限り、その同意の効果である。同条同項かっこ書の「裁判手続」とは、訴訟手続であると非訟手続であるとを問わず、裁判所で行われる手続を意味する。「同意を明示にした」方法は、第1号により「条約」等、第2号により「書面による契約」、第3号により裁判手続における陳述または裁判所もしくは相手方に対する書面による通知である。第6条第1項の規定により、同意の擬制をする行為は、第1号の「訴えの提起その他の裁判手続の開始の申立て」、第2号の「裁判手続への参加」、第3号の「裁判手続において異議を述

べないで本案についてした弁論又は申述」である。本案前の主張は、民事裁判権の免除の主張、裁判管轄権が存在しないこと、訴えの利益がないことなど、訴訟要件の存在しないことの主張である。

　対外国民事裁判権法の第8条から第16条までは、外国等の取引の性質により、外国等の民事裁判権からの免除について規定する。第8条第1項は、外国等が民事裁判権から免除されない場合について規定する。同条同項は、かっこ書の「商業的取引」の定義によって、行為性質説を採る、と解釈することができる。行為性質説を採るから、「契約又は取引」の性質は、私人でも行うことができる性質か否かを判断する、と解する。労働契約は、第9条に規定するから、「契約又は取引」から除外する。「商業的」が必ずしも営利および事業ではないから、「民事又は商事に係る」とは、営利および事業であることを要しないことを意味する。「物品の売買」とは、物の売買契約を意味する。「役務の調達」とは、委任および請負によるものを意味する。「金銭の貸借」とは、金銭の融通に関するものを意味する。「その他の事項についての契約又は取引」とは、契約の締結に至るまでに生じた紛争および契約の成立の後の紛争を意味する。「当該外国等以外の国若しくはこれに所属する国等の法令に基づいて設立された法人その他の団体」とは、他の国等の法令に準拠して設立された法人または法人格のない団体を意味する。同条第2項により、第2条の規定する「国等」と「国等」との間の商業的取引の場合および「当該商業的取引の当事者が明示的に別段の合意をした場合」には、第1項の規定は、適用除外となる。第9条から第13条までは、各規定の内容に関する裁判手続について、外国等を日本の民事裁判権から免除しない、と規定する。第9条第1項は、「外国等と個人との間の労働契約」であって、日本国内において労務が提供される労働契約について規定する。「労働契約」とは、定義されないが、指揮命令と賃金支払いとを要素とする勤務に関する契約を意味する、と解釈する。「日本国内において」とは、我が国の領土・領海・領空を意味する。「提供され」とは、現に日本国内で労務が提供されていることを意味する。第10条は、「外国等が責任を負うべきものと主張さ

れる行為」によって人の死傷または有体物の滅失が生じた場合には、金銭によるてん補請求について規定する。「外国等が責任を負うべきものと主張される行為」とは、自国の責めに帰するとされる作為・不作為行為を意味する。外国等の責任の有無は、当事者による主張があれば足り、その有無は、本案において審理され、判断される。「人の障害」とは、肉体的・精神的障害を意味する。これは、精神的苦痛を含まない。「有体物」は、定義されないが、民法第85条の規定する概念に基づくもの、と解釈する。「金銭によるてん補」とは、損害賠償請求、損失補償請求および求償権の行使を意味する。第11条は、日本国内にある不動産に係る権利利益について規定する。第12条は、裁判所が関与を行う財産の管理または処分に係る権利利益について規定する。第13条は、知的財産権について規定する。「知的財産権」とは、知的財産基本法第2条第2項の定義のうち、日本国の法令により定められた権利または日本国の法律上保護される利益に係る権利を意味する。

　対外国民事裁判権法の第17条から第19条までは、外国等の同意等、特定の目的に使用される財産、外国中央銀行等の取扱いについて規定し、同法の第20条から第22条までは、訴状等の送達、外国等の不出頭の場合に民事訴訟法の特例等の民事の裁判手続についての特例を規定する。

　なお、民事裁判権の免除について争って、民事裁判権が肯定されても、民事裁判権と国際裁判管轄権とは次元を異にするから、つぎに、国際裁判管轄権について争うことができる。日本の裁判所は、我が国が民事裁判権を有しない場合には、民事訴訟法第140条により、訴えを却下するものの、我が国が民事裁判権を有する場合には、同法第245条により、中間判決をするか、または同法第243条第1項により、終局判決をする。

3．国際裁判管轄権——財産関係事件

（1）　日本の裁判所の管轄権に関する法制（民事訴訟法第1編第2章第1節）

　国際裁判管轄権の有無は、基本的に、具体的事案と裁判を行う国家との関

連性に基づいて、裁判を受ける当事者間の衡平、当事者の便宜および適正かつ迅速な審理の実現などに照らして、これを判断する。

この判断によって、具体的事案において国際裁判管轄権を肯定すると、法廷地を確定することとなる。法廷地を確定して、法廷地の強行法規としての国際私法（抵触法）を適用する。国際裁判管轄権を否定すると、国際的な移送の制度が存在しないから、訴えを却下することとなる。国際裁判管轄権の有無の判断は、請求の解決に影響を及ぼす重要な問題である。

視点を代えると、当事者（原告）は、いずれの国（法域）の裁判所に訴えを提起するか、という問題となる。原告は、法廷地漁り（フォーラム・ショッピング（forum shopping））をすることができる。

問題は、具体的事案に対して日本の裁判所が（国際裁判）管轄権を有するか否かの解釈の方法論（判断の枠組み）である。管轄権についての審理は、管轄権の存否が当事者の攻撃・防御にとって重要であるから、原則として、本案の審理に先行すべきである。管轄権の有無の判断は、裁判所の専権事項である。被告が日本の裁判所の裁判管轄権の存否について争わない場合であっても、裁判所は、職権で、管轄権を有するか否かを判断する。裁判所は、管轄権について国際慣習法上の準則がほとんど存在しないから、条約または国内法規によって自主的にそれを判断する。不備な法状態での解釈の方法論（判断の枠組み）について、最高裁は、次のように説示していた。この説示は、現行法の解釈の基礎である、と理解する。

【判例】最高裁平成 9 年 11 月 11 日第三小法廷判決（民集 51 巻 10 号 4055 頁）
《判旨》「被告が我が国に住所を有しない場合であっても、我が国と法的関連を有する事件について我が国の国際裁判管轄を肯定すべき場合のあることは、否定し得ない」。「どのような場合にわが国の国際裁判管轄を肯定すべきか」は、「我が国の民訴法の規定する裁判籍のいずれかが我が国内にあるときは、原則として、我が国の裁判所に提起された訴訟事件につき、被告を我が国の裁判権に服させるのが相当であるが、我が国で裁判を行うことが当事者間の公平、裁判の適正・迅速を期するという理念に反する特段の事情があると認められる場合には、我が国の国際裁判管轄を否定すべきであ

る。」

　裁判所は、財産関係事件に対して管轄権を有するか否かについて、若干の条約の規定を除き、民事訴訟法の規定による。条約の規定としては、「油による汚染損害についての民事責任に関する条約」（昭和51年条約第9号）や「国際航空運送についてのある規則の統一に関する条約」（ワルソー条約）の1999年改正（平成15年条約第6号）（モントリオール条約）の第33条の規定がある。条約の適用範囲に該当する事件には、裁判所は、条約の規定を解釈・適用して管轄権を有するか否かを判断する。民事訴訟法の規定としては、民事訴訟法第1編第2章第1節「日本の裁判所の管轄権」（平成23年法律第36号本節追加）の第3条の2から第3条の12までの規定がある。

　裁判所は、管轄権が訴訟要件であるから、管轄権を否定する場合には、訴えが不適法であるとして、訴えを却下する。裁判所は、管轄権を肯定する場合には、民事訴訟法第245条前段の規定により、その旨の中間判決をするか、または手続を進行して終局判決においてその旨を示す。後者には第299条第1項本文の規定の適用または類推適用はなく、日本の裁判所の管轄権の不存在を理由として控訴・上告をすることができる、と解釈する。

（2）　管轄権の標準時（第3条の12）

　日本の裁判所の管轄権の有無は、第3条の12の規定により、「訴えの提起の時」を標準として定める。この規定の趣旨は、円滑な審理の進行および手続の安定を図るために、訴えの提起によって管轄権を固定するところにある。「訴えの提起の時」の後における管轄原因事実の変更は、日本の裁判所の管轄権の有無に影響を及ぼさない、と解する。

（3）　管轄権に関する事項の職権証拠調べ（第3条の11）

　管轄権の有無は、管轄権が訴訟要件であるから、裁判所による職権調査事項に属し、その判断の資料は職権探知主義に服する、と解する。第3条の

11 の規定により、裁判所は、その調査に必要な範囲内において、「職権で証拠調べをすることができる」。「することができる」と規定するから、原告が、日本の裁判所が管轄権を有することを主張し、被告が、抗弁を提出しないで、管轄権の有無を争わないときが前提である。

（4） 管轄原因事実の主張・立証

管轄原因事実の証明については、見解の相違があるが、原告の主張のみでは被告が関連がない地での応訴を強制されるから、管轄権の有無の基礎となる事実（管轄原因事実）の証明が必要である、と解する。

問題は、管轄原因事実と請求原因事実とが符合する場合の処理である。この処理は、特に不法行為に関する訴えにおいて、管轄原因としての「不法行為があった地」が日本国内にあるか否かということであるから、管轄原因事実の証明の範囲および程度が問題となる。

【裁判例】東京地裁昭和59年3月27日中間判決（下民集35巻1～4号110頁）
《判旨》「裁判管轄の存否については、……管轄原因についての一応の証拠調べをなしたうえでこれを判断すべきものと考える。」「管轄原因としての『不法行為〔があった〕地』が日本国内に存するか否かということであって実体法上のそれではないのであるから、裁判所としては被告の行為により日本国内において原告らに損害が発生したことについてたかだか実体審理を必要ならしめる程度の心証を懐くに至った場合には、右管轄原因の証明ありとして管轄を肯定して差し支えないものというべきである。」

【裁判例】東京地裁平成7年4月25日判決（判時1561号84頁、判タ898号245頁）
《判旨》「不法行為地の裁判籍のように、管轄原因たる事実と請求原因事実とが符合する場合の国際裁判管轄の決定に際しては、原告の主張のみによってこれを肯定し、被告に実体審理について応訴の負担を強いるのは、その性質上相当ではなく、管轄原因事実について一応の証明が必要と解すべきであり、被告が日本国内において不法行為を行ったことにつき実体審理を必要ならしめる程度の心証を持つに至った場合には、右管轄原因事実の証明ありとして管轄を肯定して差し支えないものというべきである。」

これらの裁判例の趣旨に照らすと、「管轄原因事実について一応の証明」が必要となり、「一応の証明」は「実体審理を必要ならしめる程度の心証」を形成するまでとなる。

【判例】最高裁平成 13 年 6 月 8 日第二小法廷判決（民集 55 巻 4 号 727 頁）
《判旨》「不法行為に基づく損害賠償請求訴訟につき、民訴法の不法行為地の裁判籍の規定（……）に依拠して我が国の裁判所の国際裁判管轄を肯定するためには、原則として、被告が我が国においてした行為により原告の法益について損害が生じたとの客観的事実関係が証明されれば足りると解するのが相当である。けだし、この事実関係が存在するなら、通常、被告を本案につき応訴させることに合理的な理由があり、国際社会における裁判機能の分配の観点からみても、我が国の裁判権の行使を正当とするに十分な法的関連があるということができるからである。」

　この判例の趣旨に照らすと、「原則として、被告が我が国においてした行為により原告の法益について損害が生じたとの客観的事実関係が証明されれば足り」、「客観的事実関係」の「証明」は、「被告を本案につき応訴させることに合理的な理由」があるまでとなる。「客観的事実関係」は、不法行為事件の管轄原因事実として原告の被侵害利益の存在、被侵害利益に対する被告の行為、損害の発生および被告の行為と損害の発生との事実的因果関係である。相当因果関係および主観的要素の証明は不要となる。
　「不法行為に関する訴え」および「不法行為があった地」について、最高裁は、間接管轄についてではあるが、次のように解釈する。

【判例】最高裁平成 26 年 4 月 24 日第一小法廷判決（本書 6 頁）
《判旨》「民訴法 3 条の 3 第 8 号の規定に依拠して我が国の国際裁判管轄を肯定するためには、不法行為に基づく損害賠償請求訴訟の場合、原則として、被告が日本国内でした行為により原告の権利利益について損害が生じたか、被告がした行為により原告の権利利益について日本国内で損害が生じたとの客観的事実関係が証明されれば足りる（最高裁平成……13 年 6 月 8 日第二小法廷判決・民集 55 巻 4 号 727 頁参照）。」「判決国の間接管轄を肯定するためであっても、基本的に民訴法 3 条の 3 第 8 号の規定に準拠する以上は、証明すべき事項につきこれと別異に解するのは相当ではないとすべ

きである。」「違法行為により権利利益を侵害され、又は侵害されるおそれがある者が提起する差止請求に関する訴えの場合は、現実の損害が生じたことは必ずしも請求権発生の要件とされていないのであるから、このような訴えの場合において、民訴法3条の3第8号の『不法行為があった地』が判決国内にあるというためには、仮に被告が原告の権利利益を侵害する行為を判決国内では行っておらず、また原告の権利利益が判決国内では現実に侵害されていないとしても、被告が原告の権利利益を侵害する行為を判決国内で行うおそれがあるか、原告の権利利益が判決国内で侵害されるおそれがあるとの客観的事実関係が証明されれば足りるというべきである。」

4．結びに代えて

　日本の民事裁判権について、民事裁判権免除の対象として、主体である外国の国家等の範囲、および客体である行為の性質が問題となる。この問題は、主として、対外国民事裁判権法の第2条、第4条および第8条の規定の解釈・適用による。民事裁判権からの免除は、対象となる行為の性質によって判断するから、対象となる主体の範囲は重要ではない、と考える。

　日本の民事裁判権の存在を前提として、最高裁判例の趣旨に照らすと、現在の法状態として、日本の裁判所の管轄権についての解釈の方法論（判断の枠組み）は、次のように順に考えてゆくとよい、と考える。

　① 条約を適用する事件の場合において、条約に（国際裁判）管轄権に関する規定が存在するときは、その規定を解釈・適用する。② 条約を適用する事件の場合であっても、条約にその規定が存在しないとき、および条約が存在しない場合には、民事訴訟法の第3条の2から第3条の12までの規定を解釈・適用する。③ 民事訴訟法に規定が存在しない場合には、国際民事訴訟法上の条理を解釈・適用する。④ 民事訴訟法の第3条の2から第3条の8までの規定または国際民事訴訟法上の条理によって、訴えについて日本の裁判所が管轄権を有することとなる場合においても、裁判所は、同法第3条の9が規定する「特別の事情」があると認めるときは、訴えを「却下することができる」。⑤ 裁判所は、「特別の事情」があると認めないときは、管轄

権を有する旨の中間判決を言い渡すか、または本案の審理に移行する。

　現在の法状態として重要な問題は、民事訴訟法の第3条の2から第3条の8までの規定、および第3条の9の規定の解釈・適用である。

第3章　日本の裁判所の管轄権および訴訟手続

1．はじめに

　日本の裁判所の（国際裁判）管轄権については、渉外的（国際的）家族関係事件に対しては、法規が不備であるから、国際民事訴訟法（国際民事手続法）上の条理に従ってこれを補充するものの、国際的（渉外的）財産関係事件に対しては、基本的に、若干の条約の規定または民事訴訟法の規定による。

　民事訴訟法第1編第2章第1節の第3条の2から第3条の12までが規定する日本の裁判所の（国際裁判）管轄権は、直接管轄権である。

　国際裁判管轄についての解釈の方法論（判断の枠組み）として、次のように考える。第1に、具体的事案における訴えの類型を決定する。第2に、民事訴訟法の条項のいずれかが規定する類型の訴えについて解釈する。第3に、第1で決定した訴えの類型を第2で解釈した類型の訴えに当てはめて、それに対応して適用すべき条項号を特定する。第4に、第3で特定した条項号の規定する管轄原因を解釈する。第5に、第4で解釈した管轄原因を、管轄原因の確定の基準時における具体的事案において確定する。この解釈の方法において、当事者の視点では、原告は、日本の裁判所に訴えを提起することができるか否かを考えることができ、被告は、妨訴抗弁として主張する内容を考えることができる。

　問題は、日本の裁判所が、いかなる国際民事事件に対して、（国際裁判）管轄権を有するかである。これは、一部の条約および民事訴訟法の規定または国際民事訴訟法（国際民事手続法）上の条理の解釈・適用の問題である。

2. 財産関係事件に対する日本の裁判所の管轄権
──民事訴訟法の規定

（1） 管轄権の専属（第3条の5）
　第3条の5各項は、公益に配慮して他国の裁判所による裁判を許容し得ない類型の訴えの管轄権を、「日本の裁判所に専属する」と規定する。
① 日本法人の組織・責任追及等　第1項により、日本の法令に準拠して設立された社団または財団の組織に関する訴え、責任追及の訴え、役員の解任の訴えなどは、法律関係を画一的に処理し、法人・株主の手続への参加を容易にする。同項かっこ書が規定する特別清算に関する訴えおよび清算持分会社の財産処分の取消しの訴えは、特別清算という倒産に類似する手続における訴えであって、会社法第880条の規定によって特別清算裁判所が管轄する。法律関係を画一的に処理する必要があるか否かに対応して、会社の組織に関する訴えの第3条の5第1項と、役員等に対する個別的な訴えの第3条の3第7号とに整理する。
② 登記・登録　第2項は、義務者に登記・登録の手続をすべき意思表示を求める訴え、登記・登録の義務の確認を求める訴えなどの登記・登録に関する訴えを規定する。「登記」は、法務省が管轄するものであり、「登録」は、他の省庁が管轄するものである。
③ 登録による知的財産権の存否・効力　第3項において、「知的財産権」は、知的財産基本法第2条第2項による。ただし、「設定の登録により発生するもの」には、登録を発生の要件としない無方式で発生する著作権も著作隣接権をも含まない。「存否又は効力」に関する訴えとは、知的財産権の存否または効力それ自体が訴訟物として争われる訴えを意味する。「設定の登録により発生するもの」が国家行為によるものであるから、「存否……に関する訴え」は、知的財産権の無効確認または不存在確認に関する訴えである。「効力に関する訴え」は、知的財産権の付与を侵害と判断する訴えで

あって、知的財産権の有効性に関する訴えである。知的財産権の侵害に基づく損害賠償請求および差止請求に関する訴えは、第3条の3第8号に規定する不法行為に関する訴えである。

（2） 管轄権に関する合意（第3条の7）

　第3条の7は、次のように規定する。① 第1項および第2項前段は、合意により、一定の法律関係に基づく訴えに関して、いずれの国の裁判所に訴えを提起するかを定めることができると明示し、② 第2項後段および第3項は、合意の方式を規定し、③ 第4項は、外国の裁判所にのみ訴えを提起することができる旨の合意について、その裁判所が法律上または事実上裁判権を行使することができないときは、その合意を援用できない旨を規定する。④ 第5項および第6項は、特則規定である。

① 第1項および第2項前段　当事者は、「合意により、いずれの国の裁判所に訴えを提起することができるかについて」定めることができる。「合意」は、国際裁判管轄の合意である。国際裁判管轄の合意には、法律上、日本に管轄原因がなくても日本の裁判所を指定する合意と、日本の裁判所の管轄権を排除して外国の裁判所を指定する合意とがある。「いずれの国の裁判所」とは、日本の裁判所と外国の裁判所との双方を意味する。いずれかの国のみを合意し、国の裁判所を指定しない場合でも有効である、と解される。日本の裁判所の管轄権を排除する合意が存在する場合において、訴えが提起されたときは、妨訴抗弁により、その合意の存在が認められると、その訴えは、却下されることとなる。

【判例】最高裁昭和50年11月28日第三小法廷判決（民集29巻10号1554頁）
《判旨》「被告の普通裁判籍を管轄する裁判所を第一審の専属的管轄裁判所と定める国際的専属的裁判管轄の合意は、『原告は被告の法廷に従う』との普遍的な原理と、被告が国際的海運業者である場合には渉外的取引から生ずる紛争につき特定の国の裁判所にのみ管轄の限定をはかろうとするのも経営政策として保護するに足りるものであることを考慮するときは、右管轄の合意がはなはだしく不合理で公序法に違反すると

き等の場合は格別、原則として有効と認めるべきである。」

　この判例の趣旨に照らして、国際裁判管轄の合意は、その合意が「はなはだしく不合理で公序法に違反するとき」は、無効となる。
② **第2項および第3項**　国際裁判管轄の合意は、「一定の法律関係に基づく訴え」であって、かつ、「書面でしなければ」、無効となる。「一定の法律関係に基づく訴え」とは、主たる契約に関する訴えを意味する。
③ **第4項**　外国の裁判所の管轄権に専属する旨の合意は、「その裁判所が法律上又は事実上裁判権を行うことができない」ときは、その合意を「援用する」ことができない。「法律上……裁判権を行うことができない」とは、その裁判所が、国際裁判管轄の合意を有効と認めないこと、ならびに管轄原因の不存在、訴えの利益の不存在およびその他の訴訟要件の欠如を理由に、管轄権を行使しないことを意味する。「事実上裁判権を行うことができない」とは、その裁判所の属する法域における社会的動乱により裁判所が機能しないことを意味する。これらのときは、原告の権利保護という観点から、被告による国際裁判管轄の合意の援用を認めない。
④ **第5項および第6項**　「将来において生ずる消費者契約に関する紛争を対象とする」合意とは、消費者契約の締結の時において消費者が住所を有していた国の裁判所に訴えを提起することができる旨の合意を意味する。その合意は、消費者がその合意に基づき合意した国の裁判所に訴えを提起したとき、または事業者が日本もしくは外国の裁判所に訴えを提起した場合において、消費者がその合意を援用したときは、効力を有する。「将来において生ずる個別労働関係民事紛争を対象とする」合意とは、労働契約の終了の時にされた合意を意味する。その合意は、その時における労務の提供の地がある国の裁判所に訴えを提起することができる旨を定めたものであるとき、労働者がその合意に基づき合意された国の裁判所に訴えを提起したとき、または事業主が日本もしくは外国の裁判所に訴えを提起した場合において、労働者がその合意を援用したときは、効力を有する。

その他に、国際裁判管轄の合意の要件は、第3条の10が規定する要件、合意能力の有無、合意における意思の合致の有無などが考えられる。

（3） 応訴による管轄権（第3条の8）

第3条の8の規定により、被告が日本の裁判所が管轄権を有しない旨の「抗弁を提出しないで本案について弁論をし」または「弁論準備手続において申述をし」たときは、裁判所は、応訴による管轄権を有する。被告が応訴をした後の管轄権の争いを許さないから、訴訟手続の遅延を回避することができる。同じ理由で、当事者間に管轄権が外国の裁判所に専属する旨の国際裁判管轄の合意が存在する場合でも、応訴による管轄権を認める。

（4） 普通裁判籍の管轄原因（第3条の2）

「原告は被告の法廷に従う」という法諺により、被告の住所または主たる事務所・営業所の所在地を管轄する裁判所が管轄権を有するのが原則である。住所または所在地は、事件と裁判所との関連を決定する地として、通常の、普通の裁判籍となり、これを普通裁判籍という。普通裁判籍が「日本国内に」あるときは、請求のいかんを問わず、応訴を強制される被告を保護するために、日本の裁判所は、管轄権を有する。第3条の2各項は、普通裁判籍による管轄権を規定する。管轄原因の確定の基準時は、第3条の12の規定による。訴えの類型と管轄原因とは、次のように解釈する。

① 第1項　訴えは、「人に対する訴え」である。管轄原因は、被告の「住所が日本国内にあるとき」、住所がない場合または住所が知れない場合には、被告の「居所が日本国内にあるとき」、居所がない場合または居所が知れない場合には、被告が「訴えの提起前に日本国内に住所を有していたとき（……）」である。管轄原因は、被告の、第1次的に住所、第2次的に居所、第3次的に最後の住所が日本国内にあるときである。「住所」・「居所」は、国際民事訴訟法上の概念であって、国際民事訴訟法それ自体により独自に解釈する。住所は、人の生活の本拠であり、居所は、住所に代替するもので

あって、暫くの間は継続して居住する場所である。住所・居所の有無は、それが外国にある場合であっても、法廷地法の民事訴訟法上の住所・居所の概念に基づいて判断する、と解する。「訴えの提起前に日本国内に住所を有していたとき」から、同項かっこ書の規定により、「日本国内に最後に住所を有していた後に外国に住所を有していたとき」を除く。知れている最後の住所が日本国内にないときは、日本の裁判所は、管轄権を有しない。

② 第2項　訴えは、「大使、公使その他外国に在ってその国の裁判権からの免除を享有する日本人に対する訴え」である。管轄原因は、大使・公使等が、日本国内に住所・居所等を有するか否かを問わず、日本人である場合である。

③ 第3項　訴えは、「法人その他の社団又は財団に対する訴え」である。管轄原因は、法人等の「主たる事務所又は営業所が日本国内にあるとき」、事務所または営業所がない場合またはその所在地が知れない場合には「代表者その他の主たる業務担当者の住所が日本国内にあるとき」である。事務所・営業所は、国際民事訴訟法上の概念であり、国際民事訴訟法それ自体により独自に解釈する。「主たる事務所」とは、非営利法人がその業務を行う場所であって、社団・財団の本拠を意味する。「主たる……営業所」とは、営利法人がその業務を行う場所であって、法人の本拠を意味する。「代表者その他の主たる業務担当者」とは、法人では代表理事を、会社では代表取締役執行役を、法人でない社団または財団では代表者または管理人を意味する。事務所・営業所がない場合またはその所在地が知れない場合においても、代表者等の主たる業務担当者の住所が日本国内にあるときは、日本の裁判所は、管轄権を有する。

（5）　特別裁判籍に相当する管轄原因（第3条の3）

第3条の3柱書は、次の「各号に掲げる訴え」についてはその「各号に定める」管轄原因があるときは、その訴えを「日本の裁判所に提起することができる」と規定する。「提起することができる」と規定することから、財産

関係事件の特殊性を考慮して、原則として、普通裁判籍の所在地の裁判所に管轄権を認めるものの、例外として、一定の事件について裁判籍を拡張して、当事者（原告）がその他にも日本の裁判所に訴えを提起することを認める。「提起する」権限は、原告の訴えの便宜という観点から、適切な訴えの提起を予測して提起する原告にこれを付与する。

　訴えは、次の「各号に掲げる」類型の「訴え」である。管轄原因は、普通裁判籍に対する特別裁判籍に相当する管轄原因である。訴えの類型と特別裁判籍に相当する管轄原因は、第3条の3各号に規定する。列挙する訴えの類型は、審理の便宜および訴訟経済に配慮して、者または会社等「に対する訴え」、「請求を目的とする訴え」および法律関係「に関する訴え」である。特別裁判籍に相当する管轄原因は、それらに関連する「地」、「請求の目的」および住所・居所が「日本国内にあるとき」である。

① 第1号　訴えは、「契約上の債務の履行の請求」または「契約上の債務に関して行われた事務管理若しくは生じた不当利得に係る請求」、「契約上の債務の不履行による損害賠償の請求」その他「契約上の債務に関する請求」を目的とする訴えである。この訴えは、財産権上の訴えのなかの契約上の債務に関する訴えである。「契約上の債務の履行の請求」とは、契約において規定された債務の履行の請求を意味する。これには、契約上の債務に関する事務管理または不当利得に係る請求、契約上の債務の不履行に関する損害賠償請求その他契約上の債務に関する請求を含む。管轄原因は、契約において「定められた当該債務の履行地」または「契約において選択された地の法によれば当該債務の履行地」が日本国内にあるときである。「債務の履行地」は、契約において明示的または黙示的に指定され、契約の内容から一義的に明確である必要がある、と解する。「債務の履行地」は、契約により複数の債務が存在する場合には、訴訟において争われている個別の債務の履行地である、と解する。この規定の趣旨は、これらの要件を具体的事案が充足するかどうかを当事者が予測することができる、という当事者の予測可能性を確保するところにある。管轄原因を債務の履行地とする理由は、債務の履行地

での給付を実現させることが契約の本旨に従うこととなる、という執行可能性にあり、債務の履行地での応訴に対する被告の予測可能性にあり、証拠調べの観点から、債務の履行地が適切な法廷地であるからである。

② 第2号　訴えは、「手形又は小切手による金銭の支払の請求」を目的とする訴えである。管轄原因は、「手形又は小切手の支払地」が日本国内にあるときである。

③ 第3号　訴えは、「財産権上の訴え」である。管轄原因は、「請求の目的」が日本国内にあるとき、または「金銭の支払を請求する」訴えである場合には、「差し押さえることができる被告の財産が日本国内にあるとき（……）」である。この規定の趣旨は、訴えを請求の目的の所在地において提起することで、被告にとっての不意打ちを防止するところにある。「請求の目的」が日本国内にあるときは、売買契約に基づき引渡しを求めた物が日本国内にあるとき、所有権に基づき返還を求めた物が日本国内にあるときなどである。財産の所在地は、被告の住所が日本国内にない場合または住所が知れない場合には、一応の基準として認められるか否かが問題となる。原告の請求が日本国内に所在する特定の物または権利を目的とする場合または請求が財産の所在以外になんら日本に関連がない場合でも、執行を考慮して原告の請求額に見合う以上の財産が継続的に日本国内に所在するときは、日本の裁判所は、管轄権を有する、と解する。原告の請求と被告の日本国内に所在する財産との関連性に配慮し、同号かっこ書の規定により、「被告の財産」について「その財産の価額が著しく低いとき」を除く。差押え可能な被告の財産の価額が「著しく低いとき」は、強制執行をしても債権回収の見込みがないから、「被告の財産」が訴額に相当する額であるかどうかを評価すべきであり、請求金額との均衡を要するものではない、と解される。

④ 第4号　訴えは、「事務所又は営業所を有する者に対する訴え」であって、「その事務所又は営業所における業務に関するもの」である。管轄原因は、その「事務所又は営業所」が日本国内にあるときである。訴えの類型の要件として、事務所または営業所における業務関連性を付加する。この規定

は、日本国内に営業所を設置しないで、日本における代表者を定める外国会社に対する訴えには適用されない、と解される。

⑤ 第5号　訴えは、「日本において事業を行う者（……）に対する訴え」である。管轄原因は、「その者の日本における業務に関するもの」である。「日本において事業を行う者」は、同号かっこ書の規定により、「日本において取引を継続してする外国会社」であって、会社法第2条第2号に定義する外国会社である。「事業」とは、一定の目的をもって反復継続的に遂行する同種の行為の総体を意味する。「業務」とは、営利を目的とするか否かを問わず、事務所または営業所において事業に関して反復継続的に遂行する行為を意味する。事業の主体は、法人・自然人である。日本国内に被告の営業所がない場合でも、被告が日本において取引を継続してする外国会社であるときは、その事業に関連する訴えについて、日本の裁判所は、管轄権を有する。

　第4号と第5号とは、いずれかを優先的に適用するのではなく、双方の規定の要件を充足する場合には、いずれを適用してもよい、と解する。

⑥ 第6号　訴えは、「船舶債権その他船舶を担保とする債権に基づく訴え」である。管轄原因は、その「船舶」が日本国内にあるときである。

⑦ 第7号　訴えは、「会社その他の社団又は財団に関する訴え」であって、かつ、イ　社員としての資格に基づき、会社その他の社団からの社員または元社員に対する訴えおよび社員からの社員または元社員に対する訴えまたは元社員から社員に対する訴え、ロ　役員としての資格に基づき、社団または財団からの役員または元役員に対する訴え、ハ　発起人または元発起人検査役としての資格に基づき、会社からの発起人、元発起人、検査役または元検査役に対する訴え、ニ　社員としての資格に基づき、会社その他の社団の債権者から社員または元社員に対する訴えである。第7号のイからニまでに規定する訴えは、第8号のイからニまでに規定する訴えと同義である。イの訴えは会社法第582条第1項に規定する訴え、同法第596条に規定する訴え、ロの訴えは同法第652条に規定する訴え、ハの訴えは会社から検査役に対する任務懈怠に基づく損害賠償請求の訴え、ニの訴えは同法第580条第1項を

挙げる。管轄原因は、「社団または財団」が「法人である場合」には、「日本の法令により設立された」法人であるときであり、「法人でない場合」には、「主たる事務所又は営業所」が日本国内にあるときである。この類型の訴えについて、被告の住所が日本国内にないときでも、日本の裁判所が管轄権を有するのは、証拠の収集の便宜を理由とするものであり、被告が現在または過去に社員、役員、発起人または検査役の資格に基づいて日本法人に関係があったことによる。

⑧ 第8号　訴えは、「不法行為に関する訴え」である。「不法行為に関する訴え」とは、不法行為責任に基づく権利義務を訴訟物とする訴えを意味する。この訴えは、一般のおよび特殊な不法行為に関する訴え、生産物責任、名誉または信用の毀損に関する訴えならびに知的財産権の侵害に基づく損害賠償請求または差止請求に関する訴えである。管轄原因は、「不法行為があった地が日本国内にあるとき（……）」である。この「とき」から、同号かっこ書の規定により、「外国で行われた加害行為の結果が日本国内で発生した場合」において、「日本国内におけるその結果の発生が通常予見することのできないものであったとき」を除く。「不法行為があった地」とは、不法行為を構成する要件事実が発生した地を意味し、加害行為の結果発生地と加害行為の行為地とである。ただし、不法行為があった地には、2次的または派生的な損害の発生地を含まない。「不法行為があった地が日本国内にあるとき」と規定する理由は、不法行為があった地の公序に関連があり、不法行為があった地に証拠が所在するのが常態であるからである。「不法行為に関する訴え」および「不法行為があった地」について、最高裁は、間接管轄についてではあるが、次のように解釈する。

【判例】最高裁平成26年4月24日第一小法廷判決（本書6頁）
《判旨》「民訴法3条の3第8号の『不法行為に関する訴え』は、民訴法5条9号の『不法行為に関する訴え』と同じく、民法所定の不法行為に基づく訴えに限られるものではなく、違法行為により権利利益を侵害され、又は侵害されるおそれがある者が

提起する差止請求に関する訴えをも含むものと解される（最高裁平成……16年4月8日第一小法廷判決・民集58巻4号825頁参照）。」「このような差止請求に関する訴えについては、違法行為により権利利益を侵害されるおそれがあるにすぎない者も提起することができる以上は、民訴法3条の3第8号の『不法行為があった地』は、違法行為が行われるおそれのある地や、権利利益を侵害されるおそれがある地をも含むものと解するのが相当である。」

　同号かっこ書の規定により、加害行為の結果発生地が日本国内にあっても、「日本国内における」という場所的な視点で、「その結果の発生」という加害行為の結果が加害者にとって「通常予見することができないもの」であったときは、日本の裁判所は、管轄権を有しない。「通常予見すること」とは、加害行為の結果が日本国内において発生するであろうという場所的なものについて通常予見することを意味する。通常予見可能性は、加害者および加害行為の性質および態様、被害の発生の状況等の諸般の事情に照らして、判断する、と解する。

⑨　第9号　訴えは、「船舶の衝突その他海上の事故に基づく損害賠償の訴え」である。管轄原因は、「損害を受けた船舶が最初に到達した地」が日本国内にあるときである。この理由は、この地が、事故について最初に調査する地、クレームを処理する地であり、証拠調べの便宜に適うからである。「船舶の衝突その他海上の事故」が日本の領海内で発生した場合には、第8号の規定により、公海上で発生した場合には、第9号の規定による、と解する。

⑩　第10号　訴えは、「海難救助に関する訴え」である。管轄原因は、「海難救助があった地」または「救助された船舶が最初に到達した地」が日本国内にあるときである。この理由は、この地が証拠調べの便宜に適うからである。

⑪　第11号　訴えは、「不動産に関する訴え」である。管轄原因は、「不動産」が日本国内にあるときである。不動産の所在地が日本国内であるときは、その地が不動産の登記地であるから、日本の裁判所が管轄権を有する。

この規定は管轄権の専属に関する規定ではないが、不動産に関する訴えの管轄権が不動産の所在地としての日本の裁判所に専属するかが問題となり、日本の裁判所に管轄権が専属するときは、その範囲が問題となる。物権的請求について、管轄権の消極的抵触が少ないから、管轄権が専属する、と解する。

⑫　第 12 号　訴えは、「相続若しくは遺留分に関する訴え」または「遺贈その他死亡によって効力を生ずべき行為に関する訴え」である。「相続……に関する訴え」は相続権の存否の確認の訴え、「遺留分に関する訴え」は遺留分の確認の訴えや遺留分減殺請求の訴え、「遺贈その他死亡によって効力を生ずべき行為に関する訴え」は遺贈や死因贈与等の行為により発生する権利に基づく給付の訴えである。管轄原因は、「相続開始の時における被相続人の住所」が日本国内にあるとき、その住所がない場合または住所が知れない場合には相続開始の時における「被相続人の居所」が日本国内にあるとき、その居所がない場合または居所が知れない場合には被相続人が「相続開始の前に日本国内に住所を有していたとき（日本国内に最後に住所を有していた後に外国に住所を有していたときを除く。）」である。管轄原因は、被相続人の、第 1 次的に住所が、第 2 次的に居所が、第 3 次的に最後の住所が日本国内にあるときである。相続開始の時における被相続人の住所または居所の属する地は、相続に関する関係人の在る地かつ証拠の所在地である、と考えることができる。管轄原因の確定の基準時は、「相続開始の時」および「相続開始の前」である。

⑬　第 13 号　訴えは、「相続債権その他相続財産の負担に関する訴え」であって、第 12 号に掲げる訴えに該当しないものである。管轄原因は、第 12 号に定めるときである。なお、相続関係事件において、被相続人の住所等が日本国内にない場合でも、例外として、国際民事訴訟法上の条理によって、相続財産（特に不動産）が日本国内にあるときは、その財産に関する訴えに対してのみ、日本の裁判所は、管轄権を有する、と解する。

(6) 消費者契約および労働関係に関する訴えの管轄権（第3条の4）

　第3条の4各項は、消費者および労働者の保護という観点から、消費者からの事業者、または労働者からの事業主に対する訴えの特則を規定する。これは、消費者および労働者が外国の裁判所において訴えを提起し、応訴することは、法の相違により負担の程度が大きく、かつ、国際的な移送の制度が存在しないことから当事者間の衡平を図ることができないからである。

① 第1項　訴えは、「消費者（……）と事業者（……）との間で締結される契約（……）に関する消費者からの事業者に対する訴え」である。同項かっこ書の規定は、消費者を「事業として又は事業のために契約の当事者となる場合におけるものを除く」個人と定義し、事業者を「法人その他の社団又は財団及び事業として又は事業のために契約の当事者となる場合における個人」と定義し、消費者と事業者との間で締結される契約を「消費者契約」という。「労働契約を除く」理由は、第2項が労働契約の存否等について規定するからである。管轄原因の確定の基準時は、「訴えの提起の時」または「消費者契約の締結の時」である。管轄原因は、その「時」における「消費者の住所」が日本国内にあるときである。なお、外国に赴いて消費者契約を締結した消費者（能動的消費者）が、一時的に滞在した国の裁判所において提訴または応訴することは、実質的に消費者の権利主張が困難になるから、能動的消費者にも第1項を適用する、と解する。

② 第2項　訴えは、個別労働関係民事紛争に関する「労働者からの事業主に対する訴え」である。個別労働関係民事紛争とは、「労働契約の存否その他の労働関係に関する事項について個々の労働者と事業主との間に生じた民事に関する紛争」を意味する。この紛争は、労働契約の存否や解雇の効力を争う紛争および賃金や退職金の支払いを求める紛争などである。管轄原因は、個別労働関係民事紛争に係る「労働契約における労務の提供の地（……）」が日本国内にあるときである。「労務の提供の地」は、現在であると過去であるとを問わず、労働契約に基づく現実の労務提供地である、と解される。その地が定まっていない場合にあっては、その地は、同項かっこ書

の規定により、「労働者を雇い入れた事業所の所在地」である。事業所は、労働契約を締結した事業所では足りず、具体的に雇用の決定をした担当者のいる事業所である、と解される。

③ 第3項　第3項の規定により、「消費者契約に関する事業者からの消費者に対する訴え」および「個別労働関係民事紛争に関する事業主からの労働者に対する訴え」については、第3条の3の規定を適用しない。これらの訴えについて、日本の裁判所が管轄権を有することとなるのは、事業者または事業主が消費者または労働者に対する訴えを日本の裁判所に提起した場合において、第3条の2第1項の規定により、消費者または労働者の住所等が日本国内にあるとき、第3条の7第5項の規定により、消費者契約または労働契約に関する国際裁判管轄の合意が有効であるとき、または第3条の8の規定により、消費者または労働者が応訴したときである。

(7)　併合請求における管轄権（第3条の6）

　第3条の6は、① 訴訟客体の併合（客観的併合）の場合と、② 訴訟主体の併合（主観的併合）の場合とを規定する。

① 客観的併合の場合　第3条の6本文は、訴訟客体の併合について、「当該一の請求と他の請求との間に密接な関連があるとき」と限定を付す。その理由について、この規定が追加される以前の最高裁判決は、次のように説示していた。

【判例】最高裁平成13年6月8日第二小法廷判決（本書23頁）
《判旨》「ある管轄原因により我が国の裁判所の国際裁判管轄が肯定される請求の当事者間における他の請求につき、民訴法の併合請求の裁判籍の規定（……）に依拠して我が国の裁判所の国際裁判管轄を肯定するためには、両請求間に密接な関係が認められることを要すると解するのが相当である。けだし、同一当事者間のある請求について我が国の裁判所の国際裁判管轄が肯定されるとしても、これと密接な関係のない請求を併合することは、国際社会における裁判機能の合理的な分配の観点からみて相当ではなく、また、これにより裁判が複雑長期化するおそれがあるからである。」

併合する請求と併合される請求との間に「密接な関連があるとき」の判断の基準が問題となる。この判断の基準は、この最高裁判決の趣旨に照らすと、両請求が「実質的に争点を同じくし、密接な関係がある」ときとなる。「実質的に争点を同じく」するかどうかは、請求の基礎となる事実関係の関連性、具体的には、同じ契約に基づくか、原因となる行為が同じであるかなどを総合的に考慮して判断する、と解する。

② 主観的併合の場合　第3条の6ただし書は、訴訟主体の併合について、第38条前段に定める場合に限定する。この限定は、訴訟の目的である権利義務が数人について共通であるとき、または同一の事実上または法律上の原因に基づくときである。

③ 例外則　第3条の6は、第3条の10の規定により、法定専属管轄の場合には、これを適用しない。第3条の10が規定する「訴えについて法令に日本の裁判所の管轄権の専属に関する定め」は、法定専属管轄であって、公益性という観点から、これを優先的に適用する。第3条の6本文が規定する「密接な関連があるとき」でも、管轄権の専属に関する規定を優先的に適用する。併合される請求について、外国の裁判所の管轄権に専属する旨の合意がある場合でも、第3条の6本文の規定の要件を充足するときは、その請求を併合して訴えを日本の裁判所に提起することができる。

(8)　特別の事情による訴えの却下（第3条の9）

第3条の9は、「訴えについて日本の裁判所が管轄権を有することとなる場合（……）」においても、裁判所が「事案の性質、応訴による被告の負担の程度、証拠の所在地その他の事情」を考慮して、日本の裁判所が審理および裁判をすることが「当事者間の衡平を害し、又は適正かつ迅速な審理の実現を妨げることとなる特別の事情」があると認めるときは、その訴えの全部または一部を「却下することができる」と規定する。「日本の裁判所が管轄権を有することとなる場合」は、基本的に、第3条の2から第3条の8までの規定によって日本の裁判所が管轄権を有することとなる場合であるが、そ

の根拠となる規定を明示しないから、法規の不存在のために国際民事訴訟法上の条理による場合をも含む、と解する。この「場合」は、第3条の9かっこ書の規定により、日本の裁判所についての専属的な国際裁判管轄の合意に基づき訴えが提起された場合を除く。「却下することができる」と規定するから、原則は日本の裁判所が管轄権を有することとなる場合であり、例外は、具体的事案の事情を考慮して、「特別の事情」があると認めるときである、との判断の枠組みを理解することができる。その理由は、具体的事案の事情を考慮して、国際的な移送によって当事者間の衡平を図ることができないからである。「特別の事情」は、国際的な移送の制度が存在しないことに併せて、第17条の「訴訟の著しい遅滞を避け、又は当事者間の衡平を図る」と規定する趣旨および目的を考慮し、「当事者間の衡平を害し、又は適正かつ迅速な審理の実現を妨げることとなる特別の事情」である。

　問題は、「特別の事情」の要素として考慮すべき事項は何かであり、「事案の性質、応訴による被告の負担の程度、証拠の所在地その他の事情」と、評価事項である「当事者間の衡平を害し」または「適正かつ迅速な審理の実現を妨げる」との解釈・適用である。この問題は、視点を代えると、原告が「特別の事情」の要素をどのように解して主張・立証し、被告が、抗弁として、それをどのように主張・立証するかである。この主張・立証に対する「特別の事情」の審査は、「事案の性質、応訴による被告の負担の程度、証拠の所在地その他の事情」を考慮する。「事案の性質」は、請求の内容という紛争に関する客観的な事情であり、「応訴による被告の負担の程度」は、応訴による被告の負担という当事者に関する事情であり、「証拠の所在地」は、物理的証拠の所在地および証人の在る地という証拠に関する事情であり、「その他の事情」は、訴えに対する外国の裁判所の管轄権の有無および訴訟係属の有無などである、と解する。議論の余地がある。

(9)　中間確認の訴えおよび反訴の管轄権（第145条および第146条）

　中間確認の訴えの管轄権について、第145条第3項の規定により、中間確

認の訴えに係る請求の法定専属管轄に関する規定により日本の裁判所が管轄権を有しないときは、当事者は、中間確認の判決を求めることができない。その理由は、管轄権の専属に関する規定を優先的に適用するからである。

　反訴の管轄権について、第146条第3項本文の規定により、日本の裁判所が本訴の目的である請求について管轄権を有し、反訴の目的である請求について管轄権を有しないときは、被告は、「本訴の目的である請求又は防御の方法と密接に関連する請求を目的とする限り」、本訴の係属する裁判所に反訴を提起することができる。同条同項ただし書の規定により、日本の裁判所が「管轄権の専属に関する規定」により反訴の目的である請求について管轄権を有しないときは、被告は、反訴を提起することができない。

3．訴訟当事者および訴訟手続

(1)　「手続は法廷地法による」の原則

　日本の裁判所が（国際裁判）管轄権を有することによって日本が法廷地として確定すると、手続に係る事項は、「手続は法廷地法による」の原則に従って、法廷地法として日本の手続法による。法廷地法とは、裁判の係属する裁判所の属する法域の法を意味する。この原則の根拠は、見解の相違があるが、法廷地の公法である手続法の属地的な適用にある、と解する。実定法としては、モントリオール条約第33条第4項がこの原則を規定する。問題は、いかなる法律関係の性質を手続に係る事項と決定するかである。手続に係る事項は、除斥・忌避、共同訴訟・訴訟参加、訴訟代理、訴訟費用、弁論主義・釈明義務等の審理構造、期日・期間、送達、和解・取下げ、中断・中止、訴え提起の方法、訴えの変更、弁論準備、上訴などである。

【裁判例】東京地裁平成23年3月10日判決（判タ1358号236頁）
《判旨》「ある訴訟上の主張が訴訟上の権利の濫用に当たり許されないか否かの判断に当たり適用すべき法は、手続上の問題である以上、法廷地法によるものと解すべきと

ころ、本件が提起された我が国の民事訴訟法上、妨訴抗弁の主張が権利の濫用に当たり許されなくなるのは、妨訴抗弁の主張が訴訟法上の行為として権利の濫用に当たるような具体的事情がある場合であ」る。

(2) 当事者能力・訴訟能力・当事者適格の準拠法

当事者の確定は、裁判所による職権調査事項である。当事者の確定は、① 訴訟物とは関係なく当事者になる資格を有するか（当事者能力）、② 訴訟行為を有効に追行するか（訴訟能力）、③ 訴えに係る請求との関係により実効的な解決を得る者であるか（当事者適格）である。当事者能力は実体法上の権利能力と同旨であり、訴訟能力は実体法上の行為能力と同旨である。当事者能力および訴訟能力について、当事者が、日本人である場合には、民事訴訟法第 28 条を適用するが、外国人または外国の団体である場合には、その準拠法が問題となる。

① 当事者能力について、その性質を当事者の属性に係る事項と決定し、当事者の本国の訴訟法によるとの見解（本国訴訟法説）は、外国の訴訟法の適用に対して批判がある。「手続は法廷地法による」の原則に従って法廷地である日本の民事訴訟法によるとの見解（法廷地法説）は、民事訴訟法第 28 条前段の規定により本国法上、当事者に権利能力が認められる場合、および同法第 29 条の規定により社団または財団であって代表者の定めがある場合には、当事者能力を認める。見解の相違があるが、当事者能力は、その性質を裁判の主体としての地位に係る事項として手続に係る事項と決定し、「手続は法廷地法による」の原則に従って法廷地法による、と解する。

【裁判例】東京高裁昭和 43 年 6 月 28 日判決（高民集 21 巻 4 号 353 頁）
《判旨》「外国の法令により設立された『パートナーシップ』がわが国において民事訴訟を遂行するにつき当事者能力を有するか否かは一の国際民事訴訟法上の問題である。わが国際民事訴訟法上当事者能力については……規定がないから〔国際民事訴訟法上の〕条理に従って決定すべきである。おもうに、司法作用は国家権力の発動であるから、民事訴訟については原則として訴訟の行われる地の法律すなわち法廷地法を適用すべきであり、当事者能力も一の民事訴訟法上の概念であるから法廷地法による

べきである。したがって本件における当事者能力の準拠法は法廷地法たるわが民事訴訟法であると解するのを相当とする。」

② 訴訟能力について、民事訴訟法の第 28 条前段の規定と第 33 条の特則規定との関係が問題となる。訴訟能力の性質を実体に係る事項と決定し、外国人の訴訟能力を本国（訴訟）法によるとの見解（本国訴訟法説）によると、本国の訴訟法により、仮に、訴訟能力がない場合でも、同法第 33 条の規定によって日本法により訴訟能力が認められるときは、訴訟能力者となる。「手続は法廷地法による」の原則に従って法廷地である日本の民事訴訟法によるとの見解（法廷地法説）によると、第 33 条の特則規定との関係で、第 28 条前段の「その他の法令」に法の適用に関する通則法を含む、と解して、同法第 4 条の規定に従って当事者の本国法により行為能力者には、行為能力と同旨の訴訟能力を認める。見解の相違があるが、第 28 条前段の規定により法の適用に関する通則法第 4 条に従って本国法を考慮し、第 33 条の特則規定により法廷地法に配慮し、訴訟能力は、法廷地法による、と解する。

【裁判例】東京地裁昭和 43 年 12 月 20 日判決（労民集 19 巻 6 号 1610 頁）
《判旨》「当事者能力ないし訴訟能力は、訴訟法上誰に当事者能力を与え、誰に訴訟能力を与えないかという訴訟手続に関する問題であって、必ずしも権利能力ないし行為能力と一致するものではない。或る国の裁判所が誰に当事者能力ないし訴訟能力を付与するかは実体法上の問題ではなく純然たる訴訟法上の問題に属する。」「従って、或る国の法律が、訴訟手続上法人を含めて如何なる外国人に当事者能力ないし訴訟能力を付与するかということは、直接には国際私法に関する問題ではなく、いわば国際民事訴訟法上の問題である」。「外国人の当事者能力ないし訴訟能力などの訴訟手続に関する事項に対しては、……民事訴訟法第 51 条〔現行の第 33 条に対応。以下同じ。〕によって直接当該外国人の属する本国の訴訟法が適用されるべきものであるが、外国訴訟法を適用した結果生じた不都合な点に関しては、我が民訴法第 51 条その他の我が国の法律によって是正するのが相当である」。

③ 当事者適格ついて、その準拠法は、法廷地法によるのが妥当である具体的事案もあれば、実体問題について適用すべき法によるのが妥当である具体

的事案もあるから、一律にこれを選定するのではなく、個別の事案ごとにこれを選定するのが妥当である、と解される。当事者適格の有無は、職権調査事項であるが、その判断は、当事者の弁論に現れた主張・立証により心証を得れば、足りる、と解する。

（3） 国際司法共助

送達は、法定の方式に従って裁判上の書類を交付し、または交付する機会を与える裁判所の訴訟行為である。送達が国境を越えてできないと、外国に住所・事業所等を有する者に対して日本の裁判所が管轄権を有する場合であっても、その者が裁判に参加することができなくなり、不当である。裁判の文書等の送達が民事裁判権の行使の一態様であるから、送達は、原則として、日本の領域外に在る者に対してはできない。諸国の司法機関の間で司法手続について相互に協力することを国際司法共助という。国際司法共助は、条約に基づく場合と自主的な協力による場合とがある。

外国における送達について、民事訴訟法第108条の規定によるとしても、「その国」が送達を認めない限り、実効性はない。外国における証拠調べについて、同法第184条の規定によるとしても、「その国」の協力が必要となる。国際司法共助について、条約・取決により特別の措置を講ずる。

日本は、「民事訴訟手続に関する条約」（昭和45年条約第6号）（以下「民訴条約」という。）および「民事又は商事に関する裁判上及び裁判外の文書の外国における送達及び告知に関する条約」（昭和45年条約第7号）（以下「送達条約」という。）を締結している。これらの条約は、国内において、特別の措置を講ずる必要もなく、実施することができる自動執行条約である。

民訴条約は、国際民事事件に関して締約国間において司法共助を円滑に実現することを目的とし、第1章において裁判上および裁判外の文書の送達について、第2章において証拠調べその他の裁判上の事項に関する司法共助の嘱託について、それぞれ送達および証拠調べの方法および嘱託の経路の手続を規定し、第3章以下において訴訟費用の担保、訴訟上の救助、身分証書の

無償交付等について外国人に対する内国民待遇などを規定する。民訴条約の第1章を改正する送達条約は、締約国間では民訴条約に代替し、嘱託国において送達について権限のある当局より受託国の中央当局を経由するものとし、送達証明について統一様式に従うものとする。

民訴条約による司法共助に基づく送達の手続は、送達を依頼する裁判所の長から、最高裁判所および外務省を経て、相手国に駐在する領事官から相手国の指定する当局に要請し、その当局が自国法により権限のある当局に転達し、その権限のある当局が送達を実施する。送達の実施は、任意に受領する名宛人に交付する方法、相手国の法律に定める方法およびその他特別の方法による。任意交付による方法によりできなかった場合には、指定当局への要請書に後二者のうち希望する方法を表明し、かつ、受送達国の公用語による訳文と外交官等による翻訳証明書を添付して、送達の証明が証明書によってなされる。受送達国が拒否しない限り、外国に在る者に対して郵送により直接に送達することもできる。郵送による直接の送達の方法は、民事訴訟法第108条の規定が直接の郵送を含めていないから、日本における訴訟ではこれを利用することはできない。送達が実効的でなかった場合には、同法110条第4号により、裁判所書記官は、公示送達をする。その他、日本は、送達または証拠調べの共助に関する二国間取決めを締結している。

民訴条約および送達条約の実施のための特則を定めるために「民事訴訟手続に関する条約等の実施に伴う民事訴訟手続の特例等に関する法律」（昭和45年法律第115号）および「民事訴訟手続に関する条約等の実施に伴う民事訴訟手続の特例等に関する規則」（昭和45年最高裁規則第6号）がある。同法第2条は、国際司法共助を行う機関として締約国が指定する当局または中央当局を外務大臣とする。同法第3条第1項の規定により、民訴条約に定める文書の送達および証拠調べその他の裁判上の行為について、同条約の締約国である外国の当局の嘱託があったときは、裁判所は、法律上の補助をし、同条第2項の規定により、その裁判所は、その事務を取り扱うべき地を管轄する地方裁判所である。同法第4条の規定により、民訴条約に特則がある場合

を除き、受託事項は、日本法による。

4．結びに代えて

　財産関係の国際民事訴訟事件に対して、日本の裁判所が（国際裁判）管轄権を有するときについて、国際民事訴訟法上の解釈の方法論（判断の枠組み）を、次のように解する。

　具体的事案の性質をある訴えの類型であると決定して、根拠となる条項号を特定する。特定した条項号が規定する管轄原因を解釈し、解釈した管轄原因を具体的事案において確定する。具体的事案における管轄原因の確定により、管轄原因事実が日本国内にあるときは、日本の裁判所は、その事件に対して管轄権を有する、と一応の判断をすることとなる。この一応の判断に続いて、第3条の9が規定する「特別の事情」の審査を行う。この判断の枠組みは、訴えの観点から、次の順に検討してゆくとよい、と考える。

　① 管轄権の専属する訴えであるか（第3条の5）、② 国際裁判管轄の合意が存在する訴えであるか（第3条の7）、③ 被告が応訴したか（第3条の8）、④ 普通裁判籍が日本国内にあるか（第3条の2）、⑤ 消費者契約・労働関係に関する訴えであるか（第3条の4）、⑥ 特別裁判籍に相当する管轄原因が日本国内にある訴えであるか（第3条の3）、⑦ 併合請求の訴えであるか（第3条の6）、⑧ ① から ⑦ までにおいて、または国際民事訴訟法上の条理に従って、訴えについて日本の裁判所が管轄権を有することとなる場合においても、「特別の事情」があると認めるときであるか（第3条の9）、を検討するとよい、と考える。

　第3条の9が規定する「事案の性質」は、事案が原告の権利保護に欠けることがないように留意すべき性質もある、と解する。その理由は、「事案の性質」につづいて「応訴による被告の負担の程度」を規定しており、原告への留意、被告への配慮と「当事者間の衡平」に関連する要素を例示する、と解することができるからである。「応訴による被告の負担の程度」は、応訴

による原告の負担と比較しての程度である、と解する。「証拠の所在地」は、「適正かつ迅速な審理の実現」に関連する要素であり、証拠が複数の法域に所在するときは、争いとの関連で主要な証拠の所在地でる、と解する。

　第3条の9の「特別の事情」の審査については、今後の判例・裁判例の蓄積が期待される。

第4章　抵触法の機能および抵触法の規定の構造

1．はじめに

　一方で、生活関係（法律関係）が国境を越えて生じ、他方で、法秩序が国家（法域）ごとに形成されているから、ある法律関係には特有の法規整が必要となる。法規整の方法には、各国の私法をすべて統一する方法と、各国の私法をそのまま存続させておいて国境を越えて生ずる法律関係（渉外的法律関係）についてのみ適用すべき法を形成する方法とがある。

　渉外的法律関係の生起と国家（法域）ごとの私法の併存とを前提として、国際私法を狭義に解すると、国際私法とは、渉外的法律関係について適用すべき法を選択して指定する法である、と定義される。渉外的法律関係について適用すべき法を準拠法という。準拠法とは、これを標準として、これによって（依って、準拠して）渉外事件を裁判すべき法を意味する。準拠法は、渉外的法律関係に関連があるとして適用され得る法のうちで、国際私法（準拠法を定める法）に従って選択して指定した結果として、その渉外的法律関係を規律する法である。準拠法は、いずれかの国（法域）において実効性がある法であって、これを実質法という。実質法とは、具体的に権利義務を規律する法を意味する。実質法は、民法、商法、民事訴訟法などの民事法である。国際私法も、国内法であり、各国家（法域）ごとにその内容には相違がある。法規整の方法には、国際私法を国際的に統一する方法もある。

　渉外的法律関係をめぐる具体的事案についての法的処理の方法は、特有の方法となる。この方法を国際私法的処理という。渉外的法律関係の法規整と、国際私法的処理の方法とが問題となる。

2．渉外的法律関係の法規整

(1) 統一法（条約）

　渉外的法律関係の法規整の方法の1つは、世界各国に共通する内容を備えている法としての統一法（統一私法）による方法である。統一私法（統一私法条約）は、世界統一私法および万民法型統一私法である。

　世界統一私法は、各国の私法の内容を統一する方法による統一法であって、これを実現する条約を世界統一私法条約（完全統一私法条約）という。完全統一私法条約の形成は、現実には困難である。その理由は、法が、各々の国家（法域）の歴史的・宗教的・倫理的およびその他経済的・社会的な要因に基づいて形成されてきており、各法域には法系の相違による差異があるからである。その形成は、家族法では、不可能であるが、財産法では、経済的合理性・法的技術性に基づいて理論的には可能である。

　日本が批准する世界統一私法条約には、「為替手形及び約束手形に関し統一法を制定する条約」（昭和8年条約第4号）、「小切手に関し統一法を制定する条約」（昭和8年条約第7号）、「工業所有権の保護に関するパリ条約」（昭和50年条約第2号）、「文学的及び美術的著作物の保護に関するベルヌ条約」（昭和50年条約第4号）などがある。

　万民法型統一私法は、各国の私法を存続させておいて、渉外的法律関係についてのみ適用すべき法を統一する方法による統一法であって、これを実現する条約を万民法型統一私法条約という（この呼称は、ローマ時代における万民法（*ius gentium*）に由来する。）。万民法型統一私法条約は、古くから海事法の分野において成立している。

　日本が批准する万民法型統一私法条約には、「船荷証券に関するある規則の統一のための国際条約」（昭和32年条約第21号）およびその改正議定書（平成5年条約第3号）、「国際航空運送についてのある規則の統一に関する条約」（昭和28年条約第17号）およびその改正議定書（平成15年条約第6号）、「国際

物品売買契約に関する国際連合条約」(平成20年条約第8号)などがある。

世界統一私法条約も万民法型統一私法条約も、必ずしも実効的ではない。その理由は、条約の事項的適用範囲が限られており、条約の批准国数が少なく、英米法系と大陸法系とには法技術的な差異があり、条約の解釈が各法域の裁判所の間で統一的ではないなどからである。

(2) 国際私法(準拠法を定める法)

統一私法条約が必ずしも実効的でないから、渉外的法律関係の法規整は、各国の国内法である国際私法による。各国の国際私法には相違がある。

各国の国際私法を統一する方法は、ハーグ国際私法会議が指向する。この会議は、「ハーグ国際私法会議規程」(1955年発効)により国際的な常設機関である(常設事務局をオランダのハーグに設置する。)。この会議が採択した条約をハーグ国際私法条約と総称する。この条約も、条約の事項的適用範囲が限られており、条約の批准国数が少ないなどから、必ずしも実効的ではない。

現在のところ、基本的に、渉外的法律関係の法規整は、各国の国内法である国際私法に従う方法による。国際私法は、重要かつ必要な法分野である。

問題は、統一私法条約と国際私法との適用関係である。この関係について、統一私法条約を直接に適用するか、国際私法に従って統一私法条約を間接に適用するかの解釈には、見解の相違がある。統一私法条約にその条約の適用範囲に関する規定が存在する場合には、その規定に従うものの、その規定が存在しない場合には、統一私法条約の趣旨・目的などを考慮して適用の可否を決定する、との見解がある。統一私法条約と国際私法との関係は、条約の性質と国際私法の性質とが異なり、かつ、条約の事項的適用範囲が限られていることから、相互に補完する関係と理解すればよい、と考える。

(3) モデル法および援用可能統一規則

条約による法規整が必ずしも十分でないから、国際的な組織・団体が法の標準となるべきモデル法(模範法)を作成し、モデル法を各国が参考にして

法律を制定することで、法の国境を越える調整・調和の実現を考える。モデル法には、たとえば、国際連合国際商取引法委員会（UNCITRAL）が採択した 1985 年の「UNCITRAL 国際商事仲裁モデル法」、1992 年の「国際振込に関する UNCITRAL モデル法」、1997 年の「国際倒産に関する UNCITRAL モデル法」などがある。

【裁判例】東京高裁平成 22 年 12 月 21 日判決（判時 2112 号 36 頁）
《判旨》「仲裁法 13 条 3 項の規定は、国際連合国際商取引法委員会が策定した国際商事仲裁模範法（以下「模範法」という。）7 条 2 項 3 文と同一内容の規定である。この模範法 7 条 2 項 3 文の規定は、模範法が国際連合国際商取引法委員会において国際商事仲裁についての模範的な立法として策定されていることからもうかがわれるように、国際的な商取引に従事する商人の間でしばしば行われている商取引実務、すなわち仲裁条項を含む一般契約条件や標準書式を引用する形で契約を締結するという国際商取引実務を前提としたものであると認められる」。

　国際取引の実務においては、国際契約に使用する用語の意味内容を統一するために、援用可能統一規則を利用する。援用可能統一規則は、国際的な事業者団体が作成して一定の取引に適用する規則であって、国際契約の当事者は、その統一規則を援用することによって規則に拘束される。この統一規則には、国際商業会議所（ICC）が作成した定型取引条件の解釈に関する「貿易条件の解釈に関する国際規則」（「インコタームズ」）、信用状取引に関する「荷為替信用状に関する統一規則及び慣例」（「荷為替信用状規則」）などがある。この統一規則は、商慣習法として国際取引について直接に適用する、との見解もある。商慣習法（商人法）（*lex mercatoria*）とは、国際取引を直接に規律の対象とする固有の規範を総称する（この呼称は、中世の地中海地域における商人間の取引を対象とする自律的規範に由来する。）。

3．準拠法の選定の方法論

　準拠法の選定の方法論は、Friedrich Carl von Savigny（1779-1861年）の方法論に遡る。Savignyは、その著『現代ローマ法体系　第8巻』（1849年）において、外国法の適用の根拠を主権国家の *comitas* に求め、外国法と内国法とのそれぞれの適用範囲を画定する基準として、法律関係の固有の性質により法律関係が属する本拠（Sitz）が存在する法域を探求し、その法域の法をその法律関係について適用する、という方法論を提示した。この方法論は、それまでの法規分類説（スタチュータ（*statuta*）の理論（条例理論）、法則区分説）が法規から出発して法規をいかなる法律関係に適用するかを指向したのに対して、法律関係から出発して法律関係の本拠の法を適用する、というものである。この方法論は、公平にして法政策的に妥当な結果を導く、と評価されて、現代の抵触法の基礎となっている。イタリアのMancini（1817-1888年）は、人に係る事項には自国法を自国民に随伴して適用し、公序に係る事項には属地法を適用する、という理論を提示した。この理論は、本国法主義として大陸法系の国際私法の基礎となっている。

　日本の国際私法（準拠法を定める法、準拠法に関する通則）の方法論は、基本的に、Savignyの方法論およびManciniの理論に基づいている。

　こうした方法論および理論に基づいて、一般に、国際私法は、渉外的法律関係の生起と各国の実質法の抵触とを前提として、渉外的法律関係の準拠法の選定に関する準則である。この準則に従う準拠法の選定の方法は、渉外的法律関係に最も密接な関係がある地の法を選定する方法である。準拠法の選定の方法は、渉外的法律関係の固有の性質による本拠として、渉外的法律関係に最も密接な関係または最も有意義な関係がある地の属する法域を選択し、選択した法域において実効性がある実質法を渉外的法律関係について適用すべき法（渉外的法律関係の準拠法）として指定する、という方法である。準拠法の選定の方法は、渉外的法律関係に最も密接な関係がある地の属する

法域を選択し、選択した法域にその法律関係を連結し、その法域において実効性がある法をその法律関係の準拠法として指定する、という方法である。この方法に基づいて、準拠法を自動的・機械的に選定する。この方法に基づく国際私法（国際私法学）の中心的課題は、渉外的法律関係の準拠法の選定の方法である。この方法は、一般に、法律関係を類型的に分類し、分類した法律関係を単位として1つの単位法律関係について、その単位法律関係のうちの一定の連結する要素を媒介として、1つの準拠法を選定する、というものである。これにより、一般に、特定の事項に関する複数の法律関係を一括して1つの単位法律関係について1つの準拠法を選定する、という準拠法単一の原則が認められる。

この理解により、渉外的法律関係についての準拠法の選定の方法は、渉外的法律関係に最も密接な関係がある地の属する法域を選択して、選択した法域において実効性がある法を準拠法として指定する、という方法である。

4．国際私法の意義

（1）　国際私法の定義

準拠法の選定の方法論についての理解によると、国際私法は、2つの観点から、次のように定義する。法律関係という観点から、国際私法とは、渉外的法律関係に最も密接な関係がある地（最密接関係地）の属する法域を選択し、選択した法域において実効性がある法を準拠法（適用すべき法）として指定する法を意味する。視点を変えて、併存する私法という観点から、国際私法とは、渉外的法律関係について適用のために併存する外国法と内国法とが抵触する様相を呈するので、法律関係について準拠法として外国法と内国法との各々の適用範囲を画定する法を意味する。

この理解により、狭義の国際私法の規律の対象は、渉外的法律関係であり、その規律の方法は、渉外的法律関係の準拠法の選択・指定である。その選択の対象は法域であり、指定の対象は適用すべき法（準拠法）であるから、

本書では、準拠法の選択・指定を準拠法の選定という。

（２）　国際私法の機能、目的および性質

① 国際私法の機能は、国際私法の定義から、渉外的法律関係について外国法と内国法との抵触を解決する、という機能である。法の抵触を解決する機能という観点から、国際私法を抵触法ともいう。抵触法という呼称は、狭義の国際私法の機能をよく表すから、本書では、以下、特に狭義の国際私法を抵触法と表示する。抵触法は、実質法に対する概念である。抵触法は、日本の実定法では、「子に対する扶養義務の準拠法に関する条約」（昭和52年条約第8号）第3条が「抵触規則」の文言、「仲裁法」（平成15年法律第138号）第36条第1項が「抵触する内外の法令の適用関係を定める……法令」の文言、民法第23条第2項（平成18年法律第78号本項改正）が「準拠法を定める法律」の文言をもってこれを表示する。

　抵触法の規定に従って、または抵触法の規定が存在しない場合には、抵触法上の条理に従って、準拠法を選定する。準拠法は、外国法であると内国法であるとを問わず、渉外的法律関係について適用すべき法となる。裁判でいえば、抵触法の規定または抵触法上の条理に従って選定した準拠法（適用すべき法）は、裁判の基準力をもつ。

　なお、国際私法は、広義に解すると、準拠法の選定に関する抵触法に併せて、国籍法、国際民事手続法（国際民事訴訟法）およびその他の関連する国際民事関係法（国際関係私法）の法分野をも含む。

② 抵触法の目的は、一般に、私法の国際的交通の円滑・安全を維持し、判決の国際的調和を確保することである。判決の国際的調和は、渉外的法律関係が、いずれの法域において問題とされても、その法域の国内法である抵触法に従って同一の準拠法を選定して適用すると、法的解決の結果（判決）は同一となる、というものである。これは、各国（法域）の国内法である抵触法を統一しない限り、達成し得ない。各国の抵触法を統一していない現状においては、抵触法に従って選定するいずれの法域の私法も、均質であるとし

て平等に取り扱う必要がある。

　抵触法の目的は、渉外的法律関係の当事者の利益を保護することでもある。この目的を達成すると、当事者による渉外的法律関係の準拠法についての予測可能性を確保することとなる。

　抵触法は、内国法と外国法との均質を前提として、判決の国際的調和を達成することを目的とする。この目的のために、各国の抵触法を統一することが期待される。これに対応するのがハーグ国際私法会議であり、抵触法の比較法の方法による各国の抵触法の統一の法整備である。

③　抵触法の性質は、間接法という性質である。その理由は、抵触法が渉外的法律関係を直接に規律する準拠法を選定して、渉外的法律関係を間接に規律する法であるからである。抵触法の性質は、抵触法が各国の実質法の上位にあって、上位から外国法または内国法を選定する、という様相を呈することから、上位法という性質でもある。抵触法の性質は、渉外的法律関係の最密接関係地を選択し、その地の属する法域において実効性がある実質法を準拠法として指定する、という観点から、その準拠法をその法律関係に適用する場所的（空間的）な法適用法という性質でもある。

　抵触法の性質により、抵触法は、間接法であり、上位法であり、場所的（空間的）な法適用法である。裁判例は、次のように説示する。

【裁判例】東京高裁平成 19 年 7 月 18 日判決（判時 1994 号 36 頁）
《判旨》「我が国の……いわゆる国際私法は、渉外的私法関係に適用すべき私法を指定する法則、適用規範である。国際私法は、社会には、特定の国家の法を超えた普遍的な価値に基づく私法があり、国家が異なっても相互に適用が可能であるとの前提の下に、……国際的共通性の高い渉外的私法関係に適用されるものであり、私法の抵触問題の解決をその中心課題とする。」

　抵触法は、新法と旧法との時間的な適用関係を定める時間的な法適用法としての時際法とは区別する。時際法的処理は、抵触法に従って選定した準拠法の属する法域における法の時間的な適用関係を定める法による、と解す

る。抵触法は、宗教や民族などによる人的に適用すべき法の抵触における法の人的適用関係を定める人的な法適用法としての人際法とも区別する。

　抵触法は、強行法規であって、当事者による任意の処分を許さない法である。渉外的法律関係については必ず、法廷地の強行法規である抵触法の規定に従って選定する準拠法を適用することとなる。

　例外として、法廷地の絶対的強行法規については、準拠法がいずれの法域の法であるかを問わず、この法規を強行的に適用する。絶対的強行法規とは、一定の政策的な目的を達成する、という適用の意図を有する法規、法規の保護法益が一般的である法規を意味する。絶対的強行法規であるか否かの判断の基準は、見解の相違があるが、法規の趣旨・目的に強行性があるか否かである、と解する。絶対的強行法規は、消費者および労働者の保護関連法規、独占禁止法、不正競争防止法、外国為替及び外国貿易法ならびに租税法などの一部の規定である。

【裁判例】東京地裁昭和40年4月26日決定（労民集16巻2号308頁）
《決定要旨》「解雇の効力は、労務の供給地であるわが国の労働法を適用して判断すべきであって、この点に関するかぎり……〔抵触法の規定〕の適用は排除されるものと解すべきである。けだし、労働契約関係を律する労働法はひとしく労使の契約関係を規律する一般私法法規と異なり、抽象的普遍的性格に乏しく各国家がそれぞれ独自の要求からその国で現実に労務給付の行なわれる労使の契約関係に干渉介入し、独自の方法でその自由を制限し規整しているので、労働契約に基〔づ〕く現実の労務給付が本件の如く継続して日本国内で行なわれるようになった場合には、……〔抵触法の規定〕の採用した準拠法選定自由〔当事者自治〕の原則は属地的に限定された効力を有する公序としての労働法によって制約を受けるものと解するのを相当とするからである。」

【裁判例】東京地裁平成19年8月28日決定（判時1991号89頁、判タ1272号282頁）
《決定要旨》「本件では、当事者間に本件準拠法合意が存在するが、独占禁止法は強行法規であるから、準拠法の合意にかかわらず、本件に適用される。」

準拠法は、日本が、国際法上、国家承認・政府承認をした法域の法であるかどうかが問題となる。この問題は、見解の相違があるが、準拠法として指定した法が、国際法上、承認をしていない国家・政府の法であっても、選択した法域において実効性がある限り、その法を適用する、と解する。

【裁判例】東京地裁昭和59年3月28日判決（判時1141号102頁）
《判旨》「国際私法の任務が渉外私法関係に適用されるべき最も密接な関係に立つ法を選択し、これを適用することによってその私法領域における法的秩序を維持することにあることからすれば、その法は承認された国家の法である必要はなく、法としての実効性を有すれば足りると解すべきである」。

5．抵触法の規定の解釈・適用

（1）　抵触法の法源

　日本の抵触法の法源は、条約、法律、慣習および条理である。法律は、抵触法の主要成文法源として「法例」（明治31年法律第10号）およびその主要改正法である「法例」（平成元年法律第27号）と題する法律の第3条以下であった。法例とは、中国の晋の時代（265-420年）に法典の全部に通ずる例則を総括したものであって、法の適用に関する例則を意味した。

　抵触法に関する現行の法律は、主要成文法源として「法の適用に関する通則法」（平成18年法律第78号）第3章「準拠法に関する通則」である。この法令名は、法の適用に関する例則を意味した「法例」という法令名の現代語化である（略称すると、法通となる。）。「法の適用に関する通則法」を、抵触法の機能をよく表現することができるように、本書では、法適用通則法と略称する。法適用通則法の規定の解釈論が抵触法の主要な論点であるから、以下、とりわけ、本書の第4章から第13章までにおいて、特に法令名を示さないで第○条第○項とのみ表示するときは、法適用通則法の条項を示す。

　法適用通則法は、第3章の第4条から第37条までが抵触法の各則を規定し、第38条から第42条までが抵触法の総則を規定する（第3章第7節は「補

則」とする。)。これは、準拠法の選定の方法の流れに沿う、と考える。第 43 条は、抵触法の一般法（第 3 章の規定）と特別法との適用関係を規定する。特別法は、「扶養義務の準拠法に関する法律」（昭和 61 年法律第 84 号）および「遺言の方式の準拠法に関する法律」（昭和 39 年法律第 100 号）である。特別法は、ハーグ国際私法条約である「扶養義務の準拠法に関する条約」（昭和 61 年条約第 3 号）および「遺言の方式に関する法律の抵触に関する条約」（昭和 39 年条約第 9 号）を批准して国内立法化したものである。

その他に、抵触法に関する規定は、手形行為および小切手行為についての準拠法に関する条約を国内立法化した手形法の第 88 条から第 94 条までの規定および小切手法の第 76 条から第 81 条までの規定の他に、関連する規定は、民法の第 35 条・第 741 条・第 801 条、会社法の第 2 条第 2 号、第 817 条から第 823 条までおよび第 933 条から第 936 条までの規定などである。

条理は、抵触法規の不備を補充するものであり、「裁判事務心得」（明治 8 年太政官布告第 103 号）第 3 条「民事ノ裁判ニ成文ノ法律ナキモノハ習慣〔慣習〕ニ依リ習慣〔慣習〕ナキモノハ条理ヲ推考シテ裁判スヘシ」の規定に由来する。抵触法上の条理は、準拠法の選定に関する条理であって、抵触法の規定が存在しない場合には、これに代わって準拠法を選定する。その場合において、直ちに抵触法上の条理によるよりも、準拠法の選定の不確実性を避けるために、関連がある抵触法の規定を類推適用し、類推適用する抵触法の規定も存在しないときは、抵触法上の条理による、と考える。抵触法上の条理は、実質的には見解（学説）または判例・裁判例・審判例の趣旨（判旨・審判要旨）であろう。これは、抵触法が、一般市民の法的確信によって成立するよりも専門家による法形成によって成立しており、技術的要素があり、明確な法規範の定立が不備であり、その不備を法理論で補充するからである。国際私法は学説法である、といわれてきた理由はここにある。

（2） 抵触法の規定の構造

抵触法の機能および性質により、準拠法の選定のための抵触法の規定は、

特有の構造をもつ。抵触法の規定は、法律関係を示す概念と、連結する要素を示す概念とによって構成する。抵触法の規定は、法律関係を示す概念として、法律関係を類型化して１つの準拠法を選定するために１つの法律関係を単位とし、単位化した法律関係（単位法律関係）を指定する概念を規定する。単位法律関係を示す概念は、抵触法の性質により、外国の実質法を準拠法として選定するために法廷地の実質法上の概念よりも広く、諸国の実質法上の概念を包含し得る包括的概念である。この概念は、抵触法の規定において単位法律関係を指定するので、これを指定概念という。指定概念に続いて、抵触法の規定は、単位法律関係を特定の地の属する法域に連結する要素を示す概念を規定する。連結する要素（要因）は、連結素または連結点という。これは、一般に、属地的（場所的）な要素である。連結素には、事実概念と法律概念（連結概念）とがある。

　抵触法の規定の構造を具体的に理解するために、法適用通則法の若干の条項を参照する。第36条は、最も簡潔にして典型的な構造であり、連結素が法律概念である。同条の規定において、指定概念（単位法律関係を示す概念）は「相続」であり、連結素は「被相続人の本国」という文言から被相続人の国籍である。第13条第１項は、連結素が事実概念である。同条同項の規定において、指定概念は「動産又は不動産に関する物権及びその他の登記をすべき権利」であり、連結素は「目的物の所在地」である。第７条は、連結素が当事者の意思という主観的要素（要因）である。同条の規定において、指定概念は「法律行為の成立及び効力」であり、連結素は「当事者が……選択した地」という文言から当事者の意思である。

　準拠法の選定の方法は、解釈論（準拠法の選定の方法論）としては、抵触法の条項の指定概念および連結素を示す概念の解釈・適用の理論であり、裁判としては、準拠法の選定という具体的事案の抵触法的処理である。

（３）　法律関係の性質の決定

　抵触法の規定は、単位法律関係を類型化した指定概念をもって概括的・包

括的に規定する。抵触法の包括的な規定に具体的事案の事実関係を当てはめる（包摂する）ために、具体的事案において問題となっている法律関係を、伝統的に類型化される包括的な単位法律関係に分類する。分類した単位法律関係は、その法律関係の性質を抵触法のいずれかの規定の指定概念に係る事項と決定する。これによって適用すべき抵触法の規定を特定する。この特定までの方法を法律関係の性質決定という。

法律関係の性質決定とは、一方で、事案における法律関係を単位法律関係に分類し、他方で、抵触法の規定における指定概念を解釈し、解釈した指定概念に分類した単位法律関係を当てはめる（包摂する）方法を意味する。この方法は、法律関係の性質を決定する方法であり、本書では、これを法律関係の性質の決定という。

法律関係の性質の決定は、抵触法の規定の適用の前提となり、抵触法の規定に従って準拠法を選定するために論理的に不可欠の方法である。法律関係の性質の決定という方法を経て、適用すべき抵触法の規定を特定する。法律関係の性質の決定および抵触法の規定の特定は、適用すべき抵触法の規定の解釈・適用に係る事項であるから、裁判所の職責である。

具体的事案における法律関係は、その性質が手続に係る事項であるか実体に係る事項であるかを決定する。その性質を手続に係る事項と決定すると、「手続は法廷地法による」という原則に従って法廷地の法（実質法である手続法）を適用する。その性質を実体に係る事項と決定すると、抵触法の規定に従って連結素の属する法域の法（実質法である実体法）を適用する。

法律関係の性質の決定によって、法律関係が、抵触法のいずれの規定の適用範囲にも該当しない場合として、適用すべき抵触法の規定が存在しない場合には、抵触法上の条理に従って準拠法を選定する。

単位法律関係および指定概念が法的な概念であるから、法律関係の性質の決定という方法は、いずれの法域の法によるか、いずれの法域の実質法によるか抵触法によるか、という問題が生ずる。この問題は、法律関係の性質の決定を、抵触法の趣旨・目的に対応させて処理する、という抵触法それ自体

によって独自に処理する（支配的見解）。独自に処理するのは、抵触法の規定の趣旨・目的を考慮し、抵触法および実質法の比較法の方法によって総合的に処理する、と解される。

【裁判例】徳島地裁昭和44年12月16日判決（判タ254号209頁）
《判旨》「弁護士の報酬請求」に対する「被告の消滅時効の抗弁」の「準拠法を選択する前提として消滅時効という制度の性質いかんであるが、英米法においては……訴提起期間、即ち訴権の消滅の問題として規定している例が多いが、それも所詮は一定期間の経過により債務者が利用し得る防禦手段として付与され、かつその者の援用を条件として債務を免責するという事柄の性質においてはわが国など大陸法系の消滅時効と実質上差異がないと解されており、その性質は手続法上よりも実体法上の制度であるとみるのが妥当であるから、国際私法上の問題であるというべきである。そして、右消滅時効の問題はその債権関係において債権者がその債権を長期間行使しなかったときにいかになるかという債権の運命の問題にほかならないのであるから、その成立及び効力に関する準拠法は債権関係の準拠法、即ち債権自体の準拠法によるべきものと考える。」

物権と相続との法律関係の性質の決定について、原審が「相続問題の範囲」は「相続関係者の内部問題」であり、「相続財産が第三者に処分された場合の効力」は「前提となる相続人の処分権の有無も含めて全体が物権問題」である、と説示したのに対して、最高裁は、次のように判示する。

【判例】最高裁平成6年3月8日第三小法廷判決（民集48巻3号835頁）
《判旨》「相続人である上告人らが、その相続に係る持分について、第三者である被上告人に対してした処分に権利移転（物権変動）の効果が生ずるかどうかということが問題となっているのであるから、右の問題に適用されるべき法律は、法例10条2項〔第13条第2項に対応。〕により、その原因である事実の完成した当時における目的物の所在地法、すなわち本件不動産の所在地法である日本法というべきである。」「上告人らが共同相続した本件不動産に係る法律関係がどうなるか（それが共有になるかどうか）、上告人らが遺産分割前に相続に係る本件不動産の持分の処分をすることができるかどうかなどは、相続の効果に属するものとして、法例25条〔第36条に対応。〕により、……（被相続人）の出身地に施行されている民法によるべきである。」

（4） 連結政策

　連結素は、基本的に属地的な要素であり、準拠法の選定の方法論に基づいてこれを規定する。その規定は、立法者の立法政策の問題であり、これを連結政策という。連結政策の基礎は、準拠法の選定の方法論により、単位法律関係に最も密接な関係がある地（最密接関係地）を連結素として規定するところにある。単位法律関係の最密接関係地の属する法域として、当事者の本国（当事者の国籍の属する国）が妥当であると立法者が考えた場合には、その単位法律関係については、当事者の本国の法（本国法）による、という抵触法の規定となる。単位法律関係の最密接関係地として、その目的物の所在地が妥当であると立法者が考えた場合には、その単位法律関係については、その目的物の所在地の法（目的物の所在地法）による、という抵触法の規定となる。法律行為の成立および効力については、準拠法の選定を当事者の意思にゆだねる、と立法者が考えた、ということとなる。

　連結政策に基づく連結の方法は、法適用通則法の各則の各規定についての課題であるものの、各規定に共通する連結の方法には、次のものがある。配分的連結方法は、単位法律関係を複数の最密接関係地（法域）に配分的に連結する方法であり、複数の法域に準拠法を結合的に連結する方法である。この方法には、たとえば、第24条第1項がある。段階的連結方法は、単位法律関係を、第1段階に連結する法域に、その法域に連結することができない場合には、第2段階に連結する法域に、それらのいずれの法域にも連結することができないときは、第3段階に連結する法域に、というように段階的に連結する方法である。この方法には、たとえば、第25条がある。累積的連結方法は、単位法律関係を複数の最密接関係地（法域）に累積的（重畳的）に連結する方法である。この方法には、たとえば、第17条本文と第22条がある。選択的連結方法は、単位法律関係が、できる限り、成立するように複数の最密接関係地（法域）に選択的に連結する方法である。この方法には、たとえば、第10条の第1項と第2項がある。任意的連結方法は、単位法律関係を当事者が選択した地に任意的に連結する方法である。この方法には、た

とえば、第7条がある。これらの連結の方法によって、準拠法を、配分的、段階的、累積的、選択的、任意的に適用する。

（5） 連結素の確定および連結素の確定の基準時

　法律関係の性質の決定を経て、抵触法の規定を特定すると、特定した抵触法の規定が定める連結素を確定することとなる。連結素の確定とは、抵触法の規定における連結素を示す概念を解釈し、解釈した連結素を具体的事案において確定する方法を意味する。連結素は、単位法律関係の一部を構成する要素であって、具体的事案における単位法律関係を特定の法域に連結する手段である。

　法適用通則法の条項が定める「目的物の所在地」とか「常居所」は、事実概念であるから、連結素の解釈・確定について問題は生じない。「本国法による」と定めるときは、連結素である国籍が法律概念であるから、連結素の解釈・確定についての法を決定する（連結概念の決定）必要がある。本国として国籍、常居所地として常居所、最も密接な関係がある地としての最密接関係、当事者が選択した地としての当事者の意思などの解釈が問題となる。この解釈論は、抵触法の規定の各論の課題である。

　問題は、いつの当時における連結素を確定するかである。連結素の確定の当時についての立法主義は、不変更主義と変更主義とである。不変更主義は、過去の一定の当時における連結素に固定する立場である。変更主義は、ある一定の当時における連結素に固定しない立場である。変更主義を採用する抵触法の規定の解釈・適用が問題となる裁判においては、事実審の最終口頭弁論期日の当時における連結素を確定する、と解される。その当時までに連結素が変更したときは、直近の当時における連結素を確定する。法適用通則法の規定が連結素の確定の当時（基準時）を明示しない場合でも、単位法律関係の性質の解釈により、その基準時を定めることができることがある。

（6） 連結素の主張・立証

　裁判における連結素を構成する事実の主張・立証について、基本的に、連結素および連結素の確定の前提となる事実は、裁判所による職権調査事項に属し、職権探知主義に服する、と解する。その理由は、連結素それ自体が抵触法の規定の一部であり、連結素の確定が抵触法の規定の解釈・適用の問題であるからである。連結素が具体的事案において不明である場合には、抵触法の規定における連結素の趣旨に照らして、単位法律関係の最密接関係地を連結素として確定する、と解する。

（7） 連結素の詐欺的変更

　抵触法が規定する連結素を人為的に変更することによって、自己に有利な法を準拠法とすることがある。これは、フランス破毀院の判例に由来して、法律詐欺または法律回避という。連結素の詐欺的変更を認めるか否かについて、法律回避を問題とすべきではない、と解される。その理由は、準拠法の適用を回避しようとする当事者の意思を証明することが困難であり、準拠法としての内国法の適用を回避することが内外法平等という抵触法の前提的理解に反するからである。

6．先決問題および適応問題

（1） 先決問題およびその処理

　ある法律関係の準拠法を選定するために、その前提となる別個の法的問題が論理的に存在し、その法的問題の準拠法を選定してから本来の法律関係の準拠法を選定する必要が生ずる。その別個の法的問題の準拠法を選定する問題を先決問題という。先決問題に対して、本来の法律関係の準拠法を選定する問題を本問題という。先決問題は、本問題の準拠法と先決問題の準拠法とが異なるときに解決する必要がある。

　先決問題の準拠法の選定に関する規定は法適用通則法に存在しないから、

抵触法上の条理に従ってこれを補充する。解釈論として３つの見解があったものの、最高裁は、先決問題を前提問題として、次のように説示する。

【判例】最高裁平成12年1月27日第一小法廷判決（民集54巻1号1頁）
《判旨》「渉外的な法律関係において、ある１つの法律問題（本問題）を解決するためにまず決めなければならない不可欠の前提問題があり、その前提問題が国際私法上本問題とは別個の法律関係を構成している場合、その前提問題は、本問題の準拠法によるのでも、本問題の準拠法が所属する国の国際私法が指定する準拠法によるのでもなく、法廷地である我が国の国際私法により定まる準拠法によって解決すべきである。」

（２）　適応問題およびその処理

　ある法律関係をある指定概念に当てはめ、別の法律関係に別の準拠法を適用することから生ずる結果の矛盾を調整する必要が生ずる。この調整する問題を適応問題という。適応問題は、単位法律関係ごとに抵触法の規定に従って準拠法を選定するという構成から、法の体系的整合性が維持できないときに生ずる。たとえば、抵触法の規定に従って選定した準拠すべき外国の実体法上の制度を法廷地の手続法によって実現し得ないときは、準拠すべき外国の実体法に対して法廷地の手続法を適応させる問題が生ずる。適応問題は、法廷地の手続法上の制度と準拠すべき外国の実体法上の制度との間で調整する問題（調整問題）である。この問題を一般的に論述することはできない。

7．結びに代えて

　抵触法の規定の特有の構造を理解することによって、抵触法の規定の解釈・適用の方法を会得することができる、と考える。

　抵触法の規定は、①　指定概念（単位法律関係を示す概念）と、②　連結素を示す概念（法的概念を連結概念という。）とから構成する。具体的な規定として、連結素を示す概念が「本国」という連結概念、「目的物の所在地」・「常居所」という事実概念、および「選択した」（意思）という主観的要因（要

第 4 章　抵触法の機能および抵触法の規定の構造　67

素）であるものは、次のように例示することができる。

抵触法の規定の構造
① 指定概念（単位法律関係を示す概念）は、② 連結素を示す概念　の法による。
　　　　　　指定概念　については、単位法律関係を法域に連結　　準拠法
　　　　　　　　　　　　　　　最も密接な関係がある地　に連結する

第 36 条　①「相続」　　　　　は、②被相続人の「本国」（国籍）　　の法による。
第 13 条第 1 項
　　　　①「……物権……」は、②その「目的物の所在地」　　　　　の法による。
第 7 条　①「法律行為……」は、②「当事者が……選択した地」　　の法による。

　具体的事案における国際私法的処理は、日本の裁判所が（国際裁判）管轄権を有すると、実体審理に移行して、具体的事案の法律関係について抵触法的処理を行う。抵触法的処理は、基本的に、具体的事案の法律関係を単位化し、分類することから始めて抵触法の規定における「の法による」に至るまでの、次のような準拠法の選定の方法である。
　① 具体的事案における法律関係の性質をある単位法律関係に係る事項と決定する。② 抵触法の規定における指定概念を解釈する。③ ② で解釈した指定概念に ① で決定した単位法律関係を当てはめる（包摂する）。この当てはめによって、④ 適用すべき抵触法の規定を特定する。⑤ ④の特定ができないときは、抵触法上の条理を探求して準拠法を選定する。⑥ ④ で特定した抵触法の規定における連結素を示す概念を解釈する。⑦ 具体的事案における連結素の属する法域を確定する。⑧ ⑥で解釈した連結素に ⑦ で確定した法域を当てはめる。⑨ 当てはめた法域を選択して、その法域における実効性がある法を準拠法として指定する。⑩ 準拠すべき外国の法を適用した結果について、第 42 条の解釈・適用を検討する。

抵触法的処理

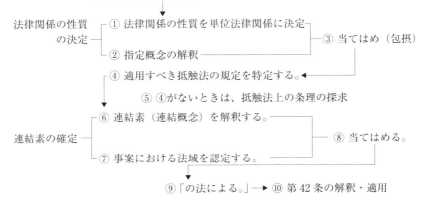

選定した準拠法としての実質法を解釈して、解釈した実質法（適用すべき法）に具体的事案における法律関係を適用する。適用した結果については、公序則の問題がある。公序則の問題を解決すると、その準拠法は、その法律関係に適用すべき法となる。準拠法としての適用すべき法を解釈し、具体的事案に適用して、その事案を解決することとなる。

第5章　外国法の解釈・適用および
　　　　外国法の規定の適用の排除

1．はじめに

　準拠法の選定の方法（抵触法的処理）によって、準拠法を選定する。選定した準拠法が日本法である場合には、実質法の解釈・適用について、事案の渉外性に配慮を払うことがあるものの、抵触法上の問題は生じない。選定した準拠法が外国法である場合において、外国の実質法の内容を確定することができないときは、どのように処理すべきか、という準拠すべき外国の実質法が不明である場合の抵触法的処理が問題となる。外国の実質法の内容を確定することができたときは、外国の実質法をどのように解釈・適用すべきかも問題となる。

　外国法は日本の裁判において事実であるか法であるか、という外国法の性質論を前提として、日本の裁判所が外国法をどのように取り扱うべきかは、国際民事訴訟法（国際民事手続法）上の問題である。

　抵触法の規定の構造上、抵触法の規定に従って自動的・機械的に準拠法を選定するから、選定する準拠法の内容を事前に考慮することはない。選定した準拠法が外国法である場合において、具体的事案に外国の実質法の規定を適用した結果が法廷地である日本の公の秩序に反するときは、どのように処理すべきかが問題となる。これは、法適用通則法第42条の規定の解釈・適用の問題である。

2．外国法の解釈・適用

(1) 外国法の解釈・適用

　外国法の性質論から、外国法を法と解し、抵触法の規定に従って準拠法として外国法を選定したときは、その外国法を法として取り扱うとの見解が支配的である。この見解に基づいて、裁判所は、「裁判官は法を知る」という法諺に従って、原則として、職権で外国法の内容を調査し、探知すべきである。その理由は、法の調査および解釈・適用が裁判所の専権事項であるからである。外国法の調査にはコストを要するから、裁判所は、例外として、当事者に外国法の調査の協力を求めることができる、と解する。外国法の調査および証明は、民事訴訟法第 2 条の規定により「民事訴訟が公正かつ迅速に行われ」、「信義に従い誠実に民事訴訟を追行」するという観点から、裁判所と当事者とが協力してこれを行うものとして、弁論主義と職権探知主義との中間的なものとして処理すべきである、と解する。

　法の解釈・適用が裁判所の責務であるから、裁判所は、職権で準拠法である外国法を法として解釈・適用すべきであり、その外国法の属する法域の裁判所が渉外事件においてその法を解釈・適用している、その法の意味内容を解釈・適用すべきである、と解する。

【裁判例】福岡高裁平成 21 年 2 月 10 日判決（判時 2043 号 89 頁）
《判旨》「〔A 国〕民法の解釈については、……〔A 国〕の裁判所の採用する方法によるべきであり、同法の条文のみを翻訳して日本法の解釈により適用することは許されない。」抵触法の規定が「外国法を準拠法として指定するのは、外国法を内国法に組み入れようとする趣旨ではなく、外国法を当該外国の裁判所が行うように解釈適用することを求めたものである」。

　裁判所は、外国において、制定法が現行法であるか、事案によっては時際法的処理を要するか、判例法、慣習、条理、学説が法源として認められてい

るかなどをも調査すべきである、と解する。外国法を解釈するときは、裁判所は、外国法の原典を読解し、法を解釈・適用した外国裁判所の立場または解釈論の見解をも参照して解釈すべきである。解釈した外国法を適用するときは、裁判所は、特別の考慮を必要とすることがある。

【裁判例】東京高裁昭和28年9月11日判決（高民集6巻11号702頁）
《判旨》「急激な社会改革や革命などの場合において、……外国人の財産は補償を受けて収用されることがあっても、没収されることはないとの確立された国際法の原則の存すること、その補償については『十分にして、有効且即時の補償』がなければならないことは、多くの国の慣行、判例と学者によって確認せられていること」および「第三国の裁判所が外国が形式上適法な手続を経て制定した法律の効力をそのまま認めるべきであるか、又はその有効無効を判断してこれを認めないことができるかについては、従来の各国の判例は積極と消極とに分れていて、まだ外国の法律の効力を無効であると判定し得る国際法上の原則の確立されていないこと」を認める。A国「石油国有化法が純然たる外国人の権益の没収法ではなく、補償を支払って収用するものである……から、その補償が、『十分にして、有効且即時の』補償であるか否かを審理して、その法規の有効、無効を審理し得ないものと解するを相当とする。」「その有効、無効を判定し得ないとの立場をとると、その反射的効果としてその法律を有効と認める結果とはなるが、その規定が公の秩序善良の風俗に反するときは法例第30条〔第42条に対応。〕により適用すべきではないが……、そうでもない限り、上記結果は、独立主権国相互間の主権尊重、友好維持の必要から生ずる国際礼譲の要求するところと条理に合致する」。

（2） 外国法の不明の場合の処理

外国法によるべき場合において、① 外国法もしくは外国法の規定が存在しないとき、または ② 外国法の内容が不明であるときがある。

① のときは、外国法または外国法の規定に係る法制度そのものが存在しない、と考えることができる。② のときは、内国法適用説、条理説および近似法適用説などがある。内国法適用説は、内国法を適用するとの見解である。その理由には、「疑わしいときは法廷地法による」という法諺に従うから、外国法の内容が内国法の内容と一致すると推定するから、内国法が客観的な条理を構成するからなどと相違がある。この見解は、内国法の優先が内

外法の平等という抵触法の前提に反する、と批判される。条理説は、外国法が不明とされる、その外国の法秩序の全体からその実質法上の条理に従って準拠法となるべき法を導き出すとの見解である。この見解は、外国法上の条理の内容を探求することが困難であり、恣意的になる、と批判され、仮に、条理の内容を探求することができるならば、外国法の不明の場合には該当しない、とも批判される。近似法適用説は、準拠すべき法の属する法域の法秩序に近似する法秩序の属する法域の法を適用するとの見解である。この見解は、近似性の判断の基準が不確実である、と批判される。

【審判例】長野家裁昭和57年3月12日審判（家月35巻1号105頁）
《審判要旨》「準拠法として指定された外国法が不明の場合には、……〔抵触法〕の準拠法指定の趣旨に則り、準拠法国の法秩序を考慮し、また民族的習俗をも参考にし、具体的妥当性を持ち、条理にかなった規範を適用するべきである。」

【審判例】東京家裁昭和38年6月13日審判（家月15巻10号153頁）
《審判要旨》「準拠法として指定された外国法の内容が不明の場合には結局法例の準拠法指定の趣旨に添ってその内容を探求すべく、それにはまず準拠法国の全法秩序からその内容を推測すべく、若しそれが不可能ならば従前に施行されていた法令とか政治的経済的或は民族的に近似する国家の法秩序から準拠法の内容を推測すべきである。」

【裁判例】札幌地裁昭和59年6月26日判決（判時1140号123頁）
《判旨》「本件離婚の準拠法は、本件離婚原因発生当時……ジンバブエ（昭和55年4月17日まではイギリス領の南ローデシア、以下同じ）において施行されている離婚に関する法である」。「右のジンバブエの法の内容は、原告及び被告双方の努力によっても明らかにすることができず（特に、被告訴訟代理人は、弁護士法23条の2に基づき札幌弁護士会に対し、……ジンバブエ大使館からジンバブエ法の内容の報告を求めるべく照会の申出をし、これを受けて札幌弁護士会は、同大使館に対し、報告を求めたが、現在に至るもその報告を受けていない。）、当裁判所の職権による調査によって、1943年（昭和18年）のローデシア婚姻訴訟法……及び1974年（昭和49年）の同法の一部改正法……の内容を知るに至り、これらの成文法が現在までジンバブエにおいて効力を有していることが判明したが……1943年当時離婚原因とされていた事由については、当裁判所もこれを明確にすることができず、近い将来明確にすることも期待し得ない状況にある。」「すなわち、本件離婚の準拠法の内容は、断片的に判明し

ている部分はあるものの、その正確な全体像は判明しないものといわざるを得ない。」
「判明しているジンバブエ法の内容を手がかりにしつつ、不明な部分を条理によって補い、本件離婚請求の当否を判断することとするのが相当である。」

　この裁判例の趣旨に照らすと、外国法の断片的に判明する部分から不明な部分をその実質法上の条理によって補充し、請求の当否を処理することとなる。この処理は、外国が条理を法源として認める場合に限られる。
　得られた外国法の情報を活用しても外国法の内容を合理的に推認することができないときは、内外法が均質であること、民事訴訟が迅速に行われること、および相当に慎重に調査したことを前提として、内国法（法廷地法）による、という処理もやむを得ない、と解する。

（3）　外国法の適用違背に基づく上告に対する処理

　外国法の適用違背は、① 抵触法の規定の解釈・適用を誤った場合、② 連結素の解釈・適用を誤った場合、③ 準拠すべき外国法の解釈・適用を誤った場合である。① および ② の場合は、法令の適用違背の場合として処理する。③ の場合は、外国法の適用違背に基づく上告理由の許容性として、上告の理由について民事訴訟法第312条第3項の規定する「法令」に、または上告受理の申立てについて同法第318条第1項の規定する「法令」に外国法を含むかが問題となる。準拠すべき外国法は、同法の第312条第3項または第318条第1項が規定する「法令」に含まれる、と解する。その理由は、外国法も抵触法の規定に従って準拠法として選定して裁判の基準力を与え、外国法も「法令」に該当し、法的安定性のために外国法についての解釈・適用の統一が必要であるからである。また、外国法によるべきときは、同法第318条第1項に規定する「法令の解釈に関する重要な事項を含むものと認められる事件」であるかが問題となる。この問題は、外国法を適用すべき重要性等を考慮して、「重要な事項」に該当する、と解する。

3．外国法の規定の適用の排除

（1） 公序則の意義

抵触法上の公序に関する準則（公序則）の解釈・適用について、最高裁は、次のように説示する。

【判例】最高裁平成 10 年 3 月 12 日第一小法廷判決（民集 52 巻 2 号 342 頁）
《判旨》「法例 30 条は、『外国法ニ依ルヘキ場合ニ於テ其規定カ公ノ秩序又ハ善良ノ風俗ニ反スルトキハ之ヲ適用セス』と定めているが、この規定の趣旨は、当該準拠法に従うならば、内国の私法的社会秩序を危うくするおそれがある場合に、右準拠法の適用を排除することにあり、したがって、外国法の規定内容そのものが我が国の公序良俗に反するからといって直ちにその適用が排除されるのではなく、個別具体的な事案の解決に当たって外国法の規定を適用した結果が我が国の公序良俗に反する場合に限り、その適用が排除されるものと解すべきである。」「この理は、……〔外国〕の法令の規定を事案に適用した結果が内地の公序良俗に反するか否かを検討する必要がある。」（法例第 30 条の「其規定カ」の文言は、平成元年改正の法例第 33 条で「其規定ノ適用カ」と修正され、法適用通則法第 42 条で「その規定の適用が」と現代語化された。）

（2） 適用すべき抵触法の規定の解釈・適用（第 42 条）

第 42 条は、「外国法によるべき場合」において、その外国法の「規定の適用」が「公の秩序又は善良の風俗」に反するときは、その外国法の規定を「適用しない」と規定する。この規定を公序条項または公序則という。公序条項は、文言から形式的には排除条項であるが、内国法に判断をゆだねて外国法の適用を留保する、という意味で実質的には留保条項である。

「外国法によるべき場合」とは、第 42 条が第 3 章第 7 節「補則」の規定であるから、同章の第 1 節から第 6 節まで（第 4 条から第 37 条まで）の規定に従って、およびこの規定を限定しないから、抵触法上の条理に従って外国法が適用すべき法となる場合を意味する。「その規定の適用」とは、最高裁

判決の判文のとおり、外国の法令の規定を具体的事案に適用した結果を意味する。「公の秩序又は善良の風俗」とは、公の秩序（公序）を意味する。その理由は、ハーグ国際私法条約を批准して制定した「扶養義務の準拠法に関する法律」第8条第1項および「遺言の方式の準拠法に関する法律」第8条が国際的標準として「公の秩序」のみを規定し、これと平準を合わせて解釈するからである。第42条が規定する「公の秩序」は、実質法の規定である民法第90条または民事訴訟法第118条第3号が規定する公序とは機能を異にし、外国法の規定の適用を排除するものであって、準拠法の選定という機能における公序（抵触法上の公序）である。この公序は、法廷地である日本の法秩序上の観念であり、日本の国家的公序である、と解される。公序の判断の基準時は、公序の審査の当時である。その理由は、公序の内容が時間的に変化するからである。特別法が「明らかに」と規定するから、第42条も外国法の規定の適用が明らかに公序に反するときと解釈することができる。

　問題は、公序則の適用の基準、つまり、外国法の適用の結果についての解釈論（判断の枠組み）である。判断の枠組みとして、第42条の適用の要件は、第1に、具体的事案における外国法の規定の適用の結果についての異常性であり、第2に、具体的事案の内国関連性である。その理由は、日本社会に関連がある事案であると、外国法の規定を適用した結果が日本の公序に反するかどうかが問題となるからである。

【裁判例】神戸地裁昭和54年11月5日判決（判時948号91頁）
《判旨》準拠法であるフィリピン共和国法では「婚姻した夫婦については法定別居のみを容認して離婚を認めず、……離婚は許されない」。同国「法の離婚禁止の法制それ自体が公序に反するとは解されない。しかし、本件の具体的事案についてみるに、……フィリピン国籍を有する原告が被告に対し離婚を求める案件であるとは云え、原・被告間の婚姻届は日本でなされ、その婚姻共同生活は専ら日本においてなされたものであること、そして原告は日本において被告から遺棄され、且つその婚姻共同生活は完全に破綻して回復の見込みがない（またその破綻の原因が専ら原告に帰せられるものではない）こと、他方、被告の国籍は朝鮮である……が、出生以来日本に永住して社会生活を営んでいるものであり、被告としても原告との離婚を望んでいること

を考え合わせると、本件事案は我国における私法的社会生活とかなり密接な牽連性もあり、本件につき……フィリピン法に準拠して原・被告間の離婚を永久に認めないとすることは我国における婚姻（離婚）に関する基本的な道義観念に悖る結果となって、ひいては我国の公の秩序……に反する」。同国「法の適用は法例30条により排除さるべ」きである。

【裁判例】福岡高裁平成21年2月10日判決（本書70頁）
《判旨》A国法を適用した場合には「〔被控訴人らの長女〕固有の損害としての逸失利益は認められず、……、被控訴人らは支出した葬儀費用の限度でしか賠償を受けられな」い。「命の価値……の賠償額は、……我が国の死亡事故における……逸失利益及び葬儀費用の損害賠償基準に照らして著しく低額である」。「精神的損害……も我が国の死亡事故における死亡慰謝料の損害賠償基準に照らし、著しく低額である」。「これらのことと、加害者である控訴人、被害者……及び被害者の両親で相続人である被控訴人らは、いずれも日本国籍を有し、日本に常居所があること……、控訴人は、旅行中の事故につき日本国内で保険に加入することも可能であったことを考慮すると、本件において、損害賠償の範囲につき……〔A国〕法を適用して損害賠償額を算定することは我が国の公序に反するものというべきであり、……〔公序則〕により、同法の適用を排除し我が国の不法行為における損害賠償の範囲（民法416条類推適用）によるのが相当である。」

(3) 外国法の規定の適用の排除後についての処理

第42条は、外国法の規定の適用の結果が公序に反するときは、「これを適用しない」と規定する。抵触法の規定に従って「外国法によるべき」とする処理が原則的な処理であるのに対して、「これを適用しない」とする処理は、例外的な処理であるから、相当に慎重にこれをなすべきである、と解する。「これを適用しない」とのみ規定するから、この規定の適用によって外国法の規定の適用を排除した後の処理が問題となる。この問題は、その処理において準拠すべき法が存在しないこととなるのか否かである。① 準拠すべき法が存在しないと解し、日本の公序によって外国法の規定の適用を排除したから、日本の実質法によってこれを補充すべきとの見解である。② 準拠法が存在しないか否かの問題が生ずるのではなく、請求が認容されるか棄却されるかの問題が生ずると解し、外国法の規定の適用を排除したときは、排除

の判断のときに請求の認容または棄却という結論がでていたとの見解である。いずれの見解によるかによって処理に相違が生ずる。外国法の規定の適用を排除した後、① の見解によると、日本の実質法を適用するが、② の見解によると、請求を認めるものの、さらに基準が必要になることがある。

外国法の規定を適用すると、適用の結果が日本の公序に反するから、その規定を適用しない、ということは、「これを適用しない」という処理の後には、日本の公序を構成する日本法による、と解する。

【裁判例】東京地裁昭和 33 年 7 月 10 日判決（下民集 9 巻 7 号 1261 頁）
《判旨》「外国法規が排除される結果適用すべき法規の欠缺が生ずる。一般的にいえば、法例第 30 条〔法適用通則法第 42 条に対応。以下同じ。〕は、内国の公序良俗に反する外国法規の排除を命ずるだけで、その法規が存在する外国法秩序全体を排除することを命ずるものでない。従って、右外国法規を排除することにより生じた法規の欠缺は、その外国法秩序における他種の規定または、その法秩序全体の精神から類推解釈することにより欠缺の補充がなされるべきものであり、これによる補充ができない場合、またはその補充によっては、法例第 30 条により外国法規を排除した目的が達成されない場合に限り法廷地法である内国法規が適用されるべきである。」

4．結びに代えて

準拠すべき外国の実質法の調査・証明、解釈・適用において、とりわけ、準拠すべき外国の実質法の不明の場合、およびその実質法の解釈・適用の場合には、抵触法的処理の問題が生ずる。準拠すべき外国の実質法の不明の場合は、日本の実質法によってそれを補充することも、やむを得ない、と解する。ただし、この処理は、相当に慎重でなければならない。

公序則の適用について、次のように整理する。① 具体的事案が第 4 条から第 37 条までの規定に従って、および抵触法上の条理に従って「外国法によるべき場合」である。② 準拠すべき外国法の「規定の適用」の結果が日本の現在の公序に「反するとき」である。③ 公序に「反するとき」であるほどに「規定の適用」の結果が異常である。④ 具体的事案が日本社会に関

連がある。⑤ その外国法の規定を「適用しない」。⑥ 「適用しない」の事後処理として、日本法による。

第 42 条の規定（公序則）の適用

① 具体的事案が「外国法によるべき場合」である。
② 準拠外国法の「規定の適用」の結果が日本の現在の公序に「反するとき」の判断

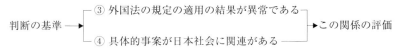

⑤ その外国法の規定を具体的事案に「適用しない」。
⑥「適用しない」の事後処理として、日本法による。

第 6 章　婚姻関係

1．はじめに

　婚姻という法制度について、各国（法域）において婚姻法が宗教的・倫理的、文化的・歴史的およびその他の社会的要因に基づいて形成されており、各法域の婚姻法の内容には相違があるから、国際的（渉外的）婚姻関係に関連がある法域の間に婚姻法の抵触が生ずる。

　渉外的婚姻関係の抵触法的処理として、婚姻という法律関係を、① 婚姻の成立および ② 婚姻の効力という単位法律関係に分類する。① は、③ 婚姻の実質的成立要件と ④ 婚姻の形式的成立要件（方式）とに細分化する。② は、⑤ 婚姻の身分的効力と ⑥ 婚姻の財産的効力（夫婦財産制）とに細分化する。婚姻を解消する法律関係として、離婚という法律関係は、⑦ 離婚の成立および効力を１つの単位法律関係として分類する。

　婚約、内縁、婚姻・離婚に伴う氏の変更などに関する規定は法適用通則法に存在しないから、抵触法上の条理に従ってその準拠法を選定する。

　適用すべき抵触法の規定の解釈・適用が問題となる。この問題についての本案審理に先立って、渉外的婚姻関係事件の訴え・申立てに対して、日本の裁判所は、（国際裁判）管轄権を有するか否かが問題となる。裁判所が管轄権を有すると、本案審理に移行して、法律関係の準拠法の選定が問題となる。

2．婚姻関係事件に対する日本の裁判所の管轄権

（1）　解釈の方法論（判断の枠組み）

　人事訴訟法第２条第１号が定義する「人に関する訴え」には、同法第29

条第 1 項の規定により民事訴訟法第 1 編第 2 章第 1 節「日本の裁判所の管轄権」（第 3 条の 2 から第 3 条の 12 まで）の規定を適用しない。「人に関する訴え」については、日本の裁判所の管轄権に関する法規が存在しないから、国際民事手続法（国際民事訴訟法）上の条理によってこれを補充する。

（2）　離婚請求事件

　外国人間の渉外的離婚請求事件に対する日本の裁判所の管轄権の有無について、最高裁は、次のように説示する。

【判例】最高裁昭和 39 年 3 月 25 日大法廷判決（民集 18 巻 3 号 486 頁）
《判旨》「思うに、離婚の国際的裁判管轄権の有無を決定するにあたっても、被告の住所がわが国にあることを原則とすべきことは、訴訟手続上の正義の要求にも合致し、また、いわゆる跛行婚の発生を避けることにもなり、相当に理由のあることではある。しかし、他面、原告が遺棄された場合、被告が行方不明である場合その他これに準ずる場合においても、いたずらにこの原則に膠着し、被告の住所がわが国になければ、原告の住所がわが国に存しても、なお、わが国に離婚の国際的裁判管轄権が認められないとすることは、……国際私法生活における正義公平の理念にもとる結果を招来する」。

　この判例の趣旨に照らして、日本の裁判所は、原則として、被告の住所が日本国内にあるときは、管轄権を有するが、被告の住所が日本国内になくても、例外として、「原告が遺棄された場合、被告が行方不明である場合その他これに準ずる場合」において、原告の住所が日本国内にあるときは、管轄権を有する。「遺棄」および「行方不明」は管轄原因としての概念である。「その他これに準ずる場合」は、被告が応訴した場合および国外追放された場合などが考えられる。この「場合」について、裁判例は、間接管轄についてではあるが、次のように解する。

【裁判例】横浜地裁平成 11 年 3 月 30 日判決（判時 1696 号 120 頁）
《判旨》「その他これに準ずる場合とは、被告住所地主義を貫くことが原告に酷であ

り、国際私法生活における正義公平の理念に沿わない場合をいい、被告の遺棄にも比すべき有責行為があって、これが国境をはさんでの別居の原因となり、婚姻が回復しがたい程度に破綻している場合はこれに該当すると解するのが相当である。」

【判例】最高裁平成 8 年 6 月 24 日第二小法廷判決（民集 50 巻 7 号 1451 頁）
《判旨》「どのような場合に我が国の管轄を肯定すべきかについては、国際裁判管轄に関する法律の定めがなく、国際的慣習法の成熟も十分とは言い難いため、当事者間の公平や裁判の適正・迅速の理念により条理に従って決定するのが相当である。そして、管轄の有無の判断に当たっては、応訴を余儀なくされることによる被告の不利益に配慮すべきことはもちろんであるが、他方、原告が被告の住所地国に離婚請求訴訟を提起することにつき法律上又は事実上の障害があるかどうか及びその程度をも考慮し、離婚を求める原告の権利の保護に欠けることのないよう留意しなければならない。」

　この判例の趣旨に照らすと、応訴による被告の不利益に配慮し、原告の訴え提起の法律上または事実上の障害を考慮し、原告の権利の保護に留意すべきこととなる。この配慮、考慮および留意により、請求が日本に関連がある場合には、具体的事案の具体的妥当性を確保することができる、と考える。
　これらの離婚請求事件の判例・裁判例の準則は、婚姻関係事件の他の類型の訴え・申立てについても基本的には対応し、妥当する、と考える。

3．婚姻の成立

（1）　婚姻の実質的成立要件

　婚姻の実質的成立要件という単位法律関係には、当事者の一方のみに関わる一方的要件と、当事者の双方に関わる双方的要件とがある。一方的要件は、当事者の一方がその要件を充足しないと婚姻が成立しないという婚姻障碍（一方的婚姻障碍）である。一方的婚姻障碍は、婚姻適齢、婚姻能力、婚姻意思、未成年者が婚姻をするときの父母の同意の要否または成年被後見人が婚姻をするときの後見人の同意の要否などに係る事項である。双方的要件は、当事者の双方がその要件を充足しないと婚姻が成立しないという婚姻障

碍（双方的婚姻障碍）である。双方的婚姻障碍は、近親婚、重婚および相姦婚の禁止、宗教上の理由による婚姻障碍ならびにその他に待婚期間などに係る事項である。待婚期間の要件は、見解の相違があるが、男性と女性との双方に関わるから、双方的要件である、と解する。

　基本的に、具体的事案における法律関係の性質を婚姻の実質的成立要件に係る事項と決定して、適用すべき抵触法の規定として第24条第1項を特定すると、同条同項の規定の解釈・適用が問題となる。

（2）　適用すべき抵触法の規定の解釈・適用（第24条第1項）

　第24条第1項は、「婚姻の成立」については「各当事者につき、その本国」の法による、と規定する。この規定の趣旨は、婚姻の成立の最密接関係地が各当事者の本国である、と考えることができ、婚姻の成立を各当事者の本国に配分的に連結して、各当事者の本国法を配分的に適用するところにある。婚姻の成立の双方的要件は、各当事者の本国法を累積的に適用する。

　指定概念を示す「婚姻の成立」とは、婚姻の実質的成立要件を意味する。その理由は、第24条第2項が「婚姻の方式」を規定しており、婚姻の成立から婚姻の方式（形式的成立要件）を消去すると、「婚姻の成立」が婚姻の実質的成立要件となるからである。

　連結素を示す「各当事者につき、その本国」とは、各当事者の国籍の属する国を意味する。当事者の国籍を連結素とする理由は、婚姻の成立の最密接関係地が当事者の国籍の属する国である、と考えることができ、かつ、国籍の特性により、国籍という連結素が明確にして安定しているからである。

　連結素の確定の基準時は、第24条第1項に明示に規定しないが、婚姻の成立の性質により、婚姻の締結の当時およびその当時と社会通念に基づいて同視することができる当時に固定する、と解釈することができる。

　なお、戸籍事務における渉外的な婚姻の届出を受理するに当たって、戸籍事務管掌者は、日本人には戸籍謄本により、外国人には本国官憲発行の婚姻要件具備証明書により、日本法上または外国法上の要件具備を審査する。こ

の審査は、届出事項と添付書類の記載との合致を確認する形式的審査である。この形式的審査に配慮したのが第24条第1項の規定である。

問題は、具体的事案において、婚姻の実質的成立要件を一方的要件または双方的要件に分類するための法律関係の性質の決定である。重婚について、第24条第1項に従って、各当事者の本国法を配分的に適用して、当事者の一方の本国法により婚姻取消事由となり、他方の本国法により当然に無効となる場合の処理が問題となる。

【裁判例】東京高裁平成19年4月25日判決（家月59巻10号42頁）
《判旨》「既に他に配偶者がいる者がした婚姻が有効なのか無効なのか、誰がその婚姻の無効を主張し得るかといった問題は、婚姻からどのような効果が生ずるかという婚姻の効力の問題でなく、婚姻の成立に関する問題であるから、……24条……によって準拠法を判断すべきである。」「各当事者の本国法が適用されるところ、控訴人Aの本国法である日本法では、重婚は婚姻取消し事由になる（民法744条）のに対し、控訴人Bの本国法である中国法では、当然無効になる（中華人民共和国婚姻法10条）。このような場合、より厳格な効果を認める方の法律を適用すべきであるから、本件婚姻は当然無効になるというべきである。」

この裁判例の趣旨に照らして、各当事者の本国法が一方では無効とし他方では取消し得るとする場合には、抵触法の規定の趣旨により、重婚が生じないように、より厳格な効果を定める法を適用する。

離婚後の再婚禁止期間およびその期間内になされた婚姻の成否は、その性質を婚姻の実質的成立要件の双方的障碍に係る事項と決定し、第24条第1項の規定による、と解する。

（3） 婚姻の形式的成立要件（方式）

婚姻という法律行為の形式的成立要件（方式）について、各国の実質法は、一般に、これを厳格に定める。この定めは、具体的に、公的機関への口頭または書面による届出の要否、婚姻能力証明書の要否、当事者の公的機関へ出頭の要否、教会や寺院における儀式の要否などに係る事項である。

基本的に、事案における法律関係の性質を婚姻の方式に係る事項と決定して、適用すべき抵触法の規定として第24条第2項・第3項を特定すると、同条同項の規定の解釈・適用が問題となる。

(4) 適用すべき抵触法の規定の解釈・適用（第24条第2項）

第24条第2項は、「婚姻の方式」については、「婚姻挙行地」の法による、と規定する。この規定は、「場所は行為を支配する」という法諺を具体化する。婚姻挙行地を連結素とする理由は、婚姻挙行地が、挙行する婚姻の方式に最も公益がある地であり、婚姻の成立に係る証拠の所在地であり、婚姻の当事者の双方に共通する地である、と考えることができるからである。婚姻挙行地が婚姻の方式の最密接関係地である、と考えられる。

指定概念を示す「婚姻の方式」とは、婚姻の形式的成立要件であって、婚姻という法律行為を当事者の双方が外部的に表示する方法を意味する。

連結素を示す「婚姻挙行地」とは、婚姻という法律行為を行う当事者の双方が現実に在った地であり、かつ、当事者の双方が婚姻の合意を実質的に行った地を意味する。

【裁判例】神戸地裁平成9年1月29日判決（判時1638号122頁）
《判旨》「婚姻の方式について婚姻挙行地の法律による（形式的成立要件に関する婚姻挙行地法主義）とする趣旨は、婚姻は挙行地において婚姻として社会的に公認される必要があり、その意味で婚姻の方式は挙行地の公益と密接な関係をもつので、挙行地法の定める方式に従うことを要するものとされるところにあるのであり、この趣旨に照らしても……『婚姻挙行地』は、婚姻という法律行為をなす地であって、身分登録官吏に対する届出、宗教的儀式、公開の儀式等をする地を意味するものであり、当事者が現在しない地は右『婚姻挙行地』には当たらないと解される。」

連結素の確定の基準時は、第24条第2項に明示に規定しないが、婚姻の方式の性質により、婚姻挙行の当時およびその当時と社会通念に基づいて同視することができる当時に固定する、と解釈することができる。

婚姻の方式を婚姻挙行地の法によるのみでは婚姻が有効に成立しない場合に対応して、第24条第3項本文の規定により、同条第2項の規定にかかわらず、「当事者の一方の本国法に適合する方式」は有効となる。「本国法に適合する方式」の趣旨に照らして、この規定を、婚姻の方式は、当事者の一方の本国法による、と読解すると、抵触法の規定の構造となる。この規定の趣旨は、婚姻挙行地の法と、実質的成立要件について適用すべき法である当事者の一方の本国法とを選択的に適用するところにある。実質的成立要件について適用すべき法による理由は、婚姻の方式がその成立に関わるからである。「当事者の一方の本国法に適合する方式」に該当する場合として、民法第741条前段の規定による届出は、戸籍法の第40条から第42条までの規定によってすることができる（外交婚・領事婚）。

　連結素の確定の基準時は、第24条第3項本文に明示に規定しないが、婚姻の方式の性質により、婚姻挙行の当時およびその当時と社会通念に基づいて同視することができる当時に固定する、と解釈することができる。

　第24条第3項ただし書は、「日本において婚姻が挙行された場合」において、「当事者の一方が日本人であるとき」を適用除外とする。この「場合」におけるこの「とき」は、日本人の身分関係が戸籍へ迅速かつ確実に反映される必要があるから、専ら婚姻挙行地の法である日本法による。同条同項ただし書の規定は、同条同項本文に対する例外規定であって、日本人条項である。日本人条項とは、当事者の一方が日本人である場合には、日本法を優先的に適用することを認める条項を意味する。

4．婚姻の効力

（1）　婚姻の身分的効力

　婚姻の身分的効力という法律関係は、夫婦間の同居義務、別居の権利、夫婦の居所指定権、貞操義務などに係る事項である。

　基本的に、具体的事案における法律関係の性質を婚姻の身分的効力に係る

事項と決定して、適用すべき抵触法の規定として第25条を特定すると、同条の規定の解釈・適用が問題となる。

(2) 適用すべき抵触法の規定の解釈・適用（第25条）

　第25条は、「婚姻の効力」については「夫婦の本国」の「法が同一であるときはその法」により、その法がない場合において「夫婦の常居所地」の「法が同一であるときはその法」により、そのいずれの法もないときは「夫婦に最も密接な関係がある地」の法による、と規定する。この規定の趣旨は、男女平等の要請に配慮して、婚姻の効力という単位法律関係についてある法域に段階的に連結し、その法域の法を段階的に適用するところにある。段階的連結による段階的適用は、第1段階として夫婦の本国に、第2段階として夫婦の常居所地に、第3段階として夫婦に最も密接な関係がある地（夫婦の最密接関係地）に段階的に連結し、本国の法の同一である法、常居所地の法の同一である法、最密接関係地の法を段階的に適用することである。

　指定概念を示す「婚姻の効力」とは、夫婦の身分的効力を意味する。その理由は、第26条が規定する夫婦財産制という婚姻の財産的効力を婚姻の効力から消去すると、「婚姻の効力」が婚姻の身分的効力となるからである。「婚姻の効力」は、夫婦間の同居義務、別居の権利、夫婦の居所指定権、貞操義務などに係る事項を含む、と解釈する。第25条の規定は、第26条第1項および第27条本文による「準用」を含めて、次のように解釈する。

　第1段階の「夫婦の本国法が同一であるとき」とは、夫婦の各々について夫婦の各々の国籍を確定して夫婦の各々の本国法を特定し、特定した本国法が同一の法であるときを意味する。「本国法が同一」であるときの法を同一本国法という。第1段階において、夫婦の同一本国法を特定することができると、その同一本国法が準拠法となる。その法がない場合は、第2段階の連結に移行する。第2段階の「夫婦の常居所地法が同一であるとき」とは、夫婦の各々について夫婦の各々の常居所地を確定して夫婦の各々の常居所地法を特定し、特定した常居所地法が同一の法であるときを意味する。「常居所

地法が同一」であるときの法を同一常居所地法という。第2段階において、夫婦の同一常居所地法を特定することができると、その同一常居所地法が準拠法となる。そのいずれの法もないときとして、同一本国法も同一常居所地法も特定することができないときは、第3段階の連結に移行する。第3段階の連結素である「夫婦に最も密接な関係がある地」とは、夫婦に共通する要素のうちで連結素となり得る属地的な要素を意味する。

　連結素は、夫婦の各々の国籍、夫婦の各々の常居所および夫婦の最密接関係地である。国籍は、その特性により、連結素として明確にして安定している。常居所および夫婦の最密接関係地は、事実概念であって、具体的事案において一定の地（法域）にこれを確定することができる。常居所を確定することができないときでも、第39条ただし書の規定に従って「その常居所が知れないとき」として「居所地法による」ことはない。その理由は、第3段階の連結によることができるからである。夫婦の最密接関係地は、夫婦の生活の本拠地として、婚姻生活の中心地である、と考えることができる。第25条の規定における常居所地および最密接関係地という連結素の確定が問題となる（本書第9章）。

　連結素の確定の基準時は、変更主義を採用する。

　婚姻に伴う氏の変更という法律関係は、その性質を婚姻の身分的効力に係る事項と決定すると、第25条の規定を適用することとなる。この法律関係は、氏名権が人格権の一種であるから、その性質を人格権に係る事項と決定すると、抵触法上の条理に従って、氏を変更する当事者の本国法によることとなる。氏の取得および変更が専ら本人の自由な意思による場合には、その氏を称する者の本国法によるべきである。氏の問題は、実体法上の問題であり、実体法に基づいて身分の変動に伴って氏が変更し、氏の変更を戸籍に反映すべきである。なお、氏の問題は、独自に公法の規律に従うとの氏名公法理論によると、氏の変更に関する準拠法の選定という問題は生じない。

【審判例】京都家裁昭和55年2月28日審判（家月33巻5号90頁）

《審判要旨》「渉外関係にある婚姻による氏の問題の準拠法については、争いのあるところであるが、氏の問題は独立の人格権たる氏名権の問題として本人の属人法によるべきものと解すべきである。」「従来の国際私法上の通説によると、右に関する氏の問題は婚姻の身分的効力の問題と」法律関係の性質を決定した。

（3） 婚姻の財産的効力

婚姻の財産的効力（夫婦財産制）という法律関係は、夫婦間の法定財産制、夫婦間の財産契約、夫婦間の財産関係の消滅などに係る事項である。夫婦間の日常家事債務の連帯責任は、見解の相違があるが、第三者の利益にも配慮すべきであるから、婚姻の財産的効力に係る事項である、と解する。

婚姻生活費用の出捐という法律関係は、その性質を扶養に関する事項と決定し、「扶養義務の準拠法に関する法律」の規定を適用する、と解する。

基本的に、具体的事案における法律関係の性質を夫婦財産制に係る事項と決定して、適用すべき抵触法の規定として第26条を特定すると、同条の規定の解釈・適用が問題となる。

（4） 適用すべき抵触法の規定の解釈・適用（第26条）

第26条第1項は、第25条の規定を「夫婦財産制」について「準用する」と規定する。この規定の趣旨は、夫婦財産制が財産法と身分法との交錯するものであり、夫婦財産制の身分法的な側面を重視して、婚姻の身分的効力についての準拠法の選定と同じ方法によるところにある。

指定概念を示す「夫婦財産制」とは、夫婦間の法定財産制および財産契約を意味する。「夫婦財産制」は、夫婦間の財産関係に関する契約を認めるか否か、認める場合におけるその契約の締結時期、内容および効力に係る事項、認めない場合におけるその事項およびその他にその契約の変更などに係る事項、ならびに夫婦財産契約が存在しない場合における法定財産制の内容などに係る事項を含む、と解釈する。

連結素は、第25条の規定の解釈および確定と同旨である。ただし、「準用

する」と規定するから、第25条が規定する夫婦の最密接関係地について、婚姻の身分的効力の準拠法を選定するときに考慮すべき要素と、夫婦財産制の準拠法を選定するときに考慮すべき要素とは異なる。第26条第1項の規定に関連する夫婦の最密接関係地は、婚姻生活を実質的に営んでいる地、夫婦の財産の所在地などを考慮する、と解する。

連結素の確定の基準時は、第26条第1項に明示に規定しないが、第25条の規定を準用して、変更主義を採用する。これは客観的連結であるから、連結素の変更があった場合には、準拠法の変更が、法律不遡及の原則に従って、将来に向かってのみ効力を生ずる、と解釈する。連結素の変更前の準拠法は、変更前の財産関係に適用し、連結素の変更後の準拠法は、変更後の財産関係に適用する。

夫婦財産制の準拠法の選定にあたって、夫婦財産制の財産法的側面を考慮し、当事者による準拠法についての予測可能性に配慮して、当事者自治の原則に対する量的制限論を採用する（本書第13章）。当事者自治の原則に関連して、夫婦財産制の準拠法の選定の有効性や分割指定の可否という問題も解釈にゆだねる。

第26条第2項柱書前段は、第1項の規定にかかわらず、夫婦財産制は夫婦が「その署名した書面で日付を記載した」書面によって、「次に掲げる法のうちいずれの法によるべきかを定めたとき」は、その法による、と規定する。「署名した」かつ「日付を記載した」書面は、夫婦による合意の方式である。「次に掲げる法」は、量的に制限された3つの法である。第1号が規定する「国籍を有する国の法」は、当事者が2以上の国籍を有する者であるときは、国籍を有する国のすべての国の法となる。第3号が規定する「不動産」に該当するかどうかは、第13条第1項の規定の趣旨に照らして、その目的物の所在地の法による、と解する。「いずれの法によるべきかを定めた」とは、準拠法の合意を意味する。準拠法の合意の効力は、第26条第2項柱書後段の規定により、「将来に向かってのみ」である。将来効に限るから、準拠法の合意の遡及効は認めず、その選定の後に取得した財産についてのみ

その効力を有する。

　第26条第2項が規定する方式を具備していない場合または同条同項に掲げていない法によると定めた場合には、第26条第1項の規定による。夫婦財産契約に必要とする実質法上の方式は、第34条の規定による。

　第26条の第1項および第2項の規定に従って、夫婦財産制の準拠法が外国法である場合において、夫婦が日本において第三者と取引をするときは、日本における取引の保護を図る必要がある。第26条第3項前段の規定に従って、同条の第1項および第2項の規定により「外国法を適用すべき夫婦財産制」は「日本においてされた法律行為」および「日本に在る財産」については「善意の第三者に対抗することができない」。この規定の趣旨は、外国法による夫婦財産制を登記することが困難であるから、相手方の善意または悪意をもって対抗関係を定めるところにある。「外国法を適用すべき夫婦財産制」とは、夫婦間の法定財産制および夫婦財産契約を意味する。「日本においてされた法律行為」とは、隔地的法律行為であっても、実質的に日本において行われた法律行為として、第三者が日本に在る場合における夫婦の一方とその第三者との間の法律行為を意味する。「日本に在る財産」とは、日本に所在する財産であり、債権については、日本の裁判所において請求することができるものを意味する。「善意の第三者に対抗することができない」から、適用すべき法は、日本法である。「善意」とは、夫婦の国籍または常居所についての事実または夫婦による準拠法の選択についての事実を知らないことを意味する。第26条第3項後段の規定に従って、同項前段が規定する場合において「その第三者との関係」では、夫婦財産制は、日本法による。同条同項の規定の適用に当たって、第三者は、抗弁として、善意であることを主張しなければならない、と解する。

　第26条第4項は、第3項の規定にかかわらず、第1項または第2項の規定により「適用すべき外国法に基づいてされた夫婦財産契約」は「日本においてこれを登記したとき」には「第三者に対抗することができる」と規定する。この規定は、夫婦財産契約が、第1項および第2項の規定に従って選定

する夫婦財産制の準拠法が外国法である場合において、その「外国法に基づいて」締結「された夫婦財産契約」であることを明確にする。夫婦財産契約に限るのは、外国法の内容について判例法をも含み、法改正をも反映させて記載することが困難であるからである。

5．離婚

(1) 離婚の法律関係

離婚という制度は、諸法域の離婚法（婚姻法）を比較法の方法によってみると、宗教上の理由で離婚の禁止、裁判所などによる離婚の許可、協議による離婚の許容、夫の一方的な意思表示による離婚など多種多様である。離婚という法律関係は、離婚の許否、離婚の方法・機関、離婚の原因、離婚の効力としての婚姻関係の解消などに係る事項である。離婚に付随する効力は、離婚に伴う氏の変更、離婚の際の子の親権・監護権の帰属、離婚に伴う財産分与、有責配偶者に対する慰謝料請求、離婚後の扶養義務などに係る事項である。離婚に伴う氏の変更、離婚の際の親権者の指定という法律関係は、その性質の決定により、抵触法の別の規定による、と解される。

基本的に、具体的事案における法律関係の性質を離婚に係る事項と決定して、適用すべき抵触法の規定として第27条を特定すると、同条の規定の解釈・適用が問題となる。

(2) 適用すべき抵触法の規定の解釈・適用（第27条）

第27条本文は、第25条（婚姻の効力）の規定を「離婚」について「準用する」と規定する。

指定概念を示す「離婚」とは、離婚の許否、離婚の方法、離婚の機関および離婚原因などを意味する。離婚の準拠法として指定する外国法が専ら裁判離婚のみを定めている場合に、日本において調停離婚や審判離婚が許されるか否か、という適応問題（調整問題）が生ずる。「離婚」には離婚に付随する

効果をどの範囲まで含むかは、その付随する法律関係の性質の決定により、見解の相違がある。離婚に伴う氏の変更は、氏に係る事項の性質を氏名権としての人格権と決定して、当事者の本国法による、と解する。離婚の際の親権・監護権の帰属は、第32条の規定による、と解される。

連結素は、第25条の規定の解釈および確定と同旨である。ただし、「準用する」と規定するから、第25条の規定における夫婦の最密接関係地は、離婚の準拠法の選定には、婚姻の身分的効力の準拠法の選定のときに考慮する要素とは別の要素を考慮することとなる。第27条本文の規定に関連して、夫婦の最密接関係地は、夫婦の本国、夫婦の常居所地の他に夫婦に共通する属地的な要素として、最近の婚姻共同生活の本拠地などである、と考えることができる。離婚に関連する限り、婚姻生活の本拠が日本にあった場合には、その地を日本と確定してよい、と解する。

連結素の確定の基準時は、第27条に明示に規定しないが、離婚の性質により、離婚原因が発生した当時およびその当時と社会通念に基づいて同視することができる当時に固定する、と解釈することができる。

第27条ただし書の規定に従って、夫婦の一方が「日本に常居所を有する日本人である」ときは、離婚は日本法による。これは、日本人条項である。日本人条項は、日本の協議離婚の制度に基づき形式的審査を行う戸籍事務に配慮し、夫婦の最密接関係地の確定を回避することができる。夫婦の一方が「日本に常居所を有する日本人である」という要件を充足する夫婦の離婚が日本で問題となる場合には、夫婦の最密接関係地は、通常は日本であろう。

6．結びに代えて

基本的に、具体的事案において、法律関係の性質の決定、適用すべき抵触法の規定の特定、特定した規定の連結素の確定によって、準拠法を選定する。選定した準拠法の適用範囲は、見解の相違があるが、適用した抵触法の規定に対応して、次の事項である、と考える。

第24条第1項　→　婚姻が有効に成立するための積極的要件または消極的要件

一方的婚姻障碍として、婚姻意思、婚姻適齢、同意の要否、精神的及び肉体的な障碍など。

双方的婚姻障碍として、近親関係、相姦関係、人種上・宗教的理由による禁止、重婚、再婚期間・待婚期間など。

第24条第2項・第3項　→　宗教婚の方式、儀式婚の方式、届出による方式など。

第25条　→　同居の義務、妻の行為能力、夫婦間の契約など。

第26条　→　夫婦間の財産契約、夫婦間の法定財産制、夫婦財産関係の消滅など。夫婦間の日常家事債務の連帯責任。

第27条　→　離婚の許否、離婚の方法・機関、離婚の原因、離婚の効力、離婚後のの扶養、離婚給付など。

　婚約、内縁、別居および身分変動に伴う氏の変更については、その準拠法に関する規定が法適用通則法に存在しないから、抵触法上の条理に従って準拠法を選定する。抵触法上の条理として、見解の相違があるが、次のように解する。抵触法上の条理によるまえに、類推適用することができる条項があるときは、それによるのが妥当である、と考える。

　婚約の成立は、その性質を婚姻の成立に準ずる事項と決定して、第24条第1項の規定を類推適用する。婚約の方式は、その性質を婚姻の方式に準ずる事項と決定して、第24条第2項・第3項の規定を類推適用する。婚約の効力は、その性質を婚姻の効力に準ずる事項と決定して、第25条を類推適用すると、同一常居所地および当事者の最密接関係地の確定に困難を伴うから、第33条の規定を適用する。婚約の不当破棄は、その性質を不法行為に係る事項と決定して、第17条の規定を適用する、と解する。多数の見解は、次の裁判例の立場である。議論の余地がある。

【裁判例】東京地裁平成 21 年 6 月 29 日判決（判タ 1328 号 229 頁）
《判旨》「婚姻予約の成立要件及びその効果は、〔法適用〕通則法 33 条の規定する親族関係及びこれによって生じる権利義務に準じるものとして、当事者の本国法によって定めるべきであり、婚姻予約の不履行ないし不当破棄による損害賠償責任は、両当事者の本国法を累積的に適用し、双方の本国法が認める範囲内においてのみ、肯定されるものと解すべきである。」控訴審・東京高裁平成 22 年 3 月 25 日判決

　内縁の実質的成立要件は、その性質を婚姻の実質的成立要件に準ずる事項と決定して、第 24 条第 1 項の規定を類推適用する。内縁の身分的効力は、その性質を婚姻の身分的効力に準ずる事項と決定して、第 25 条の規定を類推適用する。内縁の財産的効力は、当事者自治の原則による。内縁の解消は、第 27 条本文の規定を類推適用する。内縁の不当破棄は、その法律関係の性質を不法行為に係る事項と決定して、第 17 条の規定を適用する。

【判例】最高裁昭和 36 年 12 月 27 日判決（家月 14 巻 4 号 177 頁）
《判旨》「被上告人の本訴において主張する請求は、上告人の被上告人に対する内縁関係破棄の不法行為を原因とするものであることは、弁論の全趣旨を通じて窺われる」。「上告人の行為を被上告人に対する不法行為と観る以上、その債権の成立及び効力は、その原因たる事実の発生した地の法律によるべきものである」。

　別居については、法律上の別居という法制度が日本には存在しないから、別居の請求を認めるか否かが問題となるものの、その請求をすることができる、と解釈する。その理由は、「扶養義務の準拠法に関する法律」第 4 条第 2 項が「法律上の別居をした夫婦間」と規定するからである。別居は、その性質を離婚に準ずる事項と決定して、第 27 条本文の規定を類推適用する。
　氏名については、身分変動に伴う氏の変更は、その性質を人格権を構成する氏名権に係る事項と決定して、当事者の本国法による、と解する。
　条文の文言およびその解釈について、次のように考える。第 25 条が規定する同一本国法に対して、「扶養義務の準拠法に関する法律」第 2 条第 1 項ただし書は、「共通本国法」と規定する。「共通本国法」とは、当事者の国籍

が共通しているときの本国法を意味する。同一本国法と共通本国法との相違は、次のとおりである。たとえば、共通本国法は、夫がA国籍を有し、妻がA国籍と日本国籍とを有するときは、夫の有するA国籍と妻の有するA国籍とが共通していることから、A国法となる。これに対して、同一本国法は、夫がB国籍を有し、妻がB国籍と日本国籍を有するときは、夫の本国法はB国法であり、妻の本国法は第38条第1項ただし書の規定に従って日本法であるから、夫婦の同一本国法がない場合となる。

　第25条における段階的連結の第3段階として規定する「夫婦に最も密接な関係がある地」は、そもそも抵触法が法律関係の本拠地としての最密接関係地の法を準拠法として選定する法である、と理解するから、婚姻の効力という法律関係について夫婦の本国、夫婦の常居所地である、と考えることができる。同条において、夫婦の本国、夫婦の常居所地が第1段階、第2段階で規定されており、夫婦の最密接関係地は、連結素として、夫婦の本国、夫婦の常居所地とは別に、その他に夫婦に最密接関係がある属地的な要素である、と考えることができる。夫の最密接関係地は夫の本国であり、妻の最密接関係地は妻の本国であり、それらとは異なる夫婦の最密接関係地を考えることとなる。夫婦の最密接関係地は、その法律関係の本拠がある夫婦の本国である、と考えると、第1段階へ戻り、同条の段階的連結は循環論に陥る、と考えることができる。そう考えると、同条の適用においては、第2段階の夫婦の同一常居所地の確定について十分に考慮すべきであり、できる限り、その段階において連結素の確定をもって決着すべきである、と考える。常居所は、事実概念であるから、具体的事案において、必ず常居所を確定することができる、と考える。

　第25条の解釈については、判例・裁判例・審判例の蓄積が期待される。

第7章　親子関係

1．はじめに

　親子関係という法制度について、各国（法域）の親子法が宗教的・倫理的、文化的・歴史的およびその他の社会的な要因に基づいて形成されており、各法域の親子法の内容には相違があるから、国際的（渉外的）親子関係に関連がある法域の間に親子法の抵触が生ずる。

　渉外的親子関係の抵触法的処理として、親子関係が認められることが子の福祉（利益の保護）に適うから、親子関係が成立し易くなるように親子関係を分類する。親子という法律関係は、① 親子関係の成立および ② 親子関係の効力という法律関係に分類する。① は、③ 親子関係の実質的成立要件と ④ 親子関係の形式的成立要件とに細分化する。③ は、⑤ 実親子関係と ⑥ 養親子関係に細分化する。⑤ は、⑦ 嫡出である子の親子関係の成立、⑧ 嫡出でない子の親子関係の成立、⑨ 認知、⑩ 準正という単位法律関係に細分化する。⑥ は、⑪ 養子縁組という単位法律関係である。④ は、親子関係についての法律行為の方式という単位法律関係である。⑦ から ⑩ までと ⑪ とを経て成立した親子関係の ② は、親子間の法律関係という単位法律関係である。

　① から ⑪ までについて、法適用通則法は、指定概念（単位法律関係を示す概念）と適用すべき条項を、次のように定める。

第 7 章　親子関係　97

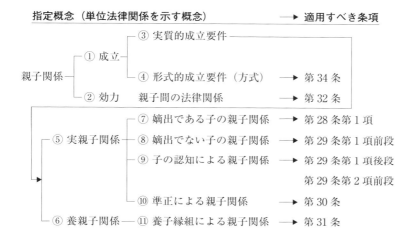

　実親子関係の成立について、子の福祉という観点から、単位法律関係ごとに順を追って準拠法を選定する。

【判例】最高裁平成 12 年 1 月 27 日第一小法廷判決（本書 66 頁）
《判旨》「親子関係の成立という法律関係のうち嫡出性取得の問題を 1 個の独立した法律関係として規定している……〔抵触法の規定〕の構造上、親子関係の成立が問題となる場合には、まず嫡出親子関係の成立についての準拠法により嫡出親子関係が成立するかどうかを見た上、そこで嫡出親子関係が否定された場合には、右嫡出とされなかった子について嫡出以外の親子関係の成立の準拠法を別途見いだし、その準拠法を適用して親子関係の成立を判断すべきである。」

　この判例の趣旨に照らして、第 28 条から第 30 条までの適用の順序について、次のように構成する。第 1 段階として、「嫡出である子の親子関係の成立」が問題となり、第 28 条を適用する。第 28 条の規定に従って選定した準拠法を適用して嫡出である子の親子関係が成立しない場合には、第 2 段階として、「嫡出でない子の親子関係の成立」が問題となり、第 29 条を適用する。第 29 条の規定に従って選定した準拠法を適用して父または母との嫡出

でない子の親子関係が成立しない場合には、第3段階として、準正が問題となり、第30条を適用する。第1段階から第3段階までのいずれかの段階で実親子関係が成立すると、成立した親子関係の効力が問題となり、親子の法律関係については、第32条を適用する。

氏の準拠法および生殖補助医療により出生した子の親子関係についての準拠法に関する規定は、法適用通則法に存在しないから、抵触法上の条理に従って準拠法を選定する。

適用すべき抵触法の規定の解釈・適用が問題となる。この問題についての本案審理に先立って、渉外的親子関係事件の訴え・申立てに対して、日本の裁判所は、（国際裁判）管轄権を有するか否かが問題となる。裁判所が管轄権を有すると、本案審理に移行して、法律関係の準拠法が問題となる。

2．親子関係事件に対する日本の裁判所の管轄権

（1）　解釈の方法論（判断の枠組み）

人事訴訟法第2条第1号に定義する「人に関する訴え」には、同法第29条第1項の規定により民事訴訟法第1編第2章第1節「日本の裁判所の管轄権」（第3条の2から第3条の12まで）の規定を適用しない。「人に関する訴え」については、日本の裁判所の管轄権に関する法規が存在しないから、国際民事手続法（国際民事訴訟法）上の条理によってこれを補充する。

親子関係事件においては、子の福祉という観点から、子の（現在の）生活の状況を把握することができる子の住所・常居所が日本国内にあるときは、日本の裁判所は、管轄権を有する、と解する。裁判所が後見的に関与する非訟裁判においては、特別の考慮を必要とする。

（2）　親権者指定・変更申立事件

渉外的な親権者（監護権者）の指定・変更申立事件に対して、子の福祉という観点から、子の生活関係に密接な関連がある地で審判をするのが国際民

事手続法上の条理に適うから、裁判所は、子の住所・常居所が日本国内にあるときは、その申立てについて管轄権を有する、と解される。

【裁判例】東京高裁平成 17 年 11 月 24 日決定（家月 58 巻 11 号 40 頁）
《決定要旨》「親子関係事件（本件親権者の指定の事件も含まれる。）についても、相手方が行方不明その他の特段の事情のない限り、相手方の住所地国を原則とするのが相当である。もっとも、親子関係事件の中でも本件のように未成年者の親権者を指定する裁判の場合については、子の福祉という観点から、子と密接な関係を有する地である子の住所地国に国際裁判管轄を認める合理性も否定できないことから、この場合は、上記相手方住所地国と併せて子の住所地国にも国際裁判管轄を認めるのが相当である。」

【裁判例】名古屋地裁平成 11 年 11 月 24 日判決（判時 1728 号 58 頁）
《判旨》「親権者指定の申立ては、離婚の訴えに付随するものであって独立の訴えではなく、当然、訴訟当事者も離婚の訴えと同一であり、判断の基礎となる事実関係も離婚の訴えと共通する部分が多いから、法律関係が不安定な状態が生じる（子の住所地の所在する国のみが親権者指定の裁判の国際裁判管轄を有すると解すると、離婚が確定しているのに、親権者が指定されない状態が生じうる。）のを防止し、当事者間の公平、訴訟経済や当事者の負担（子の住所地の所在する国のみが親権者指定の裁判の国際裁判管轄を有すると解すると、例えば、離婚の当事者である夫婦が各別の国に居住し、子がさらに別の国に居住している場合、当事者の意思にかかわらず、離婚と親権者指定の二度の訴訟追行を要することとなる。）を考慮すると、離婚の訴えの国際裁判管轄を有する国は親権者指定の裁判の国際裁判管轄も有すると解することは合理的であり、条理にかなう」。「親権者指定に関する審判事件は、子の福祉という観点から、子の住所地の家庭裁判所の管轄とされ……、この趣旨からすると、親権者指定の裁判の国際裁判管轄は、離婚の訴えの国際裁判管轄を有する国のみならず、子の住所地の所在する国も有すると解することができる。」「親権者指定の裁判の国際裁判管轄は、離婚の訴えの国際裁判管轄を有する国及び子の住所地の所在する国が有すると解するのが相当である。」

　これらの裁判例の趣旨に照らして、親子関係事件に対して、日本の裁判所は相手方および子の住所が日本国内にあるとき、または離婚請求の訴えの管轄権があるときおよび子の住所が日本国内にあるときは、管轄権を有する。議論の余地がある。親権者指定・変更の裁判は非訟裁判であり、子の福祉と

いう観点を重視して、端的に、その申立てに対して、子の住所・常居所が日本国内にあるときにのみ、日本の裁判所は、管轄権を有する、と解する。

(3) 認知請求事件

渉外的な認知請求事件に対して、原則として、被告の住所が日本国内にあるとき、例外として、子の出生に関わる証拠調べの重心が日本国内にあるときは、日本の裁判所は、管轄権を有する、と解する。

【裁判例】大阪地裁昭和55年2月25日判決（家月33巻5号101頁）
《判旨》「認知請求事件についてわが国の裁判所が裁判〔管轄〕権を行使するためには、国際〔民事訴訟法上の〕条理上、原則として被告の住所がわが国内にあることを必要とするものと解すべきである。しかし、本件に於ては、被告の現在の住所が不明であることは訴訟上明らかであり、……原告の母Aはわが国内にある被告の肩書最後の住所地に於て被告と同棲しているうちに原告を懐妊したものであり、……〔証拠〕によると、……原告の出生をめぐる状況はすべてわが国内に於て展開したものであって、これに関わる重要な証人の殆どすべてがわが国に居住しているものと考えられる。このような事情にある場合に、国際裁判管轄権の前記原則に固執することは、原告の訴訟による父の捜索を著しく困難ならしめ、却って国際私法生活に於ける正義と公平の観念に背反する結果を招来することとなるから、本件に於ける右の事情は前記原則の例外を認めるべき特別の事情に当るものというべきであって、本件訴訟はわが国の裁判管轄権に属するものと解するのが相当である。」

(4) 養子縁組許可申立事件

渉外的な養子縁組許可申立事件に対して、子の福祉という観点から、子の生活に密接な関連がある地で審判をするのが国際民事手続法上の条理に適う。子の住所・常居所が日本国内にあるときは、裁判所は、その申立て対して管轄権を有する、と解する。管轄原因となる子の住所・常居所が日本国内にあるときの、その住所・常居所は、縁組前または縁組後のいずれかの住所・常居所を考慮する、と解する。

【審判例】札幌家裁平成4年6月3日審判（家月44巻12号91頁）

《審判要旨》「申立人は、日本国に住所を有する日本人であり、また、未成年者は、韓国人で日本に住所（常居所）を有するものではないが、現在日本国に申立人夫婦のもとに所在し、その期間も5か月以上にわたるから、日本国に本件事件の国際裁判管轄権を認めることができる。」

　親子関係事件についての裁判例・審判例の準則は、親子関係事件の他の類型の訴え・申立てについても基本的に対応する、と考える。日本法上は非訟裁判であっても、争訟性の強いものは、具体的事案の渉外性に配慮して訴訟裁判として処理するのが妥当なものがある。

　日本の裁判所が管轄権を有すると、本案審理に移行して、法律関係の準拠法が問題となる。

3．嫡出である子の親子関係

（1）　嫡出である子の親子関係の成立

　嫡出である子の親子関係の成立という単位法律関係は、婚姻中に懐胎した子について夫の子との推定の可否、婚姻締結後および婚姻解消後の一定の期間内に出生した子の婚姻中の懐胎との推定の可否などの嫡出性の推定、嫡出否認の許容性ならびにその要件や否認権の行使期間などに係る事項である。

　基本的に、具体的事案における法律関係の性質を嫡出である子の親子関係の成立に係る事項と決定して、適用すべき抵触法の規定として第28条を特定すると、同条の解釈・適用が問題となる。

（2）　適用すべき抵触法の規定の解釈・適用（第28条）

　第28条第1項は、「夫婦の一方の本国法」であって「子の出生の当時」におけるその法によって「子が嫡出となるべきとき」は「その子は、嫡出である子とする」と規定する。この規定を、嫡出親子関係の成立は、子の出生の当時における夫婦の一方の本国の法による、と読解すると、抵触法の規定の

構造となる。「夫婦の一方の本国法」の選択的適用の理由は、できる限り、子に「嫡出である子」という身分の取得の機会を与えるところにある。「その子は、嫡出である子とする」の文言から、この規定は、子が嫡出であるか否かについて適用する。「夫婦」の文言は、婚姻関係にある者の間にのみ嫡出親子関係が成立する、との考えを示す。「夫婦」は誤想婚をも含む。「子が嫡出となるべきとき」は、嫡出の推定であるから、嫡出の推定に係る事項として、父性の推定、懐胎の推定、推定の期間を含む、と解釈する。嫡出の推定に加えて、これが抵触法の規定であるから、「子が嫡出となるべきとき」は、嫡出の否認に係る事項として、嫡出の否認の可否、否認権者、嫡出否認の方法、否認権の喪失・行使期間をも含む、と解釈する。「夫婦の一方の本国」への選択的連結を採用するから、嫡出の否認の準拠法が問題となる。この問題は、「夫婦の一方の本国法」のみによって「嫡出である子」とする場合において、夫婦の一方の本国法によって否認されるときは、否認されるものの、夫婦の双方の本国法によって「嫡出である子」とする場合において、夫婦の双方の本国法によって「嫡出である子」とならないときは、「嫡出でない子」となる、と解釈する。「子が嫡出となるべきとき」であると認められると、その子は、「嫡出である子」となる。

　連結素は、「夫婦の一方の本国」という文言から、夫婦の一方の国籍である。その理由は、嫡出である子の親子関係の成立の最密接関係地が夫婦の一方の国籍の属する国である、と考えることができ、かつ、国籍の特性により、連結素として国籍が明確にして安定しているからである。

　連結素の確定の基準時は、不変更主義を採用して、「子の出生の当時」に固定する。「当時」の固定に関連して、「子の出生の当時」において当事者が死亡している場合に、当事者の本国法の特定が問題となる。この問題に対して、第28条第2項は、みなし規定である。仮に、妻が子の出生前に死亡したときは、同条第2項の規定を類推適用する、と解釈する。

4．嫡出でない子の親子関係

（1）　嫡出でない子の親子関係の成立

　婚姻外の実親子関係の成立は、諸法域の親子法を比較法の方法によってみると、血縁関係に基づく親子関係の成立を認める事実主義（血統主義・ゲルマン主義）と、親による一定の方式を具備した認知を必要とする認知主義（意思主義・ローマ主義）とに大別することができる。嫡出でない子の親子関係の成立という法律関係は、国籍法第2条との関係での非嫡出親子関係の存否、戸籍の父氏名の記載のための裁判などに係る事項である。

　基本的に、具体的事案における法律関係の性質を嫡出でない子の親子関係の成立に係る事項と決定して、適用すべき抵触法の規定として第29条第1項を特定すると、同条同項の規定の解釈・適用が問題となる。

（2）　適用すべき抵触法の規定の解釈・適用（第29条第1項・第3項）

　第29条第1項前段は、「嫡出でない子の親子関係の成立」については、その子と「父との間の親子関係」については「子の出生の当時」における「父の本国」の法により、その子と「母との間の親子関係」については「子の出生の当時」における「母の本国」の法による、と規定する。父との間と母との間とに区別して「父の本国法」と「母の本国法」との配分的適用とする理由は、端的に、親子関係の成立をより容易にするところにある。「父」または「母」という文言は、嫡出でない子との関係で、血統上の親が法律上の婚姻関係にないからであり、嫡出である子との関係について第28条の規定と一貫性がある。この規定は、第28条の規定に従って選定する準拠法により、嫡出である子の親子関係が成立しなかった子とその親となるべき者との間における実親子関係の成立について適用する。

　指定概念を示す「嫡出でない子の親子関係の成立」とは、事実主義による嫡出でない子の親子関係の成立を意味する。これは、この成立の要件、要件

の欠如の効果などに係る事項である。

連結素は、「父の本国」・「母の本国」という文言から、父の国籍または母の国籍である。その理由は、嫡出でない子の親子関係の成立の最密接関係地が父または母の国籍の属する国である、と考えることができ、かつ、国籍の特性により、連結素として国籍が明確にして安定しているからである。

連結素の確定の基準時は、不変更主義を採用して、「子の出生の当時」に固定する。この「当時」の固定に関連して、「子の出生の当時」において当事者が死亡している場合には、当事者の本国法の特定が問題となる。この問題に対して、第29条第3項前段は、みなし規定である。母が子の出生前に死亡しているときは、同条第3項前段の規定を類推適用する、と解釈する。

(3) 認知

認知という法律関係は、任意認知・強制認知の許否、認知能力、認知の訴え、被認知者の年齢制限、姦通子や乱倫子の認知の可否、遺言による認知の許否、胎児認知の可否、死後認知の許否・出訴期間など認知の成立、ならびに認知の効力および認知の取消しなどに係る事項である。

基本的に、具体的事案における法律関係の性質を認知に係る事項と決定して、適用すべき抵触法の規定として第29条第2項を特定すると、同条同項の規定の解釈・適用が問題となる。

(4) 適用すべき抵触法の規定の解釈・適用（第29条第2項）

第29条第2項前段は、「子の認知」については第1項前段の規定に従って適用すべき法によるほか、「認知の当時」における「認知する者の本国」の法または「子の本国」の法による、と規定する。この規定は、同条第1項の特則である。この規定の趣旨は、子の認知について、認知保護という観点から、子の出生後の認知の当時における準拠法を選定するのが妥当であり、その法を選択的に適用して子の認知の成立を容易にするところにある。

「子の認知」は、子の出生の当時における父の本国法またはその当時にお

ける母の本国法、認知の当時における父の本国法もしくはその当時における母の本国法またはその当時における子の本国法を選択的に適用する。選択的適用であるから、たとえば、死後認知の出訴期間については、最も遅くまで可能とする法により、認知の遡及効については、最も早い時点に遡らせる法により、認知の撤回については、適用され得る法のすべてがそれを認めている場合に限って、撤回ができるとすべきである、と解釈される。

　「認知する者の本国法によるとき」は、第29条第2項後段に規定により、第1項後段の規定を「準用する」。「子の認知による親子関係の成立」は、同条第1項後段の規定により、同条同項前段の場合において、「認知の当時における子の本国法」によれば「その子又は第三者の承諾又は同意があること」が「認知の要件」であるときは、その要件をも備えなければならない。この規定の趣旨は、準拠法を累積的に適用して（子が認知されたくないにもかかわらず、認知されるのを防止するために）子を保護するところにある。これは、子の保護要件の規定（セーフガード条項）である。認知する者の本国法が「子の認知による親子関係の成立」に「その子又は第三者の承諾又は同意」を「認知の要件」とするときは、その要件をも備えなければならない。

　指定概念を示す「子の認知」とは、子の認知の成立および効力を意味する。その理由は、第29条第1項が「嫡出でない子の親子関係の成立」に限定するところ、同条第2項では子の認知の成立に限定しないで、「子の認知」とのみ規定するからである。「子の認知」は、同条第1項が「子の出生の当時」としてその当時の嫡出でない子の親子関係の成立について規定するのに対し、同条第2項が「認知の当時」と規定するから、子の出生後の認知を規定する、と解釈する。「認知」は、認知の成立、要件および効力を含む、と解釈する。認知の成立は、任意認知・強制認知、認知の許否、姦通子・乱倫子の認知、胎児認知、死亡した子の認知、死後認知などに係る事項、認知の要件は、認知能力、被認知者の年齢制限、遺言による認知などに係る事項、認知の効力は、認知の要件を欠くことによる認知の無効・取消し・取消事由、取消権者、取消の方法・遡及効、および認知により出生に遡って親子関

係が成立するか、認知は撤回できるかなどに係る事項である。「認知」は、裁判による認知における認知の訴えの提起権者、被告適格、死後認知の出訴期間などに係る事項をも含む、と解釈する。

　準拠法の選択的適用に関連して、認知が複数の法の要件を充足する場合には、その直接的効果は、いずれの法によるかが問題となる。この問題は、選択的適用を採用する趣旨に照らして、子に最も利益がある効果を生ずる法による、と解する。また、認知の要件を欠くことによる認知の無効または取消しの準拠法が問題となる。認知の無効または取消しは、それが認知の事後的な否認であるから、認知が選択的適用の1つの準拠法によって認められる場合には、その法により、認知が選択的適用の複数の準拠法によって認められる場合には、その複数の法のすべてにより無効とされない限り、または取り消されない限り、その認知を無効とするかまたは取り消すことができない、と解される。認知の無効または取消しの訴えの出訴期間も同旨と解する。

　連結素は、「認知する者又は子の本国」、「父の本国」、「母の本国」という文言から、子の国籍、父の国籍、母の国籍である。その理由は、認知の最密接関係地が子、父、母の国籍の属する国である、と考えることができ、かつ、国籍の特性により、連結素として国籍が明確にして安定しているからである。

　連結素の確定の基準時は、不変更主義を採用して、第29条第1項の規定においては「子の出生の当時」に、同条第2項の規定においては「認知の当時」に固定する。その理由は、認知による親子関係が子の出生の当時に問題となるからである。「当時」の固定に関連して、その当時に当事者が死亡している場合には、当事者の本国法の特定が問題となる。この問題に対して、同条第3項後段は、みなし規定である。

　認知の方式（形式的成立要件）は、第34条による。

5．準正

(1) 準正

　準正は、嫡出でない子が嫡出である子の身分を取得するものであって、嫡出でない子が父母の婚姻によって嫡出である子になる婚姻準正、または父母が婚姻後に婚姻外で出生した子を認知によって嫡出である子になる認知準正である。準正という法律関係は、準正の許否、その態様、両親の婚姻に加えて認知の要否、姦通子や乱倫子の準正の可否、準正の効力の遡及効の可否、公的機関による準正の許否およびその機関などに係る事項である。

　基本的に、具体的事案における法律関係の性質を準正に係る事項と決定して、適用すべき抵触法の規定として第30条を特定すると、同条の規定の解釈・適用が問題となる。

(2) 適用すべき抵触法の規定の解釈・適用（第30条）

　第30条第1項は、「準正の要件である事実が完成した当時における父若しくは母又は子の本国」の法により「準正が成立するとき」は、子は「嫡出子の身分を取得する」と規定する。この規定を、準正の成立による嫡出子の身分の取得は、準正の要件である事実が完成した当時における父もしくは母または子の本国の法による、と読解すると、抵触法の規定の構造となる。この規定の趣旨は、子の福祉という観点から、できる限り、準正が成立するように、父の本国法、母の本国法または子の本国法の選択的適用を採用するところにある。

　「子」とは、第28条の規定に従って選定した準拠法により、嫡出である子ではない子を意味する。「準正」とは、婚姻準正および認知準正を意味する。「準正」は、裁判所その他の国家機関の決定によって嫡出子の身分を取得する嫡出宣言に係る事項をも含む、と解される。

　連結素は、「父若しくは母又は子の本国」という文言から、父の国籍、母

の国籍または子の国籍である。その理由は、準正の最密接関係地が父、母または子の国籍の属する国である、と考えることができ、かつ、国籍の特性により、連結素として国籍が明確にして安定しているからである。

連結素の確定の基準時は、不変更主義を採用して、「準正の要件である事実が完成した当時」に固定する。「当時」は、婚姻準正の場合には、父母の婚姻の当時であり、認知準正の場合には、父母による認知の当時であり、嫡出宣言の場合には、宣言の当時である。「当時」の固定に関連して、その当時に当事者が死亡している場合に、当事者の本国法の特定が問題となる。この問題に対して、同条第2項は、みなし規定である。

6．養子縁組

(1) 養子縁組

養子縁組は、諸法域の養子法を比較法の方法によってみると、普通養子縁組と完全養子縁組とが併存する結果として、養子縁組の成立について契約型養子縁組と決定型養子縁組とがある。契約型養子縁組は、養子縁組の成立を当事者間の合意にゆだね、子の福祉という観点から、審査のみに裁判所その他の公的機関が関与する。決定型養子縁組は、養子縁組の成立を裁判所の判決その他の公的機関の決定にゆだねる。

養子縁組という法律関係は、養子縁組の許否、婚外子・尊属・年長者・後見人による被後見人・配偶者のある者の養子縁組の可否、法定代理人の代諾による養子縁組の可否、養親となるべき者・養子となるべき者の年齢および年齢差、養子もしくは第三者の承諾または同意の要否、公的機関の許可の要否、養子縁組の要件の不存在のための縁組の無効・取消し、公的機関の許可の要否などに係る事項である。養子縁組に伴う養子の氏の変更という法律関係は、見解の相違があるが、その性質を人格権としての氏名権に係る事項と決定して、養子の本国法による、と解釈する。

基本的に、具体的事案における法律関係の性質を養子縁組に係る事項と決

定して、適用すべき抵触法の規定として第31条第1項を特定すると、同条同項の規定の解釈・適用が問題となる。

　離縁という法律関係は、離縁の許否、原因、方法、効力などのほかに、実方の血族等との親族関係の復活などに係る事項である。

　基本的に、具体的事案における法律関係の性質を血族との親族関係の終了および離縁に係る事項と決定して、適用すべき抵触法の規定として第31条第2項を特定すると、同条同項の規定の解釈・適用が問題となる。

（2）　適用すべき抵触法の規定の解釈・適用（第31条）

　第31条第1項前段は、「養子縁組」は「縁組の当時」における「養親となるべき者の本国」の法による、と規定する。「養親となるべき者」の本国法による理由は、養子縁組の後に、養子が養親と生活関係を営むのが通常である（養親の有する国籍を養子に与える国が増加している。）からである。

　指定概念を示す「養子縁組」とは、普通養子縁組であると完全養子縁組であるとを問わず、養子縁組の実質的成立要件およびその直接的な効果を意味する。「養子縁組」は、事実上の養子縁組、普通養子縁組の特別養子縁組への転換、養親子関係不存在確認などを含む、と解釈される。「養子縁組」は、見解の相違があるが、第31条第1項前段の規定の文理解釈によって夫婦共同養子縁組を含む、と解釈する。

　連結素は、「養親となるべき者の本国」という文言から、養親となるべき者の国籍である。その理由は、養子縁組の最密接関係地が養親となるべき者の国籍の属する国である、と考えることができ、かつ、国籍の特性により、連結素として国籍が明確にして安定しているからである。

　連結素の確定の基準時は、不変更主義を採用して、「縁組の当時」に固定する。

　第31条第1項後段は、養子縁組について養親となるべき者の本国法による場合において、「養子となるべき者の本国法によれば」「その者若しくは第三者の承諾若しくは同意又は公的機関の許可その他の処分があることが養子

縁組の成立の要件であるとき」は、「その要件をも備えなければならない」と規定する。この規定の趣旨は、養子となるべき者の保護・福祉という観点から、養子となるべき者の保護要件についてのみ養子となるべき者の本国法と養親となるべき者の本国法とを累積的に適用するところにある。累積的適用は、養子となるべき者もしくは「第三者の承諾若しくは同意」および「公的機関の許可その他の処分」に限定する。「第三者」は、養子となるべき者の実方親族および法定代理人など養子となるべき者と法的な関係がある者である、と解釈される。「公的機関の許可その他の処分」は、見解の相違があるが、養子となるべき者の本国法上の養子縁組について強行規定による処分である、と解釈する。養子となるべき者の本国法が国境を越える養子縁組のための子の出国について公的機関の処分を規定する場合には、その処分がなされていない限り、日本における養子縁組の成立は認めるべきではない、と考える。この規定は、子の保護要件の規定（セーフガード条項）である。

　第31条第2項は、「養子とその実方の血族との親族関係の終了及び離縁」は第1項前段の規定に従って適用すべき法による、と規定する。その理由は、離縁が縁組の成立を否定するものであって、縁組の成立要件と連動しているからである。

　指定概念を示す「養子とその実方の血族との親族関係の終了及び離縁」とは、その成立および効力を意味する。

　問題は、準拠すべき外国法が養子縁組について裁判所の決定を要するときは、日本の家庭裁判所がこれを代行することができるかである。外国の裁判と日本の裁判とは、性質および効果が異なるから、適応問題（調整問題）が生ずるものの、双方の裁判は、養子縁組の実質的成立要件の審査を目的とするから、実質的には同旨と解する。準拠すべき外国法が養子縁組に裁判所の決定を定めるときは、日本の家庭裁判所は、養子縁組許可審判をもってこれに代行することができる、と考える。

【審判例】盛岡家裁平成3年12月16日審判（家月44巻9号89頁）

《審判要旨》養子縁組の準拠法である「フィリピン法によると、養子縁組については……裁判所の養子縁組決定（……）が必要であ」る。「フィリピン法により裁判所の決定を要するという趣旨は、日本法の家庭裁判所の許可の審判とは性質を異にするものではあるが、当該養子縁組が養子となるべき子の福祉に適うか否かの審査を裁判所に委ねた点では実質的には差異がないというべきであるから、日本の家庭裁判所の許可の審判をもってフィリピン法の裁判所の決定に代わることができるものと解すべきである。」

7．親族関係についての法律行為の方式

（1） 親族関係についての法律行為の方式

　方式は、一般に、意思により法律関係を形成する法律行為の形式的成立要件であって、成立に書面を要するか、一定の宗教上の儀式を要するかなどという外部的形式である。方式は、「場所は行為を支配する」という法諺により行為地に連結し、一定の関連のある地にも連結する、という選択的連結により、方式の準拠法を選択的に適用する。

　基本的に、具体的事案における法律関係の性質を親族関係についての法律行為の方式に係る事項と決定して、適用すべき抵触法の規定として第34条第1項を特定すると、同条同項の規定の解釈・適用が問題となる。

（2）　適用すべき抵触法の規定の解釈・適用（第34条）

　第34条第1項は、第25条から第33条までに規定する「親族関係についての法律行為の方式」は「当該法律行為の成立について適用すべき法による」と規定する。この規定の趣旨は、法律行為の方式（形式的成立要件）が法律行為の実質的成立に関係があるから、成立について適用すべき法によるところにある。この規定が第25条から第33条までに限定するから、第35条および第36条の規定に関連する行為の方式ならびに第7条以下の規定に関連する法律行為の方式は、第10条の規定に従って準拠法を選定することとなる。第34条の規定は、親族関係についての法律行為の方式に関する総則

規定であるものの、第10条の規定との関係では、特則規定である。第25条から第33条までと規定するものの、第25条・第28条・第32条に規定する親族関係は、その性質により、方式の問題は生じない、と考える。

　指定概念を示す「親族関係についての法律行為の方式」の「親族関係についての」とは、夫婦財産契約、協議離婚、任意認知、裁判外の養子縁組、協議離縁に限定することを意味する。「法律行為の方式」とは、法律行為の形式的成立要件であって、法律行為が有効に成立するために必要となる外部的形式としての意思表示の表現方法を意味する。これは、書面、書面への署名・捺印、公の機関の証明、証人の立会、届出などの要否に係る事項である。「法律行為の成立」とは、法律行為の実質的成立要件を意味する。

　第34条第2項は、第1項の規定にかかわらず、「行為地法に適合する方式」を「有効とする」と規定する。この規定を、方式は、行為地の法による、と読解すると、抵触法の規定の構造となる。この規定の趣旨は、「場所は行為を支配する」という法諺を具体化して、行為地の法により当事者の便宜に適うところにある。「行為地」とは、当事者が現実的かつ物理的に在る地であって、行為を実行する地を意味する。

　第34条の第1項および第2項の規定に従って、法律行為の成立について適用すべき法と行為地の法とを選択的に適用する。

　親族関係についての隔地的法律行為の方式は、第10条第3項および第4項に相当する規定が存在しないから、解釈にゆだねる。解釈として、当事者の双方が異法域に在る場合には、当事者の一方の在る地の法が規定する方式に関する要件を充足すれば、足りる、と解する。

8．親子間の法律関係

(1) 親子間の法律関係

　第28条から第31条までの規定に従って準拠法を選定し、選定した準拠法を適用して親子関係が成立した場合において、成立した親子間の効力が問題

となるときは、親子間の法律関係の準拠法の選定が必要となる。

親子間の法律関係という法律関係は、親権者の資格・地位、親権に服する子の範囲、離婚に伴う親権・監護権の帰属・分配、認知による親権の帰属、婚姻中・離婚後の子の監護権者の指定、子との面接交渉、子の婚姻または養子縁組に対する親の同意権、子の財産の管理権・収益権、子の財産行為の代理権、利益相反の親権者の代理権・同意権の制限、その特別代理人の選任、親権の喪失・停止、親権の消滅などに係る事項である。

基本的に、具体的事案における法律関係の性質を親子間の法律関係に係る事項と決定して、適用すべき抵触法の規定として第32条を特定すると、同条の規定の解釈・適用が問題となる。

(2) 適用すべき抵触法の規定の解釈・適用 (第32条)

第32条は、「親子間の法律関係」は「子の本国法が父又は母の本国法(……)と同一である場合」には「子の本国法により」、「その他の場合」には「子の常居所地法による」と規定する。この規定の趣旨は、子の福祉という観点から、子を基準にして、第1段階として子の本国法を、第2段階として子の常居所地法を段階的に適用するところにある。

指定概念を示す「親子間の法律関係」とは、親子間の身分的効力および財産的効力の双方を意味する。「親子間」は、いかなる親子間であるか、親子関係であるかを問わない。「親子間の法律関係」は、親権者・監護権者の指定・変更、親権の内容・消滅などに係る事項である。

連結素は、「子の本国」、「父又は母の本国」または「子の常居所」という文言により、子の国籍、父の国籍、母の国籍または子の常居所である。

「子の本国法が父又は母の本国法(……)と同一である場合」は、第25条の規定における同一本国法の解釈と同旨である。第25条の規定における最後の段階における連結素の最密接関係地は、第32条の規定では、子の福祉という観点から、最後の段階における連結素としての「子の常居所地」となる、と解釈する。常居所地という連結素の確定が問題となる(第9章で論

述)。第 32 条かっこ書は、「父母の一方が死亡し、又は知れない場合」には、「他の一方の本国法」と規定する。この規定の趣旨は、死亡した親または知れない親との関係において同一本国法は存在しない、とするところにある。

連結素の確定の基準時は、変更主義を採用する。

【審判例】東京地裁平成 2 年 11 月 28 日判決（判時 1384 号 71 頁、判タ 759 号 250 頁）
《審判要旨》「離婚の際の親権の帰属については、法例〔法適用通則法〕は、離婚の準拠法……と親子関係〔親子間の法律関係〕の準拠法……のいずれによるべきかにつき、明言していないが、離婚の際の親権の帰属問題は、子の福祉を基準にして判断すべき問題であるから、法例 21 条〔第 32 条に対応。〕の対象とされている親権の帰属・行使、親権の内容等とその判断基準を同じくするというべきである。」

9．その他の親族関係の準拠法（第 33 条）

他の法令の適用に当たって、渉外的な親族関係の成立および効力の準拠法を選定する必要がある場合がある。具体的には、刑法の第 244 条第 1 項および第 257 条第 1 項、外国人登録法第 15 条第 2 項第 4 号などである。

第 33 条は、第 24 条から第 32 条までに規定するもののほか、「親族関係及びこれによって生じる権利義務」は当事者の本国法による、と規定する。

指定概念を示す「親族関係」とは、複数の者の間の親族関係を意味する。親族関係を連結素である各当事者の国籍によってその本国に連結して、その本国法を適用する。親族関係があるときは、各々の本国法によって親族と認められるときであって、各々の本国法の累積的適用となる。

連結素の確定の基準時は、変更主義を採用する。

10．扶養義務の準拠法に関する法律

「夫婦、親子その他の親族関係から生ずる扶養の義務」については、第 43 条第 1 項本文の規定により、法適用通則法第 3 章の規定を適用しない。

同条同項ただし書の規定により、第39条本文の規定は適用する。

　この「扶養義務」には、法適用通則法の特別法である「扶養義務の準拠法に関する法律」を適用する。この特別法の適用の対象は、同法第1条の規定により、「夫婦、親子その他の親族関係から生ずる扶養の義務」である。「夫婦、親子その他の親族関係」の範囲は、先決問題として、その成立の準拠法による。「扶養」は、金銭給付を内容とする、と解される。

　同法第2条第1項本文は、「扶養義務」については「扶養権利者の常居所地」の法による、と規定する。この規定の趣旨は、扶養を受ける権利を有する者（扶養権利者）が現実に生活している地が扶養義務の最密接関係地である、と考えることができ、その地を扶養権利者の常居所地とするところにある。「扶養義務」は、一般の親族関係の扶養義務を意味し、離婚をした当事者間の扶養義務とは区別する。同条同項ただし書の規定に従って、同条同項本文が規定する扶養権利者の常居所地法によって扶養権利者が扶養義務者から扶養を受けることができないときは、扶養義務については「当事者の共通本国法」による。「共通本国法」は、当事者が重国籍を有する場合には、当事者の各々についてすべての国籍を確定し、当事者の双方が共通の国籍を有するときは、その国籍の属する国の法である。「共通本国法」は、当事者が不統一法国の国籍を有する場合には、同法第7条の規定に従って、同法第2条第1項の規定の適用については、間接指定主義または直接指定主義に基づいて本国法を特定したうえで、本国法が共通であるときは、その本国法である。同法同条第2項の規定に従って、同法第1項本文の規定に従って適用すべき法、すなわち、「扶養権利者の常居所地法」によっても第1項ただし書の規定により適用すべき法としての「当事者の共通本国法」によっても「扶養権利者が扶養義務者から扶養を受けることができないとき」は、扶養義務については「日本法」による。第2条の趣旨は、扶養権利者に扶養を受ける機会を、できる限り、保障するために常居所地、共通本国、法廷地である日本に段階的に連結するところにある。

11. 結びに代えて

　基本的に、具体的事案において、法律関係の性質の決定、適用すべき抵触法の規定の特定、特定した規定の連結素の確定によって、準拠法を選定する。選定した準拠法の適用範囲は、見解の相違があるが、適用した抵触法の規定に対応して、次の事項である、と考える。

　第28条　→　嫡出性の推定の諸問題、たとえば、婚姻中に懐胎した子の夫の子としての推定の可否、婚姻締結後および婚姻解消後の一定の期間内に出生した子の婚姻中の懐胎との推定の可否など。

　第29条第1項　→　非嫡出親子関係の成立の諸問題、たとえば、国籍法第2条との関係での非嫡出親子関係の存否、戸籍の父氏名の記載のための裁判など。

　第29条第2項　→　任意認知または強制認知の許否、認知能力、認知の訴えの提起権者、被認知者の年齢制限、姦通子や乱倫子の認知の可否、遺言による認知の許否、死亡した子または胎児の認知の可否、死後認知の許否その出訴期間など、および認知の効力・取消。

　第30条　→　準正の許否、その態様、両親の婚姻に加えて認知の要否、姦通子や乱倫子の準正の可否、準正の効力の遡及効の可否、公的機関による準正の許否およびその機関など。

　第31条第1項前段　→　養子縁組の許否、養親または養子の年齢および年齢差、婚外子の養子縁組の可否、尊属の養子の可否、年長者の養子縁組の可否、後見人による被後見人の養子縁組の可否、法定代理人の代諾による養子縁組の可否、配偶者のある者の養子縁組の可否、養子もしくは第三者の承諾または同意の要否、公的機関の許可の要否など、および養子縁組の要件の不存在のための縁組の無効または取消など、ならびに養子もしくは第三者の承諾または同意の要否、公的機関

の許可の要否。

第31条第1項後段　→　養子または第三者の承諾または同意の要否、または公的機関の許可の要否など。

第31条第2項　→　離縁の許否・方法・効力、養親の血族との親族関係の終了、実方の血族等との親族関係の復活など。

第32条　→　親権者の資格・地位、親権に服する子の範囲、離婚に伴う親権・監護権の帰属・分配、認知による親権の帰属、婚姻中または離婚後の子の監護権の指定、子の婚姻または養子縁組に対する親の同意権、子の財産の管理権および収益権、子の財産行為の代理権、子の財産行為に対する同意権など、利益相反の親権者の代理権および同意権の制限、その特別代理人の選任、親権の喪失または停止、親権の消滅など。

第33条　→　公法的関係における、たとえば、刑法の親族相盗の規定（刑法第244条第1項）、親族間犯罪の特例規定（刑法第257条第1項）の適用の前提となる親族の範囲の画定、または外国人登録法第15条第2項第4号に規定する外国人の親族の範囲の適用の前提となる親族の範囲の画定など。

第34条　→　第14条から第21条までの規定に掲げる親族関係についての法律行為、たとえば、認知の方式、養子縁組の方式、協議上の離縁の方式など。

第35条第1項　→　後見開始の原因等、後見人等の指定および選任、後見人等の辞任・解任および欠格事由、後見等の事務、後見等の終了の原因、後見等の終了に伴う管理の計算、後見監督人の決定およびその職務権限、裁判所等による後見等の獲得の権限など

　親子関係は、実親子関係であると養親子関係であるとを問わず、できる限り、親子関係が成立することが子の福祉に適うから、親子関係の準拠法については選択的連結による選択的適用を考える。

認知の成立要件については、第29条第2項前段の規定に従って、同条第1項前段の規定に従って適用すべき法として、① 子の出生の当時における父の本国法および ② 子の出生の当時における母の本国法、③ 認知の当時における認知する者の本国法または ④ 認知の当時における子の本国法という4つの法の選択的適用に加えて、子の保護のために、同条第2項後段の規定に従って、第1項後段の規定を準用して、⑤ 認知の当時における子の本国法をも適用する、と整理することができる。これらの本国法を適用すると、子の利益となると認められる本国法は、認知の効力についても適用する、と解する。

　養子縁組については、第31条第1項前段の規定に従って、縁組の当時における養親となるべき者の本国法によるものの、子の福祉という観点から、同条同項後段の規定に従って、子の保護要件について子の本国法をも累積的に適用する、と整理することができる。

第8章　相続関係の準拠法

1．はじめに

　相続は、被相続人の財産に属した権利義務を相続人が承継する制度である。承継するという視点で、諸法域の相続法を比較法の方法によってみると、特定承継主義（清算主義）と包括承継主義とに大別することができる。清算主義は、被相続人の財産に属した権利義務を被相続人の人格代表者である遺産管理人・遺言執行者に帰属させ、帰属した財産の清算という遺産管理を行う制度であって、主として英米法系でこれを採用する。清算主義において、負の財産を債権者に割合的に弁済し、清算の結果の残余財産のみを相続人に移転するから、相続人が債務を相続することはない。包括承継主義は、相続人が被相続人の財産に属した一切の権利義務を包括的に承継する制度であって、主として大陸法系でこれを採用する。

　相続という制度について、各法域において相続法が宗教的・倫理的、文化的・歴史的およびその他の社会的な要因に基づいて形成されており、各法域の相続法の内容には相違があるから、国際的（渉外的）相続に関連がある法域の間に相続法の抵触が生ずる。清算主義を採用する国の法が準拠法となる場合には、清算主義と包括承継主義との間で調整問題（適応問題）が生ずる。

　相続の準拠法の選定の方法について、諸法域の抵触法を比較法の方法によってみると、相続分割主義と相続統一主義とに大別することができる。相続分割主義は、相続を動産の相続と不動産の相続とに分割し、各個に準拠法を選定するものである（異則主義）。異則主義において、一般に、動産の相続は、被相続人の住所地の法により、不動産の相続は、その不動産の所在地の法による。相続統一主義は、動産の相続と不動産の相続とを統一して準拠法

を選定するものである（同則主義）。同則主義において、一般に、相続は、被相続人の本国の法による。日本は、相続統一主義・同則主義を採用する。

渉外的相続関係の抵触法的処理として、相続という法律関係は、相続という単位法律関係に分類して、遺言という法律関係は、遺言の成立および遺言の効力ならびに遺言の取消しという単位法律関係に分類する。

2．相続関係の準拠法

（1）　相続

相続という法律関係は、相続開始の原因・時期・場所、相続財産に関する費用、相続人の範囲・順位、代襲相続、被相続人の遺言による相続人の指定の可否、相続契約の可否およびその要件・効果、相続財産の構成・移転、相続分・遺留分、遺産分割の時期・方法・基準・効果、相続人による単純承認・限定承認および放棄の可否、相続財産の管理・清算、相続財産管理人に関する問題、相続に関する遺言の執行などに係る事項である。

基本的に、具体的事案における法律関係の性質を相続に係る事項と決定して、適用すべき抵触法の規定として第36条を特定すると、同条の規定の解釈・適用が問題となる。

（2）　適用すべき抵触法の規定の解釈・適用（第36条）

第36条は、「相続」については「被相続人の本国」の法による、と規定する。この規定の趣旨は、被相続人の本国が相続の最密接関係地である、と考え、相続統一主義（同則主義）を採用するところにある。「相続」を、動産と不動産との相続に統一して、「被相続人の本国」に連結し、連結した被相続人の本国の法による。相続は、相続に係る事項の内容を問わず、相続の財産の所在地がいずれの国であるかを問わず、専ら被相続人の本国法による。

指定概念を示す「相続」とは、被相続人と一定の関係を有していた者が、特定承継であると包括承継であるとを問わず、被相続人の財産に属した権利

義務の承継を意味する。「相続」は、相続の原因・開始から遺産の清算・管理および相続人・受遺者への配分までに生ずるすべての法律関係として、財産相続、身分相続、包括相続、特定相続、法定相続および遺言相続を含む、と解釈する。遺言相続の場合には、「相続」は、遺言の実質的な内容となる相続法上の法律行為に係る事項を含む、と解釈する。

連結素は、「被相続人の本国」という文言から、被相続人の国籍である。被相続人の国籍を連結素とする理由は、相続の最密接関係地が被相続人の国籍の属する国である、と考えることができ、かつ、国籍の特性により、連結素として国籍が明確にして安定しているからである。

連結素の確定の基準時は、第36条に明示に規定しないが、相続という事項の性質により、被相続人の死亡の当時およびその当時と社会通念に基づいて同視することができる当時に固定する、と解釈することができる。失踪の宣告による死亡の擬制に基づく場合には、死亡の擬制の効力が発生した当時におけるその者の国籍を連結素とする。被相続人の本国法の内容が被相続人の死亡の当時におけると裁判の当時におけるとで異なるときは、いずれの法を準拠法に選定するか、という処理を必要とする。この処理は、被相続人の本国の時際法的処理にゆだねる、と解する。その理由は、相続を被相続人の本国（法域）に連結して、その法域の法によることから、その法域の時際法にもよるからである。

相続人の不分明および不存在の場合ならびに特別縁故者への財産分与の場合についての抵触法的処理は、次のように解する。相続人の不分明および不存在の場合における相続人の確定という法律関係は、その性質を相続に係る事項と決定し、第36条の規定に従って準拠法を選定する。相続人の不分明の場合における相続財産の処分という法律関係は、その性質を相続財産の処分に係る事項と決定し、この法律関係に関する抵触法の規定が存在しないと解して、抵触法上の条理に従って、物権における目的物の所在地法主義の精神に照らして、相続財産の所在地の法を準拠法とする。相続人の不存在が確定した後の相続財産の処分という法律関係として、相続人の不存在の場合に

おける相続財産の帰属という法律関係は、抵触法上の条理に従って、遺産の所在地の公益に関連することから、その財産の所在地の法を準拠法とする。特別縁故者への財産分与という法律関係は、その性質を相続財産の処分に係る事項と決定するものの、この法律関係に関する抵触法の規定が存在しないと解して、抵触法上の条理に従って、物権における目的物の所在地法主義の精神に照らして、相続財産の所在地法を準拠法とする。遺留分や遺留分割合という法律関係は、その性質を相続に係る事項と決定し、第36条の規定に従って準拠法を選定する。

　清算主義と包括承継主義との間において、調整問題（適応問題）として、相続の準拠法が清算主義を採用する場合には、清算主義における債務の相続性が問題となる。その前提として、被相続人が所有した財産が相続財産に属するか否かは、相続の準拠法によるものの、被相続人の特定の権利義務が相続されるか否かは、その権利義務の準拠法による、という見解（累積的適用説）があった。相続財産の構成に係る事項は、相続の準拠法により、その財産が相続の客体性に係る事項は、個々の財産の準拠法による。

【裁判例】大阪地裁昭和62年2月27日判決（交民集20巻1号268頁、判時1263号32頁、判タ639号232頁）
〈事案の概要〉日本人である訴外亡Aは、日本人である原告らとともにアメリカ合衆国カリフォルニア州（以下「加州」という。）内の英語学校に留学していたところ、「現地で乗用自動車（以下、「加害車両」という。）を賃借して……原告……を同乗させ、自らこれを運転して加州〔内〕……を走行中……対向して進行してきた貨物自動車にこれを正面衝突させた（以下、「本件事故」という。）」。「訴外Aが本件事故によって事故当日死亡し……被告らが亡Aの父母である」。「被告らは亡Aの原告に対する損害賠償債務を相続することはないと争」っている。
《判旨》「法例25条〔法適用通則法の第36条に対応。以下同じ。〕によれば、……相続開始の原因・時期・相続人の範囲・順序・相続分、相続財産の構成及び移転等の問題は、すべて被相続人の本国法に準拠することになり、本件の場合は、亡Aの本国法たる日本法によることになるので、本件債務は亡Aの相続財産を構成し、亡Aの死亡により直ちにその相続人たる被告らに承継される」。「法例11条1項……〔の〕『不法行為ニ因リテ生スル債権ノ成立及ヒ効力ハ其原因タル事実ノ発生シタル地ノ法律ニ依

第 8 章　相続関係の準拠法　123

ル』……の規定によれば、不法行為に基づく損害賠償債権債務関係の成立の問題のほか、損害賠償の範囲及び方法、損害賠償請求権の時効、不法行為債権の譲渡性・相続性その他不法行為の効力に関するすべての問題は不法行為地法による……ところ、本件事故が……〔加〕州〔内〕……で発生した……から、本件事故によって生ずる損害賠償債権債務関係の成立及び効力は、不法行為地たる加州の法律に準拠」する。「加州法において、債務の相続性が認められず、被相続人の債務は相続の対象にならないものとされている……から、……本件債務が亡Ａの相続人である被告らに相続されることはありえない」。「本件債務の相続性につき、法例 11 条 1 項と同 25 条とは、相矛盾する内容の 2 個の準拠法の適用を命じているものといわなければならず、しかも、そのうちのいずれかを優先的に適用すべきものとする根拠も見当らないといわざるをえない」。「本件債務の相続性を肯定しこれが相続によって被告らに承継されることを肯認するには、不法行為地法である加州法も相続準拠法である日本法もともにこれを認めていることを要するものといわなければならず、そのいずれか一方でもこれを認めないときは、結論としてそれを否定すべきものと解する」。「本件債務が相続によって被告らに承継されることはない」。

　1 つの問題を複数の単位法律関係に分類すべきでない、とする配分的適用の見解によれば、相続財産の構成は、相続の準拠法により、相続財産を移転することができるか否かは、個別の財産の準拠法によることとなる。

　被相続人に配偶者がある場合において、夫婦間の財産の処理は、まず、第 26 条の規定に従って選定する夫婦財産制の準拠法によって夫婦間の財産を処理し、つぎに、遺言が存在するときは、第 37 条の規定に従って遺言の準拠法によるものの、遺言が存在しないときは、第 36 条の規定に従って相続の準拠法による、と解する。

3．遺言

(1)　遺言

　遺言という法律関係は、遺言者がその死後において一定の法的効果を発生させることを目的とする意思表示として、遺言という意思表示それ自体の問題があり、遺言能力、遺言という意思表示の瑕疵、遺言の効力である遺言と

いう意思表示の効力の発生時期およびその拘束力などに係る事項である。遺言の準拠法を選定するに当たって、意思表示としての遺言それ自体の問題と遺言の実質的内容としての法律行為の問題とを区別する。

　具体的事案において、ある法律関係の性質を遺言の実質的内容に係る事項と決定すると、遺言の実質的内容としての法律行為について適用すべき法によることとなる。遺言の実質的内容に係る法律関係は、遺贈、遺言による認知の可否、後見人の指定などがある。遺贈という法律関係は、その性質を相続に係る事項と決定して、第36条の規定に従って準拠法を選定する。遺言による認知の可否という法律関係は、その性質を認知の成立および効力に係る事項と決定して、第29条の規定に従って準拠法を選定する。遺言による後見人の指定という法律関係は、後見に係る事項と決定して、第35条の規定に従って準拠法を選定する。

　基本的に、具体的事案における法律関係の性質を遺言に係る事項と決定して、適用すべき抵触法の規定として第37条を特定すると、同条の規定の解釈・適用が問題となる。

（2）　適用すべき抵触法の規定の解釈・適用（第37条）

　第37条第1項は、「遺言の成立及び効力」については「その成立の当時」における「遺言者の本国」の法による、と規定する。

　指定概念を示す「遺言の成立及び効力」とは、遺言という意思表示それ自体の成立および効力を意味する。「遺言の成立」とは、遺言の実質的成立要件を意味する。これは、遺言能力、遺言という意思表示の瑕疵および遺言に条件を付すことの可否などに係る事項である。共同遺言の可否という単位法律関係は、見解の相違があるが、実現されるべき遺言の内容に関連があるから、遺言の実質的内容である法律行為の準拠法による、と解する。遺言の成立という単位法律関係のうち、遺言の方式（形式的成立要件）は、第43条第2項本文の規定に従って、特別法である「遺言の方式の準拠法に関する法律」を適用する。遺言の取消しは、第37条第2項の規定に従って準拠法を

選定する。「遺言の……効力」とは、遺言の拘束力を意味する。これは、遺言としての効力の発生の時期、遺言に関する任意の撤回の許容性および撤回権の放棄の許否ならびにそれらの要件などに係る事項である。

遺言の執行は、見解の相違があるが、その性質を遺言の内容の実現に係る事項と決定して、遺言の内容の法律行為について適用すべき法による、と解する。遺言の執行は、遺言執行の要否・その選任の要否、遺言執行者の職務・権限・解任などに係る事項である。

連結素は、「遺言者の本国」という文言から、遺言者の国籍である。遺言者の国籍を連結素とする理由は、遺言の最密接関係地が遺言者の国籍の属する国（法域）である、と考えることができ、かつ、国籍の特性により、連結素として国籍が明確にして安定しているからである。

連結素の確定の基準時は、不変更主義を採用して、「その成立の当時」に固定する。「その成立の当時」とは、遺言の作成の当時として、遺言の意思表示をした当時を意味する。

問題は、第37条第1項と第36条との適用関係である。遺言者が遺言を作成した後に国籍を変更して死亡したときは、遺言の準拠法と相続の準拠法とが異なる。遺言の実質的内容である身分的行為や財産的行為は、遺言によると否とを問わず、その行為について適用すべき法による。相続は、第36条の規定に従って準拠法を選定する。遺言に固有の単位法律関係として、遺言能力、遺言の意思表示の瑕疵のような単位法律関係は、第37条第1項の規定に従って準拠法を選定する。遺言者が遺言の作成の当時においてはA国籍を有していたが、国籍を変更し、死亡の当時においてはB国籍を有していたときは、遺言に固有の事項は、第37条第1項の規定に従ってA国法によるものの、遺言相続に関する事項は、第36条の規定に従ってB国法によることとなる。

問題は、遺言を任意に取り消すことがあるから、一旦有効に成立した遺言について、その遺言の取消しの準拠法である。

第37条第2項は、「遺言の取消し」については「その当時」における「遺

言者の本国」の法による、と規定する。

　指定概念を示す「遺言の取消し」とは、遺言をした後に、その遺言を任意に取り消すこととして、有効に成立した遺言を任意に撤回することを意味する。「遺言の取消し」は、撤回能力、撤回の意思表示の瑕疵、撤回の効力の発生時期などに係る事項である。

　連結素は、「遺言者の本国」という文言から、遺言者の国籍である。遺言者の国籍を連結素にする理由は、遺言の最密接関係地が遺言者の国籍の属する国（法域）である、と考えることができ、かつ、国籍の特性により、連結素として国籍が明確にして安定しているからである。

　連結素の確定の基準時は、不変更主義を採用して、「その当時」に固定する。「その当時」とは、遺言の取消しの当時を意味する。

　見解の相違があるが、詐欺、強迫などの意思表示の瑕疵に基づく遺言の取消しという単位法律関係は、その性質を遺言の成立に係る事項と決定して、遺言の撤回の許否という単位法律関係は、その性質を撤回の対象となる遺言の効力に係る事項と決定して、ともに第37条第1項の規定に従って準拠法を選定する、と解する。

　英米法系には、遺言の有効性を確定する手続として検認（probate）という制度がある。この制度は、日本に存在しないから、調整問題（適応問題）が生ずる。日本法上の検認は、遺言書の後の偽造・変造を防止するための裁判所における検証手続である。遺言の検認において、一定の方式による遺言に関する検認の要否という単位法律関係の性質は、方式に係る事項と決定する。遺言の実質的成立要件の問題や遺言の意思の確認に係る事項は、遺言の実質について適用すべき法による。

　検認の手続は、「手続は法廷地法による」という原則に従って、法廷地の手続法による。検認の要否および効果については、見解の相違があるが、法廷地法による、と解する。

4．遺言の方式の準拠法に関する法律

　遺言の方式という法律関係は、遺言という意思表示が有効に成立するための形式的成立要件であって、公正証書や自筆証書などに係る事項である。

　遺言の方式という法律関係は、第43条第2項本文の規定に従って、第3章の規定を適用除外として、法適用通則法の特別法である「遺言の方式の準拠法に関する法律」を適用する。この法律は、遺言保護という観点から、できる限り、遺言の方式に関して遺言が有効となるように選択的に連結して、準拠法を選択的に適用する。この法律は、遺言という意思表示それ自体の方式のみを適用の対象とする。遺言によってなされる遺贈、認知、後見人の指定および相続分の指定などに関する法律行為の方式という法律関係は、その性質をそれぞれの法律行為の方式に係る事項と決定して、準拠法を選定する。「遺言」は、死因処分のための契約として、死因贈与および相続契約を含まない、と解される。

　「方式」とは、遺言という意思表示の外部的な表現形式であって、口頭による遺言は認められるか、書面によることが必要か、書面による場合には、誰が作成し、いかなる事項をどのように記載すべきか、また、口頭によるか書面によるかを問わず、証人の立会いを要するか、その立会いを要するとき、証人に資格、人数などに係る事項を意味する。「方式」は、裁判所による確認等の事後的手続に係る事項をも含む、と解される。

　第2条柱書は、遺言について「その方式が次に掲げる法のいずれかに適合するとき」には、「方式に関し有効とする」と規定する。この規定を、遺言の方式は、次に掲げる法のいずれかによる、と読解すると、抵触法の規定の構造となる。同条第1号は、「場所は行為を支配する」という法諺を具体化したものであって、法適用通則法の第10条第2項および第34条第2項と同旨である。同条第2号は、「国籍を有した国」と規定するから、重国籍の場合には、その「国」として国籍の属するすべての国である。

第3条は、「遺言を取り消す遺言」については、第2条の規定による場合に加えて、その方式が「従前の遺言を同条の規定により有効とする法」の「いずれかに適合するとき」も、方式に関し有効とする、と規定する。「従前の遺言を同条の規定により有効とする法」とは、従前の遺言について第2条の規定によりその方式の準拠法であるべき法であり、かつ、その法により従前の遺言が方式に関し有効とされる法を意味する。「いずれかに適合するとき」とは、それらの法によって遺言が適式とされることを意味する。
　第4条は、第2条および第3条の規定を「2人以上の者が同一の証書でした遺言」（共同遺言）の方式についても適用する、と規定する。共同遺言者の国籍が異なる場合には、第2条第2号の規定の適用について、そのいずれかに適合する方式の遺言であれば、有効とすべきである。共同遺言の許否は、遺言の内容をなす法律行為の実質に係る事項である、と解される。
　第5条前段は、「遺言者の年齢、国籍その他の人的資格による遺言の方式の制限」は「方式の範囲に属するものとする」と規定する。同条後段は、「遺言が有効であるために必要とされる証人が有する資格についても、同様とする」と規定する。「証人」は、立会人を含む、と解される。
　第6条から第8条までの規定は、この法律の総則規定である。法適用通則法の第43条第2項ただし書の規定に従って、同法の第38条第2項本文、第39条本文および第40条の規定は、これらの規定を適用する。

5．結びに代えて

　基本的に、具体的事案において、法律関係の性質の決定、適用すべき抵触法の規定の特定、特定した規定の連結素の確定によって、準拠法を選定する。選定した準拠法の適用範囲は、見解の相違があるが、適用した抵触法の規定に対応して、次の事項である、と考える。

　第36条　→　相続開始の原因・時期・場所、相続財産に関する費用、相

続人の範囲・順位、代襲相続、被相続人の遺言による相続人の指定の可否、相続契約の可否およびその要件・効果、相続能力および受遺能力、相続欠格、相続人の廃除、相続放棄契約の可否およびその要件・効果、相続財産の構成および移転、相続分および遺留分、遺産分割の時期・方法・基準・効果、相続人による単純承認・限定承認および放棄の可否、相続財産の管理および清算、相続財産管理人の問題、相続に関する遺言の執行など。

第 37 条第 1 項　→　遺言の意思表示の成立および効力
第 37 条第 2 項　→　遺言の任意の撤回

　第 36 条と第 37 条第 1 項との適用関係として、遺言の有効性は、第 37 条の規定によるものの、遺言による相続人の範囲は、第 36 条の規定による、と解する。具体的事案において、法律関係の性質の決定や指定概念の解釈・適用が重要である。

　手続問題との関係も重要である。遺言執行者の選任については、被相続人が日本人であって、相続開始の時の被相続人の住所地が日本国内である場合には、民法第 1010 条および家事事件手続法第 209 条の規定により、相続開始地の家庭裁判所において、遺言執行者が外国に住所を有する場合には、家事事件手続法第 209 条の規定により、東京家庭裁判所において、その手続を執る。外国裁判所による遺言執行者の選任について、日本におけるその選任の効力は、見解の相違があるが、民事訴訟法第 118 条の類推適用による、と解する。

第9章　本国法の特定および
　　　　外国の抵触法の適用

1．はじめに

　法適用通則法第3章「準拠法に関する通則」は、とりわけ、第24条から第37条までにおいて「本国法による」と規定して、本国法主義を採用する。本国法主義は、原則的に、人の身分または能力に関する単位法律関係の準拠法を選定するために、当事者の国籍を連結素として、その国籍の属する国の法を当事者の本国法（本国の法）とする。当事者の国籍を連結素とする理由は、当事者の国籍の属する国が単位法律関係または当事者に最も密接な関係がある地（最密接関係地）の属する国である、と考えることができ、かつ、国籍の特性により、連結素として国籍が明確にして安定しているからである。

　抵触法上、1つの単位法律関係に対して1個の準拠法を選定するべきある、という準拠法単一の原則に従うから、「本国法による」ためには、本国の法を1つの法域の法に特定する必要がある。本国の法を特定するために、当事者が、ある外国の国籍と他の外国の国籍との重国籍を有する場合、外国の国籍と日本の国籍との重国籍を有する場合、国籍を有しない（無国籍である）場合、地域的不統一法国の国籍を有する場合、人的不統一法国の国籍を有する場合、人的不統一法地に常居所を有する場合には、いずれの（国の）法を当事者の本国の法とするかが問題となる。

2．国籍による本国法の特定

（1） 国籍の意義

　国籍とは、個人を特定の国家に結びつける法的紐帯であって、個人が特定の国家の構成員であることを示す資格・地位を意味する。国籍の得喪は、国際法上、原則的に、国内管轄事項である。国内管轄事項として、諸国の国籍法は、人はすべて必ず国籍を有し、かつ、唯一の国籍を有するべきである、という国籍唯一（国籍単一）の原則を理念とする。国籍は、一般に、出生による取得の国籍（生来の国籍）と、出生後の事情による取得の国籍（伝来の国籍）とである。

　諸国の国籍法を比較法の方法によってみると、出生による国籍の取得には、親の国籍を取得する血統主義、自国の領域内において出生した者が国籍を取得する生地主義、およびそれらの折衷主義があり、出生後の事情による国籍の取得には、身分行為に伴う取得、意思表示（届出）による取得、国家行為（帰化）による取得などがある。

　日本国憲法第10条に規定する「法律」である「国籍法」（昭和25年法律第147号　改正昭和59年法律第45号）は、出生による国籍の取得に関する第2条第1号が父母両系血統主義を採用する。同条同号に規定する「父」とは、法律上の父を意味する。渉外的婚姻関係にある男女の間から出生した子の父は、抵触法の規定に従って選定する準拠法を適用して決定する。無国籍の発生を防止するために、同条第3号の規定により、「父母がともに知れないとき」は、生地主義を採用する。この規定の解釈および事実の立証責任について、最高裁は、次のように説示する。

【判例】最高裁平成7年1月27日第二小法廷判決（民集49巻1号56頁）
《判旨》「法2条3号にいう『父母がともに知れないとき』とは、父及び母のいずれもが特定されないときをいい、ある者が父又は母である可能性が高くても、これを特定

するには至らないときも、右の要件に当たるものと解すべきである。なぜなら、ある者が父又は母である可能性が高いというだけでは、なおその者の国籍を前提として子の国籍を定めることはできず、その者が特定されて初めて、その者の国籍に基づいて子の国籍を決定することができるからである。」「法2条3号の『父母がともに知れないとき』という要件に当たる事実が存在することの立証責任は、国籍の取得を主張する者が負うと解するのが相当であるが、出生時の状況等その者の父母に関する諸般の事情により、社会通念上、父及び母がだれであるかを特定することができないと判断される状況にあることを立証すれば、『父母がともに知れないとき』という要件に当たると一応認定できるものと解すべきである。そして、……ある者が父又は母である可能性が高いが、なおこれを特定するには至らないときも、法2条3号の要件に当たると解すべきであることからすると、国籍の取得を争う者が、反証によって、ある者がその子の父又は母である可能性が高いことをうかがわせる事情が存在することを立証しただけで、その者がその子の父又は母であると特定するには至らない場合には、なお右認定を覆すことはできないものというべきである。」

　国籍法は、次のように規定する。第3条は、準正による国籍の取得を規定する。第4条第1項の規定において、「外国人」とは、「日本国民でない者」であるから、外国の国籍を有する者および無国籍の者を意味する。同条同項の規定により、外国人は、帰化によって日本の国籍を取得することができる。帰化の要件および手続は、第5条から第10条までに規定する。第11条は国籍の喪失を、第12条は国籍留保を規定する。第13条は、国籍の離脱について、外国国籍の併有を要件とする。第14条第1項は、外国の国籍を有する日本国民の国籍の選択を規定し、第15条から第16条までは、選択の宣言の手続を規定する。第17条は、国籍の再取得の手続を規定する。

　国籍の取得・喪失の要件について各国の国籍法に相違がある。とりわけ、国籍の出生による取得に関する血統主義と生地主義との相違から、ある者が、複数の国籍を有する、という重国籍（国籍の積極的抵触）や、いずれの国籍をも有しない、という無国籍（国籍の消極的抵触）が生ずる。

(2)　重国籍の場合（第38条第1項）

　当事者の本国法によるべき場合において、当事者が2以上の国籍を有する

（重国籍の）ときは、当事者の重国籍の属する国のうちのいずれの国の法を当事者の本国の法とするか、という本国法の特定が問題となる。この問題について、法適用通則法は、次のように規定する。

第38条第1項本文は、「当事者が二以上の国籍を有する場合」には、「その国籍を有する国のうちに当事者が常居所を有する国」が「あるとき」は「その国の法」を、その「国」が「ないとき」は「当事者に最も密接な関係がある国」（当事者の最密接関係国）の法を、当事者の本国法とする、と規定する。常居所を第1次的基準とする理由は、国籍の次順位に常居所を連結素とするのと思想的一貫性を貫くことができ、常居所が最密接関係国よりも基準として明確であるからである。

同条同項ただし書は、「その国籍のうちのいずれかが日本の国籍であるとき」は、日本法を「当事者の本国法とする」と規定する。この規定（日本人条項）は、日本の国籍を重視し、日本法を優先する。この規定は、戸籍実務等という観点から、当事者の最密接関係国を判断する困難を回避する。

同条同項本文が規定する「当事者が2以上の国籍を有する場合」とは、同条同項ただし書が規定する「その国籍のうちのいずれかが日本の国籍であるとき」を消去すると、当事者がある外国の国籍と他の外国の国籍との重国籍を有する場合を意味する。この解釈に関連して、「当事者に最も密接な関係がある国」は、重国籍の「国のうちに……当事者に最も密接な関係がある国」と読解することができるから、本国法を特定する本条の規定の趣旨に照らして、国籍を有する国のうちで当事者の常居所とは別の要素によって当事者の最密接関係国を確定する、と解釈する。最密接関係国を確定するにあたって、国籍の取得の経緯・先後、過去の常居所、父母の常居所などの要素を総合的に考慮する、と解する。考慮すべき要素は、客観的かつ属地的な要素であるものの、やむを得ない場合には、主観的要素をも考慮に入れることができる、と解する。

(3) 無国籍の場合（第38条第2項）

　当事者の本国法によるべき場合において、当事者が国籍を有しない（無国籍）のときは、いずれの国の法を当事者の本国法とするか、という本国法の特定が問題となる。法適用通則法は、次のように規定する。

　第38条第2項本文は、当事者の本国法によるべき場合において、「当事者が国籍を有しないとき」は、その常居所地法による、と規定する。この規定は、常居所を国籍に代替させて当事者が国籍を有しないときの連結素とするから、常居所の属する地（常居所地）をいずれかの国（法域）に確定する。常居所地を確定することができないときは、第39条本文の規定の趣旨に従って、居所の属する法域の法を無国籍者の本国法とする、と解される。

　同条同項ただし書は、第25条または第32条の規定の適用については、常居所地法によらない、と規定する。段階的連結を規定する第25条および第32条の規定において段階的連結の次順位の地の法を段階的に適用すると、無国籍者についてより密接な関係がある法域の法を適用することができる。

3．不統一法国をめぐる本国法の特定

(1) 不統一法国の意義

　不統一法国とは、一国内に複数の法秩序が併存する国を意味する。これには、地域的不統一法国と人的不統一法国とがある。地域的不統一法国とは、一国内に事項的に複数の法秩序が併存している国を意味する。この国には、国内異法域間の法律関係にいずれかの法域の法の選定に関する準国際私法（準抵触法、州際私法）が存在する国もある。人的不統一法国とは、一国内において宗派や人種などによる人的共同体の区別が存在し、各共同体に人的に異なった複数の法が併存している国を意味する。この国には、いずれかの人的共同体の法の選定に関する人際法（人際私法）が存在する国もある。

（2） 地域的不統一法国の場合（第38条第3項）

　抵触法の規定に従って地域的不統一法国を選択する場合において、連結素が常居所のような属地的要素であるときは、抵触法が規定する連結素の属する法域を確定し、確定した法域の法を抵触法の規定に従って直接に指定する（直接指定主義）。直接指定主義において、抵触法が規定する連結素が国籍である場合において、その国籍が属する国が不統一法国であるときは、その国内のいずれかの法域に直接に連結することはできない。このときは、抵触法の規定に従って選択する不統一法国の準抵触法の規定が選定する法域の法を、抵触法の規定に従って間接に指定する（間接指定主義）。間接指定主義において、本国法によるべき場合には、特定の国を選択しても、その国内のいずれかの法域を選択することはできないから、その法域の選択をその国の準抵触法にゆだねる。

　第38条第3項は、当事者が「地域により法を異にする国」の国籍を有する場合には、「その国の規則に従い指定される法（……）」を当事者の本国法とする、と規定する。この規定は、間接指定主義を採用する。その理由は、適切な準拠法の選定にはその国の規則にゆだねるのが妥当であり、それが判決の国際的調和を確保することになるからである。「地域により法を異にする国」とは、地域的不統一法国を意味する。「地域」は法域と同旨である。「その国の規則」とは、地域的不統一法国の準抵触法（準国際私法）を意味する。その国の規則に「従い指定される法」とは、地域的不統一法国の準抵触法に従って「指定される法」を意味する。その国の準抵触法に「従い」とは、法律関係の性質の決定、適用すべき準抵触法の規定の特定、特定した準抵触法が規定する連結素の確定という準拠法の選定の方法を、その国の準抵触法の方法によることを意味する。

　同条同項かっこ書は、準抵触法がない場合にあっては、「当事者に最も密接な関係がある地域の法」と規定する。この規定は、準抵触法がない場合に間接指定主義によることができないから、直接指定主義を採用する。

【審判例】青森家裁（十和田支部）平成 20 年 3 月 28 日審判（家月 60 巻 12 号 63 頁）
《審判要旨》「申立人らはいずれもアメリカ合衆国の国籍を有しているが、同国は地域（州）により法を異にする国であるため、……38 条 3 項により、各申立人の本国法が同国内のどの州法となるべきかを検討するところ、同国内には、その適用法を統一して指定する規則がないと認められるから、当事者に最も密接な関係がある法域の法が、その本国法になると解すべきである。」

　当事者の最密接関係法域の確定には、出生地、生育地、常居所地、最後の常居所地などの要素を総合的に考慮する、と解される。
　間接指定主義・直接指定主義は、「扶養義務の準拠法に関する法律」第 7 条および「遺言の方式の準拠法に関する法律」第 6 条もこれを採用する。

（3）　人的不統一法国の場合（第 40 条）

　抵触法の規定に従って人的不統一法国を選択する場合において、国籍および常居所という属地的な連結素によることができないから、抵触法の規定に従って選択する人的不統一法国の人際法が指定する法を抵触法の規定から間接に指定する（間接指定主義）。人的不統一法国に人際法が存在しないときは、抵触法に従ってそれを直接に指定する（直接指定主義）。
　第 40 条第 1 項は、当事者が「人的に法を異にする国」の国籍を有する場合には、「その国の規則に従い指定される法（……）」を当事者の本国法とする、と規定する。この規定は、間接指定主義を採用する。「人的に法を異にする国」とは、人的不統一法国を意味する。「その国の規則」とは、人的不統一法国の人際法を意味する。同条同項かっこ書は、人際法がない場合にあっては、「当事者に最も密接な関係がある法」と規定する。この規定は、直接指定主義を採用する。「最も密接な関係がある法」と規定するから、法域を選択する、という抵触法の規定の構造ではないが、人的不統一法国法の指定の性質より、理解される。当事者に「最も密接な関係」がある法の特定は、人種、宗教籍などのその国において基準となり得る要素を総合的に考慮する、と解される。

【審判例】東京家裁平成 22 年 7 月 15 日審判（家月 63 巻 5 号 58 頁）
《審判要旨》「申立人の本国法はコロンビア法、相手方及び未成年者の本国法はイラン法となる（……38 条 1 項本文）。イランは宗教により身分法を異にする人的不統一法国であるが、同国には、……40 条 1 項にいう『規則』がないため、相手方及び未成年者の本国法は当事者に最も密接な関係がある法とすべきところ、相手方はイスラム教徒であること、未成年者は特定の宗教に入信していないが、……イランにおいて相手方の親族と同居していたことがあることからすれば、相手方及び未成年者の本国法はいずれもイラン・イスラム法と認定〔特定〕するのが相当である。」

　第 40 条第 2 項の規定に従って、人的不統一法国法が当事者の常居所地の法および夫婦の最密接関係地の法として指定した場合にも、抵触法から、当事者に最も密接な関係がある法をその当事者の常居所地法および夫婦の最密接関係地の法として特定することとなる。
　第 40 条の規定は、「扶養義務の準拠法に関する法律」第 7 条の規定の一部と同旨である。第 43 条第 2 項ただし書の規定に従って「遺言の方式の準拠法に関する法律」を適用する場合は、第 40 条の規定を適用する。

4．常居所地の法・最密接関係地の法の特定

（1）　常居所地の法

　人の身分および能力に関する事項についての準拠法の選定の方法は、諸法域の抵触法を比較法の方法によってみると、連結素を国籍とする本国法主義と住所とする住所地法主義とが対峙する。これに対処するため、ハーグ国際私法会議は、連結素として常居所を着想し、造語した。常居所について、国際的に承認する定義はない。
　常居所とは、抵触法上の概念であって、一般に、人が常時、居住する場所を意味する。常居所は、常時という要素が相当長期間であると解すると、民法上の居所とは異なり、居住という要素が客観的な居住の事実であると解すると、民法上の住所とは異なる。常居所は、連結素の確定において、連結素

として着想されたという趣旨に照らして、ある程度の期間の居住という客観的事実を必要条件とし、居住の意思・目的という主観的事実を十分条件として、必要にして十分である事実を総合的に考慮する、と解する。

当事者の常居所地の法によるべき場合において、その常居所が知れないときは、第39条本文の規定に従って、「その居所地法による」。

（２）　最密接関係地の法

法適用通則法は、「最も密接な関係」という文言を、第8条、第12条、第25条（第26条第1項・第27条本文で準用。）、第38条、第40条（「より……密接な関係」という文言を第15条、第20条）に規定する。これらの規定の共通項となる「最も密接な関係がある」という文言の要因は、一般に、法律関係の本拠と考えてよい。法律関係の本拠は、当事者に最も密接な関係がある地（最密接関係地）または事案に最も有意義な関係がある地であって、事実の法律関係を当事者または法律関係の最密接関係地へ連結する要因である。連結した地が、当事者または事案に「最も密接な関係がある」地（法域）である。「最も密接な関係がある」は、一般に、距離・時間・程度・対象といった基準で、これを確定することができる。

「最も密接な関係がある」は、法律関係に関連がある法域の複数の法域のうちで法律関係と法域との関係の、密接な関係、より密接な関係、最も密接な関係と比較して、密接さの最上級の程度の関係がある、と解する。「より……密接な関係がある」は、そのように、密接さの比較級の程度の関係がある、と解する。「最も密接な関係がある」および「より……密接な関係がある」は、客観的・主観的な要因を総合的に考慮して確定する。

第25条の規定が、第26条第1項は「夫婦財産制について」、第27条本文は「離婚について」それぞれ「準用する」から、第25条が規定する「最も密接な関係がある」地の解釈および事案における確定は、「夫婦財産制について」と「離婚について」とでそれぞれ異なり、「最も密接な関係がある」として考慮すべき要因も異なる。

5．外国の抵触法の解釈・適用

（1） 反致の意義

　法廷地が異なると、適用すべき抵触法も異なり、各国の抵触法の規定の内容には相違があるから、相違がある抵触法の規定に従って選定する準拠法も異なり、準拠法が異なると、判決も異なる。ある法律関係は、法廷地の抵触法の規定に従えば、準拠法がＡ国（法域）法になるものの、同じ法律関係は、Ａ国（法域）の抵触法の規定に従えば、準拠法が日本法となる場合がある。この場合に、法廷地の抵触法の規定に従うだけではなく、法廷地の抵触法の規定に従って選択した国の抵触法の規定の内容をも考慮して、法廷地の抵触法の規定の内容と選択した国の抵触法の規定の内容との間の調和を図ろうとの構成（準拠法の選定の方法）が考えられる。この構成を反致という。

　反致とは、ある法律関係の準拠法として、法廷地の抵触法の規定に従って選択する国（法域）の抵触法の規定に従えば、法廷地法または他国法を選定しているときは、その国の抵触法の規定に従った準拠法の選定を認めて、準拠法を選定する方法を意味する。この構成は、19世紀後半にフランスの判例によって確立されてきており、ドイツで展開した反対送致の略語である。送致とは、準拠法となるべき法（適用すべき法）を送ることを意味する。反致は、適用すべき法の返送と理解する。反致には、法廷地法への送致（狭義の反致）や、他国法への送致（転致）などがある。狭義の反致は、法廷地の抵触法の規定に従って準拠法となるべき法がＡ国法である場合において、Ａ国の抵触法の規定に従って法廷地の実質法が準拠法となるときは、その返送を認めて法廷地の実質法を準拠法とする。この場合において、転致は、Ａ国の抵触法の規定に従ってＢ国の実質法が準拠法となるときは、その転送を認めてＢ国の実質法を準拠法とする。

　反致の理論的根拠としての総括指定説や棄権説は、いずれも批判され、反致には理論的根拠がない、と解される。反致は、国際的な偏面的法律関係

（ある国においては有効な法律関係が他の国においては無効である法律関係）の発生を一定の範囲で防止する機能を有する。日本法の適用が妥当である場合への配慮から、法適用通則法は、反致に関する準則を第41条に規定する。反致は、特別法である「扶養義務の準拠法に関する法律」および「遺言の方式の準拠法に関する法律」には規定しない。国際的な標準としては、反致を認めない、と考えられる。特別法の適用に当たって、第43条は、第41条の規定を適用する、とは規定しない。第41条は、例外則である。転致は、手形法第88条第1項後段・小切手法第76条第1項後段に規定する。

（2）　適用すべき抵触法の規定の解釈・適用（第41条）

　第41条本文は、狭義の反致を認める。「当事者の本国法によるべき場合」とは、第41条が例外則の規定であり、かつ、第3章第7節「補則」の規定であるから、第3章の条項の規定に従って当事者の本国法によるべき場合を意味する。「その国」とは、当事者の本国法の属する法域を意味する。その法域の「法」とは、当事者の本国となる法域の抵触法を意味する。その法域の抵触法に「従えば」とは、その法域の抵触法上の単位法律関係を示す概念および連結素を示す概念であって、その法域の抵触法上の法律関係の性質の決定、適用すべき抵触法の規定の特定、連結素の確定など準拠法の選定の方法によれば、ということを意味する。「日本法によるべきとき」とは、その法域の抵触法に従って日本法（実質法）を直接に指定するときを意味する。

　同条ただし書の規定の理由は、第25条または第32条の規定が、段階的連結を採用しており、狭義の反致を認めて日本法によるよりも、段階的連結における「当事者の本国法」の次順位の法に段階的に連結することによって、より密接な関係がある地の法によることができるからである。同条ただし書のかっこ書の規定との関連で、見解の相違はあるが、セーフガード条項である第29条第1項後段、同条第2項後段および第31条第1項後段の規定に従って当事者の本国法によるべき場合には、その条項の趣旨に照らして、例外則である狭義の反致を認めるべきではない、と解する。

第9章　本国法の特定および外国の抵触法の適用　141

【審判例】東京家裁昭和 45 年 3 月 31 日審判（家月 22 巻 10 号 101 頁）
《審判要旨》「相続は被相続人の本国法によるべきところ、英法においては、相続に関する国際私法の原則として不動産物権については所在地法、人的財産すなわち不動産以外の権利については被相続人の住所地法によるという原則が確立されている」。「然るときは被相続人所有の遺産のうち、少なくとも不動産以外の権利が日本に存することが認められるので、該動産の管理、承継については、被相続人の住所地法によるべきことになる。そして、被相続人の住所がいずれにあるかは英法上の住所概念（domicile）によるべきものと解されるところ、……わが国に来渡し、……生活を営み、日本を終生の地とする意思であったことが推認できるから、被相続人はわが国に英法上の住所（domicile）を有したものと認められる。」「日本に所在する被相続人に属する不動産以外の権利に関する遺言執行の準拠法として、被相続人の本国法によるべきときその本国法によれば住所地法たる日本の法律によるとしている場合であるから、法例 29 条〔法適用通則法第 41 条に対応。〕により日本民法を適用すべきものと判断される。」

　不動産が日本国内に所在し、被相続人のドミサイルが日本国内にないときは、不動産の相続についてのみ部分的に反致を肯定する（部分的反致）。

【判例】最高裁平成 6 年 3 月 8 日第三小法廷判決（家月 46 巻 8 号 59 頁）
《判旨》「〔中華人民共和国の国民である〕A の相続に適用されるべき法律は、法例 25 条〔法適用通則法第 36 条に対応。〕により、同人の本国法である中華人民共和国法となる」。同国の抵触法は「中国公民が中華人民共和国外にある遺産を相続するときは、不動産については不動産所在地の法律を適用する旨規定している。」「A の国外財産（本件土地）の相続については、……〔同国の抵触法〕の規定が……適用され、同法……及び法例 29 条〔法適用通則法第 41 条に対応。〕の規定により、反致される結果、結局、不動産所在地法である日本法が適用されるべきこととなる。」

（3）　隠れた反致

　抵触法の規定に従って当事者の本国法によるべき場合において、当事者の本国法（裁判管轄に関する規定）が「裁判所は、訴訟の当事者の住所がこの法域内にあるときは、裁判管轄権を有し、かつ、法廷地法による」旨を規定するときは、この規定を準拠法に関する双方的規定と読解して、住所地法による、という抵触法の規定が裁判管轄に関する規定に隠されている、と読解す

ることができる。裁判所が管轄権を有する場合において、当事者の本国の抵触法上の連結素である住所が日本国内にあるときは、反致に関する準則に従って、法廷地法である日本法による。この構成を隠れた反致という。

【審判例】青森家裁（十和田支部）平成 20 年 3 月 28 日審判（本書 136 頁）
《審判要旨》「本件養子縁組に関する準拠法は、……31 条 1 項前段により、……申立人らの本国法が適用される。」「申立人らは……日本国……市内に居住し、現時点では、無期限で同所での生活を続けるつもりであって、アメリカに帰国する予定はないというのであるから、英米法上にいうところの住所（そこを本拠〔home〕とする意思〔永住意思〕をもって居住する地域）たるドミサイル（domicile）は、日本国内にあると認められる。」「申立人らの本国法であるアメリカ合衆国テネシー州法（……）では、養子縁組の場合の裁判管轄権は、①養子縁組の申立人の居住地、②子の居住地、③子が公的機関による保護を受けるに至った時の居住地、④子の監護権又は後見の権利を有する公認機関もしくは子の引渡を受けている公認機関の所在地、のいずれかにあることが規定されており、他方で、……抵触法第 2 リステイトメント（……）289 条によれば、裁判所は、養子縁組の裁判につき、常に、当該法廷地法を適用する旨定めている」。「養親となるべき申立人らのドミサイルも、また養子となるべき事件本人 C の住所（すなわち、英米法上のドミサイル）も日本国内にあり、他方で事件本人 C の監護権や後見業務に携わっている公認機関があるとはいえない……本件においては、テネシー州法上も、その裁判管轄権は我が国のみにある」。「かかる場合においては、裁判管轄権を有する法廷地〔の〕法をもって事件審理の準拠法とする旨定めた前記……289 条の法理に従い、本申立てについてのいわば専属的な裁判管轄権のある日本〔の〕法が、その準拠法として適用される（すなわち、いわゆる「隠れた反致」理論により、申立人らの本国法（テネシー州法）上、日本法への反致が成立する。……41 条）と解するのが相当である。」

隠れた反致は、養子縁組、相続および遺言という単位法律関係については、成立するものの、第 41 条ただし書の規定に従って段階的連結の対象となる単位法律関係については、成立しない、と解する。

6．結びに代えて

　法適用通則法第3章の条項に従って当事者の「本国法による」べき場合において、当事者が、重国籍を有するとき、無国籍のとき、地域的不統一法国の国籍を有するとき、または人的不統一法国の国籍を有するときは、第38条各項または第40条各項の規定によって当事者の本国法を特定する。第38条第1項本文の後段は、重国籍を有する「国のうちに……当事者に最も密接な関係がある国」と読解し、本国法の特定という本条の規定の趣旨に照らして、当事者の最密接関係国という連結素を確定する、と解する。

　法適用通則法は、「最も密接な関係がある」という文言について、第8条第1項・第2項・第3項では法律行為に「最も密接な関係がある」地と規定し、第12条第1項・第2項・第3項では労働契約に「最も密接な関係がある」地と規定し、第25条（第26条第1項・第27条本文で準用。）では夫婦に「最も密接な関係がある」地と規定し、第38条第1項では当事者に「最も密接な関係がある」国と規定し、同条第3項かっこ書では当事者に「最も密接な関係がある」地域と規定し、第40条第1項かっこ書では当事者に「最も密接な関係がある」法と規定する。第15条・第20条は、適用すべき法の属する地「より……密接な関係がある」他の地と規定する。この「最も密接な関係」および「より……密接な関係」の評価および判断の具体的な基準は、単位法律関係ごとに、単位法律関係をある特定の法域に連結する要因としての属地的要因および関連に置き換えて考えることができる客観的要因に加えて、宗教・文化・民族・社会・経済などの要因、さらに、当事者の属地的な帰属意思という主観的要因などである。「最も密接な関係」および「より……密接な関係」の客観的・主観的な要因は、条文ごとに個別的に今後の検討課題である。

　「準用する」場合には、条文の趣旨および目的に照らして、考慮すべき要因は異なるが、この要因も、条文ごとに個別的に今後の検討課題である。

狭義の反致に関する準則は、第4条、第24条第1項、第28条から第33条まで、第35条から第37条までの規定に従って「当事者の本国法によるべき場合」に第41条の規定を適用する。抵触法上の条理に従って当事者の本国法によるべき場合には、狭義の反致に関する準則を適用しない、と解する。いわゆるセーフガード条項の規定に従って当事者の本国法によるべき場合には、その規定の趣旨に照らして、狭義の反致に関する準則を適用しない、と解する。その理由は、そもそも、反致には理論的根拠がない、と解され、反致に関する準則は、抵触法において例外則であるからである。

　法適用通則法第3章の第7節の各条項についての解釈論は、国際私法総論に位置づけて、その課題として展開するのが従前の例であるようである。しかしながら、その解釈論は、本書では、抵触法的処理の流れ、準拠法の選定の方法の流れに対応する、と考えて、本章において展開した（第42条の規定の解釈・適用は第5章で既述。）。

第10章　自然人関係の準拠法および法人の従属法

1．はじめに

　国際取引の主体は、自然人、法人およびその他の団体である。自然人については、人の行為能力の準拠法、後見開始の審判等の管轄権および準拠法、ならびに失踪の宣告の管轄権および準拠法が問題となる。

　法人については、法人の成立、内部関係および消滅の準拠法が問題となる。法人をめぐる法律関係の準拠法に関する規定は法適用通則法に存在しないから、抵触法上の条理に従ってその準拠法を選定する。外国法に基づいて設立された社団・財団または外国に本拠を有する社団・財団の法人格の日本における承認も問題となる。外国会社の法規制も問題となる。

2．自然人

(1)　人の行為能力

　人の権利能力は、個々の権利との関連において権利の享有能力が問題となるから、個々の権利の準拠法による。人の行為能力は、身分的法律行為の行為能力と財産的法律行為の行為能力とに区別し、別々の抵触法の規定に従って選定する準拠法による。問題は、年齢に基づく行為能力の制限という法律関係の準拠法として、成年年齢、未成年者の能力補充、法定代理人による許可・同意・追認、未成年者の営業の許可などの準拠法である。

　基本的に、具体的事案における法律関係の性質を人の行為能力に係る事項と決定して、適用すべき抵触法の規定として第4条第1項を特定すると、同

条同項の規定の解釈・適用が問題となる。

（2）　適用すべき抵触法の規定の解釈・適用（第4条）

　第4条第1項は、「人の行為能力」については「その本国法」によって定める、と規定する。この規定の趣旨は、人の行為能力の最密接関係地が当事者の国籍の属する国（法域）である、と考えることができ、本国法主義を採用するところにある。「人」は、「本国」という文言から、国籍を観念することができる自然人のみと解釈する。

　指定概念を示す「人の行為能力」とは、自然人の行為能力を意味する。これは、不法行為能力を含まない、と解される。行為能力は、身分的行為能力と財産的行為能力とに区別し、身分的行為能力は、その行為について適用すべき法による。財産的行為能力は、事理を弁識する能力に欠ける者の行為能力の制限と、婚姻に基づく行為能力の制限と、年齢に基づく行為能力の制限とに区別し、前二者は第5条および第25条による。前二者を消去して、「人の行為能力」とは、年齢に基づく行為能力の制限に係る事項を意味する。

　連結素は、「その本国」という文言から、当事者の国籍の属する国である。当事者の国籍を連結素とする理由は、行為能力の最密接関係地が当事者の国籍の属する国である、と考えることができ、かつ、国籍の特性により、国籍が明確にして安定しているからである。

　連結素の確定の基準時は、第4条第1項に明示に規定しないが、人の行為能力の性質により、行為を行った当時およびその当時と社会通念に基づいて同視することができる当時に固定する、と解釈することができる。

　人の行為能力が取引社会の秩序に影響を及ぼすから、行為地の秩序を維持することも重要であり、本国法主義を修正する必要がある。

　第4条第2項は、「法律行為をした者がその本国法によれば行為能力の制限を受けた者となるときであっても行為地法によれば行為能力者となるべきとき」は、「当該法律行為の当時そのすべての当事者が法を同じくする地に在った場合」に限り、法律行為をした者を、第1項の規定にかかわらず、行

為能力者とみなす、と規定する。この規定は、本国法主義の原則を修正する取引保護規定である。この規定の適用の要件は、「当該法律行為の当時」において「そのすべての当事者が法を同じくする地に在った」ことである。「すべての当事者が法を同じくする地に在った」とは、すべての当事者がその法律関係について同一の法が適用される地（同一法域）に在ったことを意味する。この規定は、隔地的法律行為を実質的に行為地法によって保護すべき取引ではない、と考えて、これを取引保護の対象としないことを明確にする。取引保護とは、行為地からみて、法律行為をした者がその本国法によれば行為能力の制限を受けた者であっても、行為地法によれば行為能力者であるときは、その者を行為能力者とみなすことを意味する。これによって、行為地における取引の相手方を保護することができる。この他の限定を規定していないから、取引の相手方の善意、悪意および無過失という主観的要件を問題にしない、と解する。行為地法によれば行為能力の制限を受ける者は、本国法によれば行為能力者である場合には、同条第1項の規定により行為能力者となる。本国法または行為地法のいずれか一方によって行為能力者であれば、行為能力者となる。本国法と行為地法である日本法との双方により行為能力の制限を受けた者となる場合において、本国法による制限が日本法による制限よりも程度が高いときは、その者の行為能力の制限は、この条項の規定の趣旨に照らして、制限の程度の低い日本法の認めるところまでの制限となる。

　第4条第3項は、取引保護の例外規定である。「親族法又は相続法の規定によるべき法律行為」は、身分的法律行為であり、その行為能力は、身分的法律行為の準拠法による。行為地と異法域「に在る不動産に関する法律行為」は、執行可能性のない取引を有効とすることは取引の安全を害するから、取引保護規定を適用除外とする。「不動産に関する法律行為」は、不動産に関する物権的法律行為と債権的法律行為とを含む、と解される。

(3) 後見開始の審判等の管轄権および準拠法（第5条）

　後見開始の審判等について、国際裁判管轄権と準拠法とが問題となる。

　第5条は、「成年被後見人、被保佐人又は被補助人となるべき者」が「日本に住所若しくは居所を有するとき」または「日本の国籍を有するとき」は、裁判所は「日本法により」「後見開始、保佐開始又は補助開始の審判（以下「後見開始の審判等」と総称する。）をすることができる」と規定する。「後見開始の審判等」と総称する理由は、保護を要する者の能力の制限に関する措置の性質により、抵触法の規定において別個の単位法律関係とする必要はないからである。「審判（……）をすることができる」と規定するから、外国人は本国に管轄権があり、本国法により、日本人は日本に管轄権があり、日本法により、後見開始の審判等をするのが原則である。この原則に対して、この規定は、例外則である。

　後見開始の審判等の管轄権は、後見開始の審判等が裁判所の措置によって人の行為能力の有無および程度を決定するから、準拠法に関連する。事理を弁識する能力を欠く者が日本人であって外国に住所または居所を有するときでも、その日本人の財産が日本国内に所在し、近親者が日本国内に在ることが多いから、裁判所は、家事審判法、同規則およびその他の関連する条約により、その日本人の保護措置を講じることができる。事理を弁識する能力を欠く者が外国人であっても、日本に住所もしくは居所を有するとき、または外国に住所もしくは居所を有しても、日本の国籍を有する（日本人である）ときは、裁判所は、後見開始の審判等の管轄権を有する。

　後見開始の審判等の原因および効力の準拠法は、日本人についても外国人についても、専ら日本法である。行為能力者であるか否かは、第4条の規定に従って選定する準拠法による。その準拠法によって、行為能力を制限された者に対して、行為能力を補充する必要がある。行為能力の補充について、後見、保佐または補助の準拠法を選定する。

　第35条第1項は、「後見、保佐又は補助（以下「後見等」と総称する。）」については「被後見人、被保佐人又は被補助人（次項において「被後見人等」

と総称する。）の本国法による」と規定する。後見等は、被後見人等の本国法による。この規定は、後見等について原則的な連結を定める。

指定概念を示す「後見、保佐又は補助」とは、一般に、後見等の開始原因、後見等の機関、後見等の資格・選任・解任、後見等の権利・義務、後見監督人等の資格・選任・解任、後見監督人等の権利・義務、後見等の終了などに係る事項を意味する。

連結素を示す被後見人等の「本国」とは、被後見人等の国籍の属する国を意味する。被後見人等の国籍を連結素とする理由は、後見等の最密接関係地が被後見人等の国籍の属する国（法域）である、と考えることができ、かつ、国籍の特性により、国籍が明確にして安定しているからである。「本国」と規定する理由は、被後見人等の保護という観点から、被後見人等の最密接関係地が被後見人等の本国であり、かつ、同一の人に対する後見等が本国で統一的に処理される、と考えることができるからである。

連結素の確定の基準時は、第35条第1項に明示に規定しないが、事項の性質により、後見等の開始の当時およびその当時と社会通念に基づいて同視することができる当時に固定する、と解釈することができる。

第35条第2項は、被後見人等が外国人である場合の後見等について例外的な連結を規定する。この規定によって、一定の場合に、後見人等の選任の審判および後見等に関する審判は、日本法による。この規定の趣旨は、原則的な本国法の規律を尊重して、裁判所による保護措置に限って例外的に日本法によることを明確にするところにある。「外国人」は、同条第1項の規定に従って選定する準拠法が外国法となる者を含む、と解釈するから、外国の国籍のみを有する者のみではなく、無国籍の者であっても、第38条第2項本文の規定に従って選定する準拠法が外国法となる者をも含む、と解釈する。

第5条は、裁判所等の公的機関による自然人の行為能力の制限についての準拠法に関して規定し、第35条は、行為能力を制限された者に対する保護措置についての準拠法に関して規定する、と整理することができる。

外国裁判所による後見開始の審判等の日本における効力は、外国裁判所による非訟事件の審判の承認の問題となり、解釈にゆだねる。解釈として、外国裁判所による後見開始の審判等を日本において公示することはできないから、能力制限の効果を日本において承認することは日本における取引の安全を害するとして、これを否定する、と考える。

(4) 失踪の宣告の管轄権および準拠法（第6条）

失踪の宣告は、人格の終期という効果を発生させる国家機関による後見的な制度であるから、公示催告の手続を執るかどうかが問題となる。失踪の宣告について、国際裁判管轄権（国際的宣告管轄権）と準拠法とが問題となる。

第6条第1項は、「不在者が生存していたと認められる最後の時点」において「不在者が日本に住所を有していたとき」または「日本の国籍を有していたとき」は、裁判所は「日本法により」「失踪の宣告をすることができる」と規定する。「宣告をすることができる」と規定するから、外国人は本国に宣告管轄権があり、本国法により、日本人は日本に宣告管轄権があり、日本法により、失踪の宣告をするのが原則である。この原則に対して、この規定は、例外則である。

失踪の宣告管轄権は、「不在者が生存していたと認められる最後の時点」を基準時として、日本に「住所」を有すること、または日本の「国籍」を有することを管轄原因とする。「住所」は、不在者の客観的な生活の本拠である、と解釈する。不在者が「日本の国籍を有するとき」とする理由は、失踪の宣告によって不在者の戸籍の整理が可能となるからである。「国籍」は、不在者が2以上の国籍（重国籍）を有する場合には、1つが「日本の国籍」であれば足りる、と解される。

裁判所は、不在者が外国人であっても「日本に住所を有していたとき」または不在者が外国に住所を有しても「日本の国籍を有するとき」（日本人であるとき）は、失踪の宣告管轄権を有する。不在者が外国人であるときは、不在者が生存していたと認められる最後の時点において日本に最後の住所を

有していたのであれば足りるから、特に日本に定住している外国人が失踪したときに、この規定は意味がある。不在者が日本人であるときは、不在者が生存していたと認められる最後の時点において日本の国籍を有しておれば足りるから、特に日本人が外国において失踪したときに、この規定は意味がある。不在者が「日本に住所を有していたとき」は、日本が不在者の生活の本拠であったことで、その利害関係人も日本に在る、と考えることができるから、日本で公示催告を行う処理には合理性がある。

　失踪の宣告の原因および効力の準拠法は、失踪の宣告では手続法と実体法とが関連するから、「日本法により」と規定する。これは、法廷地法としての日本法である。

　第6条第2項の規定により、第1項に規定する場合に該当しないときであっても、「不在者の財産が日本に在るときはその財産についてのみ」「不在者に関する法律関係が日本法によるべきときその他法律関係の性質、当事者の住所又は国籍その他の事情に照らして日本に関係があるときはその法律関係についてのみ」、裁判所は「日本法により」「失踪の宣言」をすることができる。この規定は、同条第1項の原則に対する例外則である。

　「不在者の財産」は、財産が有体物である場合には、その所在地を容易に確定することができる。財産が債権である場合において、その債権が日本において訴求することができるものであるときは、その債権は日本にある、と解釈する。財産が有価証券である場合において、その有価証券が日本に所在するときは、その有価証券は日本にある、と解釈する。財産が知的財産権である場合において、その知的財産権が日本において登録または発行がされているときは、その知的財産権は日本にある、と解釈する。「不在者に関する法律関係が日本法によるべきとき」とは、不在者に関する法律関係が存在することを前提として、その法律関係の準拠法が日本の抵触法の規定に従って日本法であるときを意味する。「その他法律関係の性質、当事者の住所又は国籍その他の事情に照らして日本に関係があるとき」は、具体的には、法律関係の不在者以外の当事者が日本の国籍を有しているときを考えることがで

きる。「その他」の例として、履行地が日本とされていた契約の債務者であって、外国に住所を有していた外国人が不在者となり、日本に住所を有する債権者が契約関係を相続させるため失踪の宣告を申し立てる場合などを挙げることができる。例外の場合にも、失踪の宣告の原因および効力の準拠法は、専ら日本法である。

　失踪の宣告の効力は、第6条第1項の規定による原則の場合には、不在者の法律関係の全般に及ぶ、と解釈し、同条第2項に規定する例外の場合には、管轄原因となる日本に在る財産または日本に関係がある不在者の法律関係に限定して及ぶ、と解釈する。この効力は、不在者の死亡の擬制という直接的効果である。不在者の死亡の擬制による婚姻の解消や相続の開始という間接的効果は、婚姻や相続の準拠法による。

　外国裁判所による失踪の宣告の効力の日本における承認に関する規定は、法適用通則法に存在しないから、解釈にゆだねる。解釈として、外国裁判所による非訟裁判の承認の問題である、と解する。

3．法人

（1）　外国法人・外国会社

　法人は、社団、財団およびその他の団体であって、法が一般的権利能力（法人格）を付与したものである。諸法域の実質法を比較法の方法によってみると、法人の設立から消滅に至るまで、法人の法規制には相違がある。

　外国法人が日本において取引を継続してしようとするときは、外国法人に対する日本法による規制の範囲が問題となる。この問題に関連して、外国法人と日本法人とを区別する必要がある。実定法規には外国法人の定義規定は存在しない。外国法人は、外国法に準拠して設立された法人である、と解される（支配的見解）。その理由は、外国法人が日本に事務所を設立したときの登記事項に関する民法第37条第1項第1号が「外国法人の設立の準拠法」を掲げるからである。外国会社は、会社法第2条第2号が「外国の法令に準

拠して設立された法人」と定義する。その他に、日本法人と区別する法人には、条約に準拠して設立される国際法人（条約に準拠して設立された法人と条約に従って本拠の所在する国の法律に準拠して設立された法人）がある。

（2）　外国法人の認許

　外国法人が日本において取引を継続してしようとするときは、外国法人の法人格を日本において承認する必要がある。外国法人の内国における私法上の地位を定める実質法を外国人法という。

　外国法人に関する法として、民法第35条第1項本文は、「国、国の行政区画及び外国会社を除き、その成立を認許しない」と規定する。この規定の趣旨は、原則として、外国法人を認許しないものの、例外として、外国法人を、いずれの国の法人であるか、いかなる種類の法人であるかを問わず、概括的に認許する、という概括的認許主義を採用するところにある。「認許」とは、個別的手続を必要としないで、一般的に法人として日本国内において活動することの承認を意味する。これは、外国法によって有効に成立した外国法人の法人格についての日本における宣言的な承認である。「認許しない」ことが外国法人の法人格を否定することではないから、外国法人の外国における活動から生ずる権利義務は、日本において法人のそれとして認めて、裁判においてその外国法人に当事者能力を認める。同法同条第1項の規定により認許された外国法人は、同条第2項本文の規定により、「日本において設立する同種の法人」と「同一の私権を有する」。この規定は、内外法人平等の原則であって、外国法人の地位に関する総則である。

（3）　法人の従属法

　認許された外国法人について、外国法人の機関の組織・性質・人数・権限、外国法人と社員との関係などの法人の内部組織に係る事項および、法人の機関の代表権限の範囲・制限、株式・社債の性質・譲渡性・移転、法人の行為能力などの法人の外部関係に係る事項の準拠法が問題となる。この問題

は、法人格の創設そのものと不可分の関係にあり、かつ、法人については法人の組織法的な法を適用すべきであるから、法人の従属法による。法人の従属法とは、法人に係る事項について適用すべき法を意味する。

　法人をめぐる法律関係は、その性質を法人に係る事項と決定し、法人の従属法による。法人をめぐる法律関係は、法人の設立に関する実質的要件および形式的要件、設立無効原因などに係る事項、法人の内部組織および内部関係に関する法人の機関の種類・性質・員数、選任・解任などに係る事項、ならびに法人の消滅に関する法人の解散時期・解散事由、清算などに係る事項である。法人の一般的権利能力という法律関係は、その性質を法人に固有の事項と決定して、法人の従属法による、と解する。法人の個別的権利能力という法律関係は、その性質をその権利の効果に係る事項と決定して、その権利について適用すべき法により、かつ、その性質を法人の権利享有の範囲に係る事項と決定して、法人の従属法にもよる（累積的適用）、と解する。法人の行為能力の法律関係は、見解の相違があるが、その性質を法人に固有の事項と決定して、法人の従属法による、と解する。法人の不法行為能力という法律関係は、その性質を不法行為に係る事項と決定して、不法行為の準拠法による、と解する。法人の解散について、倒産手続による場合は、倒産法による。破産法、会社更生法および民事再生法による倒産手続は、対外的効力を有する。外国倒産手続は、「外国倒産処理手続の承認援助に関する法律」（平成12年法律第129号）によって日本での援助措置を講じる。

　法人の従属法に関する規定は、法適用通則法には存在しないから、抵触法上の条理に従って法人の従属法を選定する。解釈として、見解の相違があるが、法人の従属法は、その法人が設立に際して準拠した法の属する法域の法である、と解される（設立準拠法説、支配的見解）。法人の従属法の選定にあたって、連結素は、法人の設立準拠法を施行する法域である。その理由は、社団、財団およびその他の団体がいずれかの法域の法によって法人格を付与されて権利主体として認められるからであり、また、法人の本質が法技術的な手段であって、法人の設立を確定した法が、法人の本拠地とは関係なく、

常にその法人を支配すべきであるからである。この見解は、法人の従属法が一義的かつ明確に定まるので安定性を確保することができ、法人の本拠地が変更しても法人の従属法は変更しないので恒常性を確保することができ、当事者および関係者が法人の従属法を容易に知ることができるので準拠法についての予測可能性を確保することができる、と積極的に評価される。それでも、設立準拠法を準拠法とするのでは法人の本拠地の社会的利益を損なう、と反論され、法人の設立の後に設立準拠法が特定されると構成するにもかかわらず、法人の成立についても設立準拠法を観念することは循環論に陥る、と批判され、法人の設立者による従属法の恣意的な選定を認め、利害関係がある国の法律回避を認めることとなる、とも批判される。設立準拠法説に対して決定的な問題は、擬似外国会社に対する法規制である。擬似外国会社とは、一般に、A国（法域）においてA国法に準拠して設立された会社が、現実にはB国（法域）内に本拠を置いてB国その他の法域において事業活動を行う会社を意味する。擬似外国会社の従属法は、設立準拠法説によれば、A国法であり、議論の余地がある。設立準拠法説に対して、法人の現実の活動の本拠地が法人の最密接関係地であるから、本拠地が属する法域の法を法人の従属法とする、との見解（本拠地法説）がある。この見解は、法人の本拠地について解釈の相違があるから、法人の本拠地の確定が問題となる。

　会社の従属法の選定について、議論の余地がある。最高裁判決は、会社の行為能力に係る事項を会社の従属法による、とのみ説示するが、包摂では、設立準拠法説かつ本拠地法説を採る、と読解することができる。

【判例】最高裁昭和50年7月15日第三小法廷判決（民集29巻6号1061頁）
《判旨》「株式会社の設立発起人が、将来設立する会社の営業準備のため、第三者と契約を締結した場合、当該会社が、設立された後において、右契約上の権利義務を取得しうるか、その要件いかん等は、法が会社の株式引受人、債権者等の利益保護の見地に立って定めるものであるから、会社の行為能力の問題と解すべきであり、したがって、法例3条1項〔第4条第1項に基本的に対応。〕を類推適用して、右会社の従属法に準拠して定めるべきであり、原審が適法に確定したところによれば、被上告人

は、ニューヨーク州法に準拠して設立され、かつ、本店を同州に設置しているのであるから、被上告人の従属法はニューヨーク州法というべきである。」

　下級審裁判例は、設立準拠法説を採用する、と説示するが、包摂では、本拠地法説をも採用する、と読解することができる。

【裁判例】東京地裁平成4年1月28日判決（判時1437号122頁、判タ811号213頁）《判旨》「本件の争点の1つは、〔A会社の社長兼統括業務執行役員であった〕Bの本件契約の締結権限の有無にあるところ、Bが、本件契約の締結権限を有していたか否かは、法人の代表者の権限の存否及び範囲又はその制限に関する事項であり、代表者の行為の効果が法人に帰属するか否かという法人の行為能力又は権限の欠缺の問題であるから、原則として法人の従属法に服し、かつ、右従属法は、法人の設立準拠法であると解するのが相当である。」「〈書証〉及び弁論の全趣旨によれば、A社は、アメリカ合衆国カリフォルニア州サン・ジョゼを本拠地として、カ州法を設立準拠法とする会社であることが認められる。したがって、A社の従属法は、カ州法であ」る。

　法律回避のための法人格の濫用または法人格の形骸化などの場合に、実質法上、法人格を否認する法理がある。法人格の否認の準拠法が問題となる。法人格の否認という法律関係は、外国法人の内部組織および外部関係に係る場合には、法人格の創設と否認とが不可分の関係にあるから、子会社の法人の従属法によるものの、取引が個人または形骸化する会社との間で行われる場合には、その性質を代理の対象となる行為に係る事項と決定し、その行為の実質（元債権）の準拠法による、と解する。

　法人格のない社団、財団およびその他の団体について、内部関係の準拠法によるか、または対外関係の準拠法による、と考えることができる。内部関係の準拠法は、内部事項等の一定の事項を規律する。対外関係の準拠法は、その団体等が権利義務の帰属主体である、と認められるかによる。現実の法律関係を考慮して契約の準拠法によるとの見解もあるが、団体の経済的な実態や組織的な実情を重視して法人の従属法の選定と同様に処理するとの見解は、法人の設立中をも設立に含めて考えることができる。会社を設立するこ

となく、事業活動を行うジョイント・ベンチャー（joint venture）は、組合に分類して、契約の準拠法による、と考える。

4．外国会社

（1） 外国会社

　会社法は、第2条第2号において「外国会社」を定義したうえで、第6編「外国会社」（第817条から第823条まで）において利害関係人を保護するために外国会社の法規制について規定する。これらの規定は、日本における取引保護を目的とする強行的規定である。強行的規定であるから、準拠法を選定することなく、外国会社が日本において取引を継続してしようとするときは、これらの規定を専ら適用する、と解する。

（2） 擬似外国会社（会社法第821条）

　外国会社であって、日本に本店を置き、または日本において事業を行うことを主たる目的とする外国会社は、第821条第1項の規定により、日本において取引を継続してすることができない。この規定の趣旨は、専ら日本において事業を行う目的で、日本法の適用を回避するために、外国法に準拠して設立された会社を規制するところにある。「日本に本店を置き、又は日本において事業を行うことを主たる目的とする外国会社」は、擬似外国会社である。「本店」とは、定款上の本店ではなく、事実上の本店を意味する。「主たる目的」とは、日本におけるその外国会社の物的および人的設備ならびに取引活動の規模をその会社の全体のそれと比較したうえで、その事業活動が日本社会に密接な関連がある場合を意味する。これに違反して取引をした者は、同条第2項の規定により、相手方に対し、外国会社と連帯して、その取引によって生じた債務を弁済する責任を負う。第821条の規定は、専ら日本において事業を行うことを目的とし、日本法の適用を回避するために、外国法に準拠して設立された会社を規制する規定である。擬似外国会社は、法人

格を否定されないから、外国会社の登記をすることは可能である。

5．結びに代えて

　基本的に、具体的事案において、法律関係の性質の決定、適用すべき抵触法の規定の特定、特定した規定の連結素の確定によって、準拠法を選定する。選定した準拠法の適用範囲は、見解の相違があるが、適用した抵触法の規定に対応して、次の事項である、と考える。

　　第4条　→　年齢に基づく行為能力の制限のみ、たとえば、成年年齢、未成年者の能力補充として、法定代理人の許可・同意・追認、未成年者の瑕疵ある法律行為の効力、未成年者の営業の許可など。
　　第5条　→　後見開始の審判等の原因、後見開始の審判等の申立権者など。
　　第6条　→　失踪宣告の要件として、生死不明の期間、その起算点、失踪宣告の請求者など、および失踪宣告の効力。

　第4条第2項の取引保護規定の適用の要件は、その法律行為の当時にその当事者のすべてが同一法域内に在ったことであり、これは取引保護の対象となる法律行為をも意味する。取引保護は、法律行為をした者がその本国法により行為無能力者であっても、行為地法により行為能力者であるときは、その者を行為能力者とみなすことである。
　失踪の宣告について、宣告管轄権と準拠法とは関連する。原則は、外国人にはその本国に宣告管轄権があり、かつ、その本国法が準拠法となり、日本人には日本に宣告管轄権があり、かつ、日本法が準拠法となる。例外則は、第6条第1項に規定する。例外則の修正として、日本が宣告管轄権を有し、かつ、日本法が準拠法となるときについては、同条第2項に規定する。
　法人の従属法は、見解の相違があるが、法人の設立準拠法の属する法域の

法である。法人の従属法は、法人の設立から内部関係および消滅までに係る事項について適用すべき法である。この理解によると、外国会社であって、日本に本店を置き、または日本において事業を行うことを目的とする外国会社（擬似外国会社）は、その従属法がその外国会社の設立準拠法の属する法域の法となるものの、会社法第821条の規定による規制に服することとなる。

第11章　物権関係の準拠法

1．はじめに

　物権という法律関係の準拠法の選定について、諸法域の抵触法を比較法の方法によってみると、動産・不動産区別主義と動産・不動産統一主義とに大別することができる。動産・不動産区別主義は、物を動産と不動産とに区別し、動産の物権は、「動産は人骨に付着する」という法諺を具体化して、その動産の所有者の住所地の法により、不動産の物権は、その目的物の所在地の法による、という主義（異則主義）であって、英米法系の抵触法がこれを採用する。異則主義によると、住所を異法域に有する複数の者が1個の動産を所有する場合には、準拠法が複数になり、不都合な結果を生ずる。動産・不動産統一主義は、物を動産と不動産とに区別せず、物権は、その目的物の所在地の法による、という主義（同則主義）であって、大陸法系の抵触法がこれを採用する。同則主義によると、物権をめぐる法律関係は、目的物の所在地法による。目的物の所在地を連結素とする理由は、物権がその目的物の所在地の公益に関係があり、登記・登録という公示制度に関連があり、物権の最密接関係地が目的物の所在地である、と考えることができるかうである。目的物の所在地法主義は、国際取引の安全・円滑の維持、当事者の期待の保護および所在地の実質的関連という観点から、積極的に評価される。

2．物権等の準拠法

（1）　物権等

　物権という法律関係は、物権の種類、内容および効力に係る事項として、

動産と不動産、主物と従物、融通物と不融通物、独立の物と一部の物などの区別および関係、物権を享有し得る能力、物権の種類・内容・存続期間、用益物権の種類・内容・存続期間、地役権、担保物権、物権的請求権などに係る事項である。登記をすべき権利という法律関係は、物権的請求権が物権の効力と考えることができ、妨害排除請求権などに係る事項である。物権的請求権の行使に代わる損害賠償請求権は、不法行為に係る事項である。

　基本的に、具体的事案における法律関係の性質を物権およびその他の登記をすべき権利に係る事項と決定して、適用すべき抵触法の規定として第13条第1項を特定すると、同条同項の規定の解釈・適用が問題となる。

（2）　適用すべき抵触法の規定の解釈・適用（第13条第1項）

　第13条第1項は、「動産又は不動産に関する物権」および「その他の登記をすべき権利」については「その目的物の所在地」の法による、と規定する。この規定は、指定概念について動産・不動産統一主義を採用し、連結素を示す概念と準拠法について目的物の所在地法主義を採用する。

　指定概念を示す「動産又は不動産に関する物権」の「動産又は不動産」とは、有体物である動産または不動産を意味する。「物権」とは、物を直接に支配する権利を意味する。「物権」は、物権的請求権に関連して発生する損害賠償請求権および費用償還請求権などについて、見解の相違があるが、発生する請求権が金銭債権であるから、個別の法律関係の性質により、その法律関係を決定すべきである、と解する。

　指定概念を示す「動産又は不動産に関する……その他の登記をすべき権利」とは、動産または不動産に関する物権とは別個の権利であって、登記をすることによって物権と同一の効力または類似する効力として、対抗力を発生する権利を意味する。「登記をすべき権利」とは、「登記」の対象となる動産または不動産に関する「権利」それ自体を意味する。これは、不動産買戻権および不動産賃借権を含む。「権利」は、登記の対象となる動産または不動産に関する権利を意味する。これは、知的財産権を含まない。

連結素を示す「その目的物の所在地」とは、その目的物の現実的かつ物理的な所在地を意味する。「その」と限定する対象が動産または不動産であるから、「目的物の所在地」は、事実概念であって、具体的事案において一定の法域に所在地を確定することができる。物が複数の法域に所在し、その目的物の所在地が複数である場合には、複数の所在地の法を累積的に適用することとなる。これは、準拠法単一の原則からは、不都合な結果となる。

連結素の確定の基準時は、変更主義を採用する。

(3)　物権の得喪

物権の得喪、すなわち、物権変動という法律関係は、物権変動の効果、物権的法律行為の成立および効力、その方式、効果意思を伴わない事実行為または自然的事実によるものなどに係る事項である。事実行為または自然的事実による物権変動という法律関係は、時効、混同、無主物先占、遺失物拾得、符合、混和、加工などに係る事項である。物権変動という単位法律関係の性質は、物権に係る事項と決定する。

基本的に、具体的事案における法律関係の性質を物権変動に係る事項と決定して、適用すべき抵触法の規定として第13条第2項を特定すると、同条同項の規定の解釈・適用が問題となる。

(4)　適用すべき抵触法の規定の解釈・適用（第13条第2項）

第13条第2項は、「前項の規定にかかわらず」、前項に規定する「権利の得喪」については「その原因となる事実が完成した当時」における「その目的物の所在地」の法による、と規定する。「前項の規定にかかわらず」の文言により、この規定は特則である。この規定の趣旨は、目的物の所在地が変更しても物権変動の準拠法を変えないところにある。

指定概念を示す「権利の得喪」とは、「権利」の物権変動として、物権およびその他の登記をすべき権利についての物権変動の要件およびその要件の具備の効果である物権の取得または喪失を意味する。「権利の得喪」は、主

体の変更として旧主体のもとで物権が消滅しても新主体のもとで物権が発生する、という物権の移転を含む、と解する。「権利の得喪」は、物権変動の内容であっても物権の内容および作用が変化する物権の変更を含まない。物権の変更は、同条第1項を適用する。

連結素を示す「目的物の所在地」は、同条第1項の規定の文言と同旨である。「権利の得喪」であるから、いかなる当時における「目的物の所在地」を確定すべきかが問題となる。

連結素の確定の基準時は、不変更主義を採用して、「その原因となる事実が完成した当時」（原因事実完成当時）に固定する。原因事実は、物権の発生または消滅の要件となる事実である。原因事実完成当時は、具体的には、抵当権の設定については抵当権設定契約の当時であり、時効による所有権の取得については取得時効の完成の当時である。物権の得喪の原因事実完成当時における目的物の所在地法によって物権が有効に発生したときは、その後にその目的物の所在地が変更しても、その発生それ自体は、第13条第2項の規定に従って所在地の法により有効である。物権の目的物の所在地が変更した場合には、物権の内容および効力は、第13条第1項の規定に従って所在地の変更後の新所在地の法による。当事者の一方がその原因事実であると主張する事実の完成当時におけるその目的物の所在地の法によって、その主張事実に基づいて物権変動が生じたか否かを判断する。

【判例】最高裁平成14年10月29日第三小法廷判決（民集56巻8号1964頁）
《判旨》「法例10条2項〔第13条第2項に対応。〕は、動産及び不動産に関する物権の得喪はその原因たる事実が完成した当時における目的物の所在地法によると規定しているが、これは、物権のように物の排他的な支配を目的とする権利の得喪はその原因事実が完成した当時における目的物の所在地国等の利害と密接な関係を有することによるものと解される（最高裁昭和……53年4月20日第一小法廷判決・民集32巻3号616頁参照）。そうすると、目的物が有体物であるときは、同項にいう所在地法は、その物理的な所在地を準拠法選択の連結点とすることに支障があるなどの場合を除き、その物理的な所在地の法をいうものと解するのが相当である。」

物権行為の方式（形式的成立要件）は、第 10 条第 1 項の規定による。物権行為の行為能力は、第 4 条第 1 項の規定による。

3．移動中の物の準拠法

　移動中の物について、連結素の確定が問題となる。移動中の物は、移動中の船舶および航空機のような物ならびに運送中の貨物のような物である。移動中の物の所在地は、物が国境を越えて移動するという性質により、偶然の地であり、物権の最密接関係地とはいえない。移動中の物に関する物権をその目的物の所在地に連結すると、物が国境を越えて移動するにつれてその所在地も変更し、その物権の準拠法も変更する。移動中の物については、目的物の所在地法主義を修正する必要が生ずる。移動中の物についての物権に関する規定は法適用通則法に存在しないから、抵触法上の条理に従って準拠法を選定する。船舶や航空機の物権は、その登記・登録の地の属する国（法域）の法として、登記・登録の法域の法による、と解される（支配的見解）。その理由は、船舶および航空機を通常は一定の法域で登記・登録して、その権利関係を公示するので、登記・登録の法域が船舶および航空機に関する物権の最密接関係地である、と考えることができるからである。船舶の登録国の法を旗国法という。

　運送中の物に関する物権に関する規定は法適用通則法に存在しないから、抵触法上の条理に従って準拠法を選定する。運送中の貨物について、運送中の貨物の所在地は、その事情に応じて、① 保管（滞留）中の貨物の所在地と ② 輸送中の貨物の所在地とに区別することができる。① については、貨物が荷送地（出発地）と荷受地（到達地）とは異なる通過地（保管地）の属する法域の倉庫に保管中であるときは、その保管の地は貨物の物理的な所在地であり、物権の最密接関係地と考えることができ、その目的物の所在地を確定することができる。② については、貨物が国境を越えて運送中であるときは、その目的物の所在地が常に変更し、物権の最密接関係地とは考えら

れず、その目的物の所在地を確定することができない。運送中の貨物が一定の期間は特定の地に保管（滞留）されている場合には、その物に関する物権は、現実のその目的物の所在地法による。国境を越えて輸送中の貨物の所在地は、出発地、通過地および到達地が考えられるものの、到達予定の仕向地が最密接関係地である、と解される。輸送中の貨物に関する物権は、その仕向地の法による、と解される（支配的見解）。その理由は、仕向地において現実の物権変動の効果が生ずるのが常態であり、実務的に仕向地において物に関するクレームが処理されるのが通常であるからである。貨物については、船荷証券・貨物引換証のような有価証券が発行される取引が通常である。その取引においては、見解の相違があるが、有価証券が運送契約に基づく引渡請求権を表章する証券であって、有価証券それ自体に物権的効力があるから、有価証券の所在地法による、と解する。

　船舶は、主として租税負担を軽減するために、船舶の運航に実質的に関連がない国に便宜的に登録をすることがある。この船舶を便宜置籍船という。便宜置籍船は、船舶の実質的な所有者の国籍または主たる事業所の所在地（営業の本拠地）の属する国の法と船舶の旗国法とが異なるものの、便宜置籍船に関する物権は、旗国法による、と解される。議論の余地がある。

4．担保物権の準拠法

　担保物権について、法適用通則法に規定が存在しないから、抵触法上の条理に従って準拠法を選定する。担保物権は、被担保債権との関係が生ずるから、約定担保物権と法定担保物権とに区別して準拠法を選定する。

(1)　約定担保物権

　解釈として、約定担保物権の成立および効力という単位法律関係は、その契約が担保物権それ自体を直接に発生させることを目的とする物権契約であるから、専ら行為の当時におけるその目的物の所在地の法による（支配的見

解)。これは、第13条第2項の規定の趣旨に適う、と解する。

(2) 法定担保物権

　解釈として、法定担保物権の成立という単位法律関係は、被担保債権の準拠法と目的物の所在地法とを累積的に適用する（支配的見解）。その理由は、法定担保物権が主たる債権の存在を前提としており、担保物権が成立するためには、主たる債権がその準拠法によって成立し、かつ、担保物権がその目的物の所在地法によって成立する必要があるからである。法定担保物権の効力という単位法律関係は、目的物の所在地法による（支配的見解）。その理由は、法定担保物権の効力の性質により、複数の準拠法を適用することが困難であるからである。

　船舶先取特権の準拠法が問題となる。見解の相違があるが、船舶先取特権の成立については、被担保債権について適用すべき法と旗国法とを累積的に適用する、と解する。船舶先取特権の効力については、旗国法による、と解する。ただし、船舶先取特権の成立および効力は、準拠法単一の原則により、法廷地法である日本法による、との立場がある。議論の余地がある。

【裁判例】広島高裁昭和62年3月9日決定（判時1233号83頁）
《決定要旨》「法定担保物権としての船舶先取特権は、一定の債権を担保するために法律により特に認められた権利であるが、被担保債権の法律効果であるから、国際私法上、船舶先取特権が成立するためには、被担保債権自体の準拠法により認められるとともに、さらに、法定担保物権としての物権の準拠法である目的物の所在地法（……。物権の目的物が船舶の場合は、その旗国法）によっても認められねばならず、また当事者の合意によって設定される約定担保物権としての船舶抵当権は、もっぱら物権の準拠法である目的物の所在地法だけで、その成否が決せられるのであり、このようにして一たん成立が認められた船舶先取特権や船舶抵当権についての各内容・効力・その権利相互間の順位（優劣関係）は、もっぱら当該担保物権自体の準拠法である目的物の所在地法（旗国法）により決定されると解するのが相当である。」

【裁判例】東京地裁平成4年12月15日決定（判タ811号229頁）

《決定要旨》船舶先取特権の成立について「世界の海運をリードする英米両国は、法廷地法による」。「わが国の船舶先取特権に関する法規は、国際条約を実施するために定められたものであり、準拠法を法廷地法である日本法であると定めても、その日本法が国際条約を国内法化したものである以上、船舶先取特権に関する世界の標準的規定によることには変わりはなく、利害関係人、特に船舶先取特権の負担を受ける船舶所有者及び船舶抵当権者の予測を超えることはない」。「準拠法を旗国法とする……と、船籍が2国にまたがる場合などに、いずれの国の法律を適用するか困難な問題を引き起こすし、また、旗国法の探索・調査について、相当な時間がかかるため、本来迅速な処理を要する船舶先取特権の実行について困難な事態を生じさせ、権利の実現を阻害する可能性がある」。船舶先取特権の効力について「その権利が民事執行の手続により実現されることや、他の権利との優劣が、権利実行が行われる国における公序に関する問題であることから、その準拠法を法廷地法とするのが一般的な見解である」。「船舶先取特権の成立と効力の準拠法が異なるとさまざまな困難な問題を引き起こすので、両者は一致させることが望ましい。」「船舶先取特権の成立及び効力の準拠法は、法廷地法である日本法であると解するのが相当である。」

5．知的財産の国際的保護

(1) 知的財産の意義

知的財産とは、発明・著作物など人間の創造的活動により生み出されるもの、商標・商号など事業活動に用いられる商品または役務を表示するものおよび営業秘密など事業活動に有用な技術上または営業上の情報を意味する。知的財産権とは、特許権、実用新案権、育成者権、意匠権、著作権、商標権等または法律上の保護利益に係る権利を意味する。知的財産および知的財産権は、「知的財産基本法」（平成14年法律第122号）第2条に定義する。

1994年の「世界貿易機関を設立するマラケッシュ協定」の附属書1C「知的所有権の貿易関連の側面に関する協定」（平成6年条約第15号）（TRIP's協定）は、知的財産の重要なものとして、著作権、商標およびサービス・マーク、地理的表示、意匠、特許、集積回路の回路配置ならびに開示されていない情報に対する保護に対する最小限の標準を確立し、知的財産権の行使に関する国内の手続および救済方法に関する公約を組み込むことによって知的財

産権の行使に関する基準を確立し、マラケッシュ協定の加盟国に拘束力のある紛争解決のメカニズムを備える。世界知的所有権機関（WIPO）は、知的財産に関する多数国間機関である。この機関の主要な条約は、「工業所有権の保護に関する1883年3月20日のパリ条約」（ストックホルム改正条約　昭和50年条約第2号）および「文学的及び美術的著作物の保護に関するベルヌ条約」（パリ改正条約　昭和50年条約第4号）などである。

　知的財産の国際的保護について、知的財産の保護を複数の国において受けようとする場合には、各国の法定の手続に従って知的財産権を取得しなければならない。この手続の重複を国際的に緩和するために、知的財産の国際的保護に関する条約がある。この条約は、内国民待遇の原則を定め、各国における知的財産の保護の水準を引き上げることに寄与する。内国民待遇とは、条約の締約国の一方が自国の領域内において、その条約の締約国の他方の国民や産品に対し、自国民や自国産品に対して与えていると同じ権利を認めて、同等の待遇を保障することを意味する。

（2）　属地主義の原則および保護国法主義

　知的財産権は、財産権の一種であるが、抵触法上、一定の属地的な連結素を観念することができない。知的財産権に関する規定は法適用通則法に存在しないから、抵触法上の条理に従って準拠法を選定する。解釈として、準拠法の選定を必要とするとの見解と、準拠法の選定を必要とせず、知的財産法の属地的適用とするとの見解がある。

　知的財産権について、属地主義の原則が支配する。属地主義の原則とは、ある国において登録がされた産業財産権の効力の及ぶ範囲はその国の領域内に限定されており、産業財産権の成立、変動および効力はその産業財産権の登録国の法（登録国法）によることを意味する。登録国の法は、知的財産権紛争の対象の保護の可能性や争点の権利の及ぶ範囲のような実体的側面に適用する。理論的に、知的財産権について属地主義の原則を、実質法上の原則と理解するか、または抵触法上の原則と理解するかには議論の余地がある。

属地主義の原則を抵触法上の原則と位置づけて、準拠法の選定を必要とする、と解する。

(3) 著作権

　著作権について、準拠法の選定を必要とする、と解される。著作権の保護における内国民待遇とは、ベルヌ条約の第5条（1）の規定により、締約国の国民の著作物または締約国で最初に発行された著作物が、他の締約国においてその国の著作物と同様の保護を受けることを意味する。その国の著作物と同様の保護とは、著作権の保護に一定の方式を要する国においては、その方式を具備することを要し、その方式を要しない国においては、その方式を要しないことを意味する。

　著作権の譲渡という法律関係については、次の裁判例のように解する。

【裁判例】東京高裁平成13年5月30日判決（判時1797号111頁）
《判旨》「著作権の譲渡……〔の〕準拠法を決定するに当たっては、譲渡の原因である契約等の債権行為と、目的である著作権の物権類似の支配関係の変動とを区別し、それぞれの法律関係について別個に準拠法を決定すべきである。」「まず、著作権の譲渡の原因である債権行為に適用されるべき準拠法について」「著作権移転の原因行為である譲渡契約の成立及び効力……〔の〕準拠法は、法律行為の準拠法一般について規定する……〔抵触法の規定〕により、第一次的には当事者の意思に従う」。「次に、著作権の物権類似の支配関係の変動……〔の〕準拠法について」「著作権は、その権利の内容及び効力がこれを保護する国（以下「保護国」という。）の法令によって定められ、また、著作物の利用について第三者に対する排他的効力を有するから、物権の得喪について所在地法が適用されるのと同様の理由により、著作権という物権類似の支配関係の変動については、保護国の法令が準拠法となるものと解するのが相当である。」

　著作権侵害および著作者人格権侵害に基づく損害賠償請求という法律関係は、その性質を不法行為に係る事項と決定して、不法行為の準拠法を選定する、と解される。著作権侵害に基づく差止請求権という法律関係は、それが著作権の排他的効力に基づく著作権を保全するための救済方法であるから、

その性質を著作権を保全するための救済方法と決定して、著作権を保全するための救済方法の準拠法を選定する、と解される。著作者の死後における人格的利益の保護のための差止請求および謝罪広告請求という法律関係は、著作者の人格的利益を保全するための救済方法であるから、その性質を著作者の権利を保全するための救済方法と決定し、著作権を保全するための救済方法の準拠法を選定する、と解される。

（4） 産業財産権

特許権の付与は、国家行為であるから、特許権の存否および効力については国家行為の承認についての解釈の方法論によるとの見解、特許法を絶対的強行法規として適用するとの見解などがあるものの、特許権について、準拠法の選定を必要とする、と解する。

【判例】最高裁平成14年9月26日第一小法廷判決（本書3頁）
《判旨》「特許権の効力の準拠法に関しては、……〔抵触法上の〕条理に基づいて、当該特許権と最も密接な関係がある国である当該特許権が登録された国の法律によると解するのが相当である。けだし、（ア）特許権は、国ごとに出願及び登録を経て権利として認められるものであり、（イ）特許権について属地主義の原則を採用する国が多く、それによれば、各国の特許権が、その成立、移転、効力等につき当該国の法律によって定められ、特許権の効力が当該国の領域内においてのみ認められるとされており、（ウ）特許権の効力が当該国の領域内においてのみ認められる以上、当該特許権の保護が要求される国は、登録された国であることに照らせば、特許権と最も密接な関係があるのは、当該特許権が登録された国と解するのが相当であるからである。」「特許権に基づく差止め及び廃棄請求の準拠法は、当該特許権が登録された国の法律であると解すべきであ」る。

（5） 並行輸入

商標権について属地主義または商標権独立の原則の趣旨は、外国の商標権は内国における行為によって、内国の商標権は外国における行為によって、ともに侵害されることなく、内国の商標権は同一権利者が外国において登録

した商標権の存続に依拠することなく、独立であるところにある。真正商品の並行輸入とは、同一の権利者が同一の知的財産権を複数の国で有している場合において、外国において適法に拡布されたその知的財産権に係る製品・商品を内国に輸入する行為を意味する。真正商品の並行輸入は、不正競争防止法上の違法性が阻却される。真正商品および特許製品の並行輸入を認める要件について、判例法の準則は確立している。

【判例】最高裁平成15年2月27日第一小法廷判決（民集57巻2号125頁）
《判旨》「商標権者以外の者が、我が国における商標権の指定商品と同一の商品につき、その登録商標と同一の商標を付したものを輸入する行為は、許諾を受けない限り、商標権を侵害する（商標法2条3項、25条）。しかし、そのような商品の輸入であっても、（1）当該商標が外国における商標権者又は当該商標権者から使用許諾を受けた者により適法に付されたものであり、（2）当該外国における商標権者とわが国の商標権者とが同一人であるか又は法律的若しくは経済的に同一人と同視し得るような関係があることにより、当該商標が我が国の登録商標と同一の出所を表示するものであって、（3）我が国の商標権者が直接的に又は間接的に当該商品の品質管理を行い得る立場にあることから、当該商品と我が国の商標権者が登録商標を付した商品とが当該登録商標の保証する品質において実質的に差異がないと評価される場合には、いわゆる真正商品の並行輸入として、商標権侵害としての実質的違法性を欠くものと解するのが相当である。けだし、商標法は、『商標を保護することにより、商標の使用をする者の業務上の信用の維持を図り、もって産業の発達に寄与し、あわせて需要者の利益を保護することを目的とする』ものであるところ（同法1条）、上記各要件を満たすいわゆる真正商品の並行輸入は、商標の機能である出所表示機能及び品質保証機能を害することがなく、商標の使用をする者の業務上の信用及び需要者の利益を損なわず、実質的に違法性がないということができるからである。」

【判例】最高裁平成9年7月1日第三小法廷判決（民集51巻6号2299頁）
《判旨》「特許権者は、特許製品を譲渡した地の所在する国において、必ずしも我が国において有する特許権と同一の発明についての特許権（以下「対応特許権」という。）を有するとは限らないし、対応特許権を有する場合であっても、我が国において有する特許権と譲渡地の所在する国において有する対応特許権とは別個の権利であることに照らせば、特許権者が対応特許権に係る製品につき我が国において特許権に基づく権利を行使したとしても、これをもって直ちに二重の利得を得たものということはで

きないからである。」「我が国の特許権者又はこれと同視し得る者が国外において特許製品を譲渡した場合においては、特許権者は、譲受人に対しては、当該製品について販売先ないし使用地域から我が国を除外する旨を譲受人との間で合意した場合を除き、譲受人から特許製品を譲り受けた第三者及びその後の転得者に対しては、譲受人との間で右の旨を合意した上特許製品にこれを明確に表示した場合を除いて、当該製品について我が国において特許権を行使することは許されないものと解するのが相当である。」

6．結びに代えて

　物権について、第13条第1項は、動産・不動産統一主義、目的物の所在地法主義を採用する。物権変動について、同条第2項は、連結素の確定の基準時を原因事実完成当時に固定して、目的物の所在地法主義を採用する。

　基本的に、具体的事案において、法律関係の性質の決定、適用すべき抵触法の規定の特定、特定した規定の連結素の確定によって、準拠法を選定する。選定した準拠法の適用範囲は、見解の相違があるが、適用した抵触法の規定に対応して、次の事項である、と考える。

- 第13条第1項　→　動産・不動産、主物・従物、融通物・不融通物、独立の物・一部の物等の区別および関係、物権を享有し得る能力、物権の種類・内容・存続期間、用益物権の種類・内容・存続期間、地役権、担保物権、物権的請求権に関する諸問題として、所有権返還請求権、占有訴権など、不動産買戻権や不動産賃貸借権などの登記することにより物権的効力を生ずる権利。
- 第13条第2項　→　物権の得喪変更の効果、物権的法律行為の成立および効力、その方式、効果意思を伴わない事実行為または自然的事実による物権変動として、時効、混同、無主物先占、遺失物拾得、符合、混和、加工など。

物権をめぐる法律関係のうちで法適用通則法に規定が存在しない単位法律関係については、現在の法状態として、抵触法上の条理に従って準拠法を選定する。解釈として、見解の相違があるが、次のように解する。

　船舶や航空機に関する物権は、その登記・登録の法域の法による。

　運送中の貨物に関する物権は、貨物が一定の期間は特定の地に保管（滞留）されているときは、保管中のその目的物の所在地法により、貨物が輸送されているときは、運送の仕向地法により、貨物に有価証券（船荷証券・貨物引換証）が発行されているときは、その有価証券の現実の所在地法による。

　約定担保物権の成立および効力は、専ら行為の当時におけるその目的物の所在地の法による。

　法定担保物権の成立は、被担保債権について適用すべき法により、かつ、その目的物の所在地の法による（累積的適用）。法定担保物権の効力は、その目的物の所在地の法による。

　船舶先取特権の成立は、被担保債権に適用すべき法により、かつ、旗国法による（累積的適用）。船舶先取特権の効力は、旗国法による。ただし、船舶先取特権の成立とその効力とは、準拠法単一が望ましいと考えると、法廷地法としての日本法によることとなる。

第12章　法定債権関係の準拠法

1．はじめに

　一般に、事務管理、不当利得または不法行為という法定債権の法律関係は、その法律関係に最も密接な関係がある地（最密接関係地）として、その債権の原因となる事実が発生した地（原因事実発生地）の法による。その理由は、法定債権についての正義および衡平の維持という公益の目的のために、法定債権の最密接関係地がその債権の原因事実発生地であるからである。法定債権は、法廷地法にもよる。その理由は、正義および衡平という観念が法廷地の公序にも関わるからである。

　事務管理または不当利得によって生ずる債権の成立および効力は、事務管理または不当利得の性質の多様性により、原因事実発生地を柔軟に解釈し、具体的事案に応じて原因事実発生地を確定してその地の法によるか、または原因事実発生地の他の地の法による、と考えることができる。事務管理または不当利得について、当事者間の利益を調整することが重視され、その債権が通常は金銭債権であるから、当事者による準拠法の選定（当事者自治）を認める、と考えることもできる。

　不法行為によって生ずる債権の成立および効力は、その原因事実発生地を加害行為の結果が発生した地（加害行為の結果発生地）と加害行為が行われた地（加害行為の行為地）とに区別して、加害行為の結果発生地の法または加害行為の行為地の法による、と考えることができる。不法行為について、当事者間の利益の調整を重視し、当事者自治を認める、と考えることもできる。

　法適用通則法は、事務管理また不当利得については第14条から第16条までに規定し、これとは区別して、不法行為については第17条から第22条ま

でに規定する。区別する理由は、不法行為については、特に第22条を規定するからである。不法行為の類型は、不法行為の一般と、生産物責任および名誉または信用の毀損とに区別する。

2．事務管理または不当利得の準拠法

（1）　事務管理または不当利得

　事務管理の成立および効力という単位法律関係は、事務管理の目的、事務管理の能力、事務管理の意思、救助契約に基づかない海難救助などに係る事項である。不当利得の成立および効力という単位法律関係は、利得の性質、損失の性質、利得と損失との因果関係の存否・程度、利得の不当性の意味、利得の返還の方法、利得の返還の範囲および損失の範囲、損害賠償の請求の可否などに係る事項である。

　基本的に、具体的事案における法律関係の性質を事務管理または不当利得の債権の成立および効力に係る事項と決定して、適用すべき抵触法の規定として第14条を特定すると、同条の規定の解釈・適用が問題となる。

（2）　適用すべき抵触法の規定の解釈・適用（第14条）

　第14条は、「事務管理又は不当利得によって生ずる債権の成立及び効力」については「その原因となる事実が発生した地」の法による、と規定する。この規定の趣旨は、事務管理または不当利得の債権の成立および効力については、正義および衡平という観点から、事務管理または不当利得が原因事実発生地の公益に関連するので、原因事実発生地の法によるところにある。

　指定概念を示す「事務管理又は不当利得によって生ずる債権の成立及び効力」とは、事務管理または不当利得の債権の成立および効力のすべてを意味する。「事務管理……によって生ずる債権の成立」とは、事務管理の成立要件として、事務管理における事務の内容、事務管理の意思の要否、本人の意思および利益に反しないか否かなどを意味する。「事務管理……によって生

ずる債権の……効力」とは、事務管理の効力として、事務管理の費用償還請求権の存否、他人の財産損害に対する違法性の阻却、管理の方法、管理者の注意義務・その範囲・程度などを意味する。「事務管理」は、それが管理者の意思に基づいて債権債務関係が発生するのではないから、事務管理能力を含む。事務管理のための個々の管理行為は、見解の相違があるが、その行為それ自体の準拠法による、と解される。「不当利得によって生ずる債権の成立」とは、不当利得の成立要件として、他人の財貨・労務による受益の存在、他人の損失の発生、受益と損失との因果関係などを意味する。「不当利得によって生ずる債権の……効力」とは、不当利得の効力として、不当利得の物返還請求権の存否、利得者の返還義務ならびにその範囲、客体および返還方法などを意味する。

連結素を示す「原因となる事実が発生した地」とは、事務管理については事務管理が現実に行われている地を意味し、不当利得については利得の直接の原因行為および事実の発生地を意味する。事務管理の原因事実発生地は、管理発生地と損失発生地とが異法域に属する場合には、事務管理の客体の所在地である。事務管理地は、事務管理の客体に応じて、見解の相違があるが、客体が動産および不動産であるときは財産の所在地、客体が債権であるときは債務者の在る地、客体が証券に化体した債権であるときは証券の所在地、客体が知的財産権であるときは知的財産の登録国（保護国）と解釈する。事務管理地は、客体が事業であるときは事業所の所在地、客体が人であるときは人の在る地と解釈する。事業所の解釈は、第18条ただし書の規定と同旨である。不当利得の原因事実発生地は、利得発生地と損失発生地とが異法域に属する場合には、利得発生地であり、原因の財貨移転の開始地と完成地とが異法域に属する場合には、財貨移転の完成地である、と解釈する。

連結素の確定の基準時は、変更主義を採用する。

(3) 準拠法の選定の例外（第15条）

第15条は、第14条の規定にかかわらず、「事務管理又は不当利得によっ

て生ずる債権の成立及び効力」については「その原因となる事実が発生した当時」において「……の事情に照らして」、「明らかに」第14条の規定により「適用すべき法の属する地よりも密接な関係がある他の地」があるときは、「当該他の地」の法による、と規定する。この規定は、第14条の規定の例外規定であって、第14条の規定に優先して適用する。

　「当事者が法を同じくする地に常居所を有していたこと」、「当事者間の契約に関連して事務管理が行われ又は不当利得が生じたこと」、「その他の事情」に照らして、「当事者が法を同じくする地に常居所を有していた」場合には、常居所地は、当事者の最密接関係地であって、当事者の利益に適う当事者の双方の社会生活地である。「法を同じくする地」とは、同一法域を意味する。自然人に観念される常居所は、当事者が法人等である場合には、法人等の事業所の所在地と解釈される。事業所の解釈は、第18条ただし書の規定と同旨である。「当事者間の契約に関連して事務管理が行われ又は不当利得が生じた」場合として、附従的連結の場合には、契約の準拠法と事務管理または不当利得の準拠法との矛盾・抵触を回避するために、事務管理または不当利得についても契約の準拠法によるのが妥当である、と解される。「当事者間の契約に関連して事務管理が行われ……たこと」には、管理者による本人の事務に関する権限を越えた事務管理の場合、その権限の消滅後の事務管理の場合、管理者による当事者間の無効な契約の有効としての事務管理の場合などが該当する。「当事者間の契約に関連して……不当利得が生じたこと」には、当事者間の契約に基づく給付に対する契約の無効および解除による場合、損失者による当事者間の契約に基づく義務を超えた給付による場合、受益者による当事者間の契約に基づく義務の違反による不当利得の場合などが該当する。「その他の事情」は、事項的に限定しないから、その地が「明らかに」より「密接な関係がある他の地」であるか否かを判断する。この判断により、具体的妥当性の確保という観点から、原因事実発生地よりも明らかにより密接関係地が他にあるときは、当該の他の地の法による。仮に、密接関係地が他にある場合でないときは、第14条の規定に従って原因

事実発生地の法による。

（4） 準拠法の変更（第16条）

　第16条本文は、「事務管理又は不当利得の当事者」は「その原因となる事実が発生した後」において「事務管理又は不当利得によって生ずる債権の成立及び効力について適用すべき法」を「変更することができる」と規定する。この規定の趣旨は、当事者による事後的な準拠法の変更（当事者自治）を認めるところにある。「変更することができる」と規定するから、変更しないのが原則である。この原則に対して、この規定は、例外則である。

　「事務管理又は不当利得の当事者」とは、事務管理の場合には、本人と管理者とを意味し、不当利得の場合には、受益者と損失者とを意味する。「当事者」に、債権の譲受人や債務の引受人を含まない。その理由は、第16条本文が事務管理または不当利得に関係する者に対する準拠法についての予見可能性の確保に関連するからである。事務管理または不当利得の相続人という包括承継人は、当事者である地位の承継人であるから、相続等によって取得した債権の準拠法を変更することを認める。

　準拠法の変更の時期を「その原因となる事実が発生した後」に限定する理由は、原因事実発生前の準拠法に関する当事者の意思については、第15条の規定の適用にあたって考慮し得るからである。

　第16条本文が規定する当事者の意思による変更の有効性、当事者の意思に黙示の意思をも含むかは、解釈にゆだねる。解釈として、抵触法それ自体により独自に判断すると、その基準が不明確であり、変更が仮に有効であるとした場合に適用すべき法によると、それ自体では循環論に陥るものの、法的安定性は維持することができる、と解される。変更の効力に遡及効または将来効を認めるかは、解釈にゆだねる。解釈として、当事者自治を認めるから、当事者は、変更が遡及効または将来効を有するか否かをも決定することができる、と解される。同条ただし書が規定する「第三者の権利を害する」とは、事務管理または不当利得の債権の存在を前提として、準拠法の変更の

前にその債権について法的な利害関係を取得した者がいる場合には、準拠法の変更によって法的地位が不利益な変更となることを意味する。「第三者に対抗することができない」とは、権利を害された第三者との関係でのみ準拠法の変更が無効である、という相対的無効を意味する。

3．不法行為の準拠法

（1） 不法行為

　不法行為によって生ずる債権の成立および効力という単位法律関係は、行為者の責任能力の要否、不法行為能力、不法行為における主観的違法性、不法行為の違法性阻却事由の要否、損害発生の要否、損害の種類、行為と損害との因果関係の要否、損害賠償請求権者、損害賠償の範囲・方法、損害賠償請求権の時効、不法行為債権の譲渡性・相続性、共同不法行為の責任の分担、損害賠償額の算定の基準・方法などに係る事項である。契約責任と不法行為責任とが競合する場合は、法律関係の性質を契約または不法行為の一方と決定するものの、特別な関係があるときは、その法律関係について適用すべき法による、と解する。

　不法行為の制度は、正義および衡平という観点から、社会の秩序を維持するための制度でもあり、原因事実発生地の公益に関連する。このため、隔地的不法行為は、行為者の行為規範を明確にするとの視点を重視して、行為者の意思活動の行われた地として、加害行為が行われた地（加害行為の行為地）の法によるか、または被害者に対する損害のてん補（填補）という被害者の保護との視点を重視して、法益侵害の結果が発生した地として、加害行為の結果が発生した地（加害行為の結果発生地）の法による。加害行為の結果発生地と加害行為の行為地との振り分けには、被害者と加害者との間での保護の調整という観点から、客観的な予見可能性を考慮の要素とする。

　基本的に、具体的事案における法律関係の性質を不法行為の債権の成立および効力に係る事項と決定して、適用すべき抵触法の規定として第17条を

特定すると、同条の規定の解釈・適用が問題となる。

(2) 適用すべき抵触法の規定の解釈・適用（第17条）

　第17条本文は、「不法行為によって生ずる債権の成立及び効力」については「加害行為の結果が発生した地」の法による、と規定する。この規定の趣旨は、当事者による準拠法についての予見可能性に配慮し、被害者の損害のてん補を重視して不法行為の客観的要件を考慮し、加害行為の結果発生地の法によるところにある。損害のてん補という観点から、被害者にとっては損害の発生が重要であるから、原因事実発生地を考慮しない。

　指定概念を示す「不法行為によって生ずる債権の成立及び効力」の「不法行為」とは、違法行為による損害を加害者が被害者に対して賠償すべき債務に係る事項を意味する。「不法行為」は、不正競争行為、競争制限行為、知的財産権侵害行為などをも含む。ただし、「不法行為」から、第18条が規定する生産物責任および第19条が規定する名誉または信用の毀損を除く。

　連結素を示す「加害行為の結果が発生した地」とは、加害行為による法益侵害という直接の結果発生地を意味し、加害行為によって直接に侵害された権利が侵害の発生した当時において所在した地を意味する。加害行為の結果発生地は、被害者が被った被害そのものが所在する地であって、損害発生地とは異なるから、派生的損害および二次的損害の発生地を含まない、と解される。侵害の当時における所在地が明確でない債権および知的財産権に対する侵害の場合には、加害行為の結果発生地を一義的に確定することができないから、被侵害法益の性質により、その地を確定する。

　第17条ただし書は、「その地における結果の発生が通常予見することのできないものであったとき」は「加害行為が行われた地」の法による、と規定する。この規定の趣旨は、法益侵害の結果がその地において発生することを想定できない場合を考慮し、その地における結果の発生が通常予見することのできないことを要件として、加害行為の行為地の法によるところにある。これは、被害者と加害者との間で利益の衡平を図り、行為者の意思活動とい

う観点から、不法行為の主観的要件を重視し、侵害行為の行為地として、不法行為の意思活動の行われた地を不法行為の発生地と解し、その地の法による。加害行為の結果発生地における結果の発生が「通常予見することのできないもの」であったときは、加害行為の行為地の法による。「通常予見すること」とは、加害行為の結果発生地という属地的なものについて予見することを意味する。「予見」の対象は、「その地において」結果が発生するかどうかという場所的なものである。「予見」の可能性は、抵触法上の観念として、客観的要素によって類型的に判断する。加害者がその地における結果の発生を具体的に予見し得たか否かという加害者の主観的事情を問題としないで、客観的に、加害者および加害行為の性質・態様、被害の発生状況など、その不法行為に関する事情に照らして、その地における結果の発生が通常予見可能なものであったか否かを判断する。この判断は、同種の行為を行う者に期待される通常の程度の注意義務を基準とする。この基準により、予見可能性の前提となる事実について、職権探知主義が妥当するかまたは弁論主義が妥当するかは、解釈にゆだねる。解釈として、この事実は、準拠法の選定の前提となるから、抵触法の解釈・適用の一部として職権探知主義に服する、と解する。通常予見可能性の判断によって、加害行為の結果発生地の法と加害行為の行為地の法とのいずれかを準拠法として客観的に選定する。

　第17条の本文とただし書とを併せて、加害行為の結果発生地と加害行為の行為地とが異法域に属する場合として、隔地的不法行為の場合には、原則として、加害行為の結果発生地の法により、例外として、加害者の予見可能性を確保するために、加害行為の行為地の法による。

　連結素の確定の基準時は、変更主義を採用する。

　第17条の規定に従う準拠法の選定には、第20条から第22条までの規定による制約がある。

【判例】最高裁平成14年9月26日第一小法廷判決（本書3頁）
《判旨》「特許権侵害を理由とする損害賠償請求については、特許権特有の問題ではな

く、財産権の侵害に対する民事上の救済の一環にほかならないから、法律関係の性質は不法行為であり、その準拠法」は、不法行為に関する抵触法の規定による。加害行為の結果発生地は「本件米国特許権の直接侵害行為が行われ、権利侵害という結果が生じたアメリカ合衆国と解すべきであり、同国の法律を準拠法とすべきである。けだし、(ア) 我が国における被上告人の行為が、アメリカ合衆国での本件米国特許権侵害を積極的に誘導する行為であった場合には、権利侵害という結果は同国において発生したものということができ、(イ) 準拠法についてアメリカ合衆国の法律によると解しても、被上告人が、米国子会社によるアメリカ合衆国における輸入及び販売を予定している限り、被上告人の予測可能性を害することにもならないからである。」

4．生産物責任および名誉または信用の毀損の特例

(1) 生産物責任について適用すべき抵触法の規定の解釈・適用（第18条）

　生産物責任は、瑕疵ある生産物を生産し、商品として市場に流通させたことに因るものである。生産物の性質により、生産業者等の意図とは関係なく生産物が国境を越えて流通するから、生産物責任について、加害行為の結果発生地も加害行為の行為地もともに偶然の地である。生産物責任の準拠法の選定は、不法行為の一般についての準拠法の選定の方法とは別に、被害者の利益を考慮しつつ、生産業者等の利益にも配慮する、と考えられる。

　基本的に、具体的事案における法律関係の性質を生産物責任に係る事項と決定して、適用すべき抵触法の規定として第18条を特定すると、同条の規定の解釈・適用が問題となる。

　第18条本文は、第17条の規定にかかわらず、「生産物（……）で引渡しがされたものの瑕疵により他人の生命、身体又は財産を侵害する不法行為によって生ずる生産業者（……）又は生産物にその生産業者と認めることができる表示をした者（……）に対する債権の成立及び効力」については「被害者が生産物の引渡しを受けた地」の法による、と規定する。この規定は、不法行為の一般に対する生産物責任の特例である。被害者が生産物の引渡しを受けた地（生産物の引渡地）の法による理由は、加害行為の結果発生地の法によると、生産業者等にとって不利な結果となり、加害行為の行為地の法によ

ると、加害行為を決定することができないことがあるからである。

　第18条かっこ書は、「生産物」および「生産業者」を定義し、「生産業者」と「生産物にその生産業者と認めることができる表示をした者」とを「生産業者等」と総称する。「生産物」の定義は、「製造物責任法」（平成6年法律第85号）第2条第1項の定義よりも広義であり、未加工の農水産物や不動産をも含む。その理由は、抵触法上は製造物と未加工の農水産物とを区別する必要がなく、外国の実質法上の生産物をも含むからである。「生産物」は、「物」であるから、知的財産を含まない。「生産業者等」は、製造物責任法第2条第3項の定義よりも広義であり、生産物を業として生産し、加工し、輸出し、流通させ、または販売した者をも含む。販売した者は、卸売業者および小売業者をも含む。この規定によって、「被害者」は、生産から販売までの流通過程に在る者および表示生産業者に対して、生産物責任を請求することができる。「被害者」は、定義がないから、解釈にゆだねる。解釈として、「被害者が生産物の引渡しを受けた地」という文言から、生産物の引渡しを受けた者が「被害者」である、と解する。「被害者」には、バイ・スタンダーを含まない。バイ・スタンダー（by-stander）とは、生産物の近くに偶然に在って損害を被った者や生産物の購入者の家族等を意味する。「被害者」は、生産物の引渡地の法の適用を予見することができるから、生産物の引渡しを受けた者に人的な関係がある者であって、生産業者等が生産物の利用・使用を予定する者である、と解釈する。

　指定概念を示す「生産物（……）で引渡しがされたものの瑕疵により他人の生命、身体又は財産を侵害する不法行為」のうちの「瑕疵」を抵触法それ自体で独自に広義に解釈して、生産物に因る不法行為には専ら第18条を適用する、と解される。「財産」は、製造物責任法第3条ただし書が「損害が当該製造物についてのみ生じたとき」を適用除外として拡大損害のてん補を図るから、生産物それ自体の損害をも含むかには見解の相違がある。「債権の成立」とは、生産物に因る不法行為の成立の要件として、生産業者等の故意または過失の有無、生産物の欠陥の存在、因果関係の存否などを意味す

る。「債権の……効力」とは、生産物責任の効力として、損害賠償の請求権者、損害賠償の範囲・方法、損害賠償請求権の存続期間、損害賠償額の基準・算定方法などを意味する。

　連結素を示す「被害者が生産物の引渡しを受けた地」とは、被害者の保護という観点から、被害者が生産物の占有を取得した地を意味する。連結素を生産物の引渡地とした理由は、生産物責任の性質により、引渡地が生産業者等と被害者との接点であり、引渡地が生産業者と被害者との双方にとって中立的にして密接に関係する地であるからである。生産物の引渡地は、生産業者等が引渡地における生産物の引渡しを通常予見できないものであったときは、生産物の引渡地の法によることは適切ではない。

　第18条ただし書は、生産物の引渡地における生産物の引渡しが「通常予見することのできないものであったとき」は「生産業者等の主たる事業所の所在地」の「法（……）による」と規定する。この規定の趣旨は、生産業者等と被害者との間の利益の衡平を図るために、生産業者等の利益にも配慮するところにある。「通常予見することのできない」は、第17条ただし書の規定における解釈と同旨である。客観的に、生産業者等および生産物の性質、市場での流通の態様および状況等に照らして、生産物の引渡地における生産物の引渡しが通常予見可能なものであったか否かを問題とする。通常予見可能性の有無という事実について、職権探知主義が妥当するか、弁論主義が妥当するかは、解釈にゆだねる。解釈として、この事実は、準拠法の選定の前提となるから、職権探知主義に服する、と解する。「事業所」とは、抵触法上の概念であり、事業の目的が営利であると非営利であるとを問わず、社会的な事業活動の拠点を意味する。これは、実質法上の事務所または営業所という概念を含む。「主たる事業所の所在地」とは、生産業者等が法人である場合には、生産物責任が法人の経営責任に係る責任であるから、生産物責任の最密接関係地として法人の経営統括地として、法人の本店の所在地を意味する。連結素を「主たる事業所の所在地」とする理由は、加害行為の行為地が生産業者の工場の所在地である、と考えることができるものの、その所在

地が被害者には予見できない偶然の地であり、主たる事業所の所在地が被害者にとって容易に知られるからである。

　連結素の確定の基準時は、第18条の本文もただし書も明示に規定しないものの、生産物責任の性質により、被害者が生産物の引渡しを受けた当時およびその当時と社会通念に基づいて同視することができる当時に固定する、と解釈することができる。

　第18条の規定に従う準拠法の選定には、第20条から第22条までの規定による制約がある。

（２）　名誉または信用の毀損について適用すべき抵触法の規定の解釈・適用（第19条）

　名誉または信用の毀損について、その性質により、被侵害法益が無形のものであるから、加害行為の結果発生地を一義的に確定することが困難であり、被害者の保護という観点から、加害行為の結果発生地も加害行為の行為地も適切ではない。名誉または信用の毀損の準拠法の選定は、不法行為の一般についての準拠法の選定の方法とは別に、とりわけ、被害者の利益を重視する、と考えられる。

　基本的に、具体的事案における法律関係の性質を名誉または信用の毀損に係る事項と決定して、適用すべき抵触法の規定として第19条を特定すると、同条の規定の解釈・適用が問題となる。

　第19条は、第17条の規定にかかわらず、「他人の名誉又は信用を毀損する不法行為によって生ずる債権の成立及び効力」については「被害者の常居所地」の法による、と規定する。この規定は、不法行為の一般に対する名誉または信用の毀損の特例である。この規定の趣旨は、被害者の保護を図りつつ、被害者の常居所を加害者が通常は知り得るから、準拠法についての加害者による予測可能性にも配慮するところにある。

　指定概念を示す「他人の名誉又は信用を毀損する不法行為」は、定義がないから、抵触法それ自体で独自に解釈する。「名誉又は信用」は、抵触法上

の概念として、プライバシー（privacy）を含む。

　連結素を示す「被害者の常居所地」とは、被害者の常居所の所在する地の属する法域を意味する。その理由は、名誉または信用の毀損が人格権の侵害であり、被害者の生活の本拠である常居所地の法域で名誉または信用の毀損が生ずるであろうからである。仮に、複数の法域で名誉または信用の毀損が発生したとしても、通常は被害者の常居所地の法域において最も重大な権利侵害が発生している、と考えることができる。第19条かっこ書の「事業所」の解釈は、第18条ただし書の規定における解釈と同旨である。

　連結素の確定の基準時は、第19条が明示に規定しないものの、他人の名誉または信用の毀損の性質により、その毀損という行為が行われた当時およびその当時と社会通念に基づいて同視することができる当時に固定する、と解釈することができる。

　第19条の規定に従う準拠法の選定には、第20条から第22条までの規定による修正がある。

5．不法行為の準拠法の選定についての修正

(1) 準拠法の選定の例外（第20条）

　第20条は、第17条から第19条までの規定にかかわらず、不法行為の債権の成立および効力については「不法行為の当時において当事者が法を同じくする地に常居所を有していたこと」、「当事者間の契約に基づく義務に違反して不法行為が行われたこと」、「その他の事情」に照らして、「明らかに」前3条の規定により「適用すべき法の属する地よりも密接な関係がある他の地」があるときは、「当該他の地」の法による、と規定する。この規定の趣旨は、第17条から第19条までの規定に優先して、準拠法の柔軟な選定により具体的妥当性を確保するところにある。その理由は、不法行為の多様性により、具体的事案によっては、加害行為の結果発生地および加害行為の行為地と比較して、その地の他に、より密接な関係がある地がある場合があるか

らである。第20条の規定の解釈は、第15条の規定の解釈とほぼ同じである。

「不法行為の当時において当事者が法を同じくする地に常居所を有していたこと」とは、不法行為の当時において不法行為の直接の当事者の常居所が同一法域内にあったことを意味する。自然人についての概念である「常居所」は、当事者が法人その他の社団または財団である場合には、その事業所である、と解釈する。「当事者間の契約に基づく義務に違反して不法行為が行われたこと」とは、実質法上の、ある行為が債務不履行となり、かつ、不法行為ともなり、それらの双方の請求権が生ずる場合（請求権競合）と同旨を意味する。これは、契約の準拠法に対する附従的連結である。その理由は、不法行為についても契約の準拠法によることが適切な場合が多い、と考えることができるからである。不法行為の紛争も、当事者間の契約に関する紛争の一部を構成する場合には、その契約の準拠法の適用は、当事者の合理的な期待に適い、契約の準拠法と不法行為の準拠法との矛盾・抵触による適応問題の発生を回避することができる、と考えることができる。「当事者間の契約」の準拠法の適用は、その契約の準拠法が属する法域における不法行為に関する実質法の適用である、と解する。第20条の規定は例示である。同一常居所地法や契約の準拠法によるのに比較して、他の地の法によるのが適切である場合もあり得るから、不法行為の被害者が複数である場合において、特定の被害者が加害者と同一常居所地に在るときは、その特定の被害者と加害者との関係についてのみ同一常居所地法によるのは不適当である、と考えることができる。「その他の事情」は、「明らかに」より「密接な関係がある他の地」があるか否かを判断する要素である。

（2）　準拠法の変更（第21条）

第21条本文は、「不法行為の当事者」は「不法行為の後」において不法行為の債権の成立および効力について適用すべき法を「変更することができる」と規定する。「変更することができる」と規定するから、変更しないの

が原則であり、この規定は例外則である。この規定の趣旨は、不法行為について当事者による準拠法の事後的な変更を認める（当事者自治）ところにある。その理由は、当事者による準拠法の事後的な変更を認めることが準拠法に関する当事者の予測可能性を確保するからである。これは、実質法上、不法行為により発生した損害の公平な分担という当事者間の利益の調整が重視されており、不法行為の債権も金銭債権であることが通常であって、一般的に当事者による任意処分が認められることの反映である。第21条の規定の解釈は、第16条の規定の解釈とほぼ同じである。「不法行為の当事者」とは、不法行為の加害者および被害者を意味する。「不法行為の後」と規定するから、準拠法の変更の時期的制限は、事後的な変更のみである。事後的な変更の効力が遡及するか否かは、当事者による準拠法の選定の意思を尊重する趣旨から、その変更にあたって、当事者がこれを決定することができる、と解する。

　第21条ただし書は、「第三者の権利を害することとなるときは、その変更をその第三者に対抗することができない」と規定する。「第三者の権利を害すること」とは、不法行為の債権の存在を前提として、準拠法の変更前にその債権について法的な利害関係を取得した者がいる場合には、準拠法の変更によってその法的地位が不利益に変更されることを意味する。法的地位の不利益変更の有無は、具体的事案において、変更前の準拠法を適用した結果と変更後の準拠法を適用した結果とを比較して、後者が前者よりも不利益であるか否かによって判断する。「その第三者に対抗することができない」とは、当事者による準拠法の変更の意思を尊重するという観点から、準拠法を変更した当事者間においてはその変更は有効であり、権利を害された第三者との関係でのみ準拠法の変更は効力を有さない、という相対的無効を意味する。

（3）　不法行為についての公序による制限（第22条）

　不法行為は、社会秩序と関連があり、法廷地の不法行為に関する制度と異なる内容の外国法を適用した結果、法廷地の社会秩序に反する場合には、法

廷地の社会秩序の維持を図る必要がある。

　第22条第1項は、「不法行為について外国法によるべき場合」において、「当該外国法を適用すべき事実」が「日本法によれば不法とならないとき」は「当該外国法に基づく損害賠償その他の処分の請求は、することができない」と規定する。この規定の趣旨は、同種の行為が日本法によれば「不法」とならない場合には、不法行為について適用すべき外国法に基づく救済方法を認めないところにある。「不法」（違法）とは、不法行為の主観的要件および客観的要件を意味する。「当該外国法に基づく損害賠償その他の処分の請求は、することができない」とは、外国法による不法行為に基づく請求については、これを認めないことを意味する。

　第22条第2項は、「不法行為について外国法によるべき場合」において、「当該外国法を適用すべき事実」が「当該外国法及び日本法により不法となるとき」であっても、被害者は「日本法により認められる損害賠償その他の処分でなければ請求することができない」と規定する。この規定の趣旨は、同種の行為に対する効力が日本法により認められる損害賠償その他の処分でなければ、これを認めないところにある。

　第22条の第1項および第2項に共通して規定する「不法行為について外国法によるべき場合」とは、不法行為の準拠法に関する第17条から第21条までの規定に従って選定した準拠法が外国法である場合を意味する。第22条は、日本法によれば「不法」と評価されない行為について不法行為の成立を否定し、日本において外国法による不法行為の効果として、たとえば、懲罰的損害賠償を否定できる、という意義がある。第22条第1項の規定に従って、不法行為の成立については、不法行為について適用すべき外国法と法廷地法である日本法との累積的適用となる。第22条第2項の規定に従って、不法行為の効力については、不法行為について適用すべき外国法と法廷地法である日本法との累積的適用となる。第22条は、外国法の適用を留保する、という特別留保条項である。第42条は一般留保条項である。

6．結びに代えて

　第 14 条は、事務管理または不当利得の債権の成立および効力についての準拠法の選定に関する原則を規定する。第 15 条は、第 14 条の規定に対する例外であるから、一般に考慮すべき要素として挙げられている事情があるときは、それだけで第 14 条の規定に優先して適用する。その前提として、原因事実発生後における適用すべき法の変更に関する第 16 条の規定を適用する。

　事務管理および不当利得の準拠法は、第 1 段階として、第 16 条の規定による事後的変更によって、第 2 段階として、第 14 条の規定による事務管理または不当利得の原因事実発生地への連結によって、第 3 段階として、第 15 条の例外条項の規定による連結によって、これを選定する、と考える。

　第 17 条は、不法行為の債権の成立および効力についての準拠法の選定に関する原則を規定する。同条本文と同条ただし書とは、加害行為の結果発生「地における結果の発生が通常予見することのできないものであったか」を基準として、振り分けて適用する。第 18 条および第 19 条は、第 17 条の特例であるから、第 17 条に優先して適用する。第 20 条は、第 17 条、第 18 条および第 19 条に優先して適用する。その前提として、不法行為の後における適用すべき法の変更に関する第 21 条を適用する。

　不法行為の準拠法は、第 1 段階として、① 第 21 条の規定による事後的変更によって、第 2 段階として、② 第 18 条または第 19 条の特例による連結によって、第 3 段階として、③ 第 17 条本文の規定による加害行為の結果発生地または同条ただし書の規定による加害行為地への連結によって、第 4 段階として、④ 第 20 条の例外による連結によって、第 5 段階として、⑤ 第 22 条の特別留保規定による連結によって、これを選定する、と考える。

第 12 章　法定債権関係の準拠法　191

　事務管理・不当利得、生産物責任、名誉・信用の毀損の準拠法の選定についても、同じように整理することができる。
　第17条ただし書が規定する「その地における結果の発生が通常予見することのできないものであったとき」と民事訴訟法第3条の3第8号のかっこ書が規定する「日本国内におけるその結果の発生が通常予見することのできないものであったとき」とは、連結素の関連と管轄原因の関連との相違はあるものの、ともに属地的な要素であり、客観的にして類型的に判断するから、ほぼ同様に解釈することができる、と考える。
　基本的に、具体的事案において、法律関係の性質の決定、適用すべき抵触法の規定の特定、特定した規定の連結素の確定によって、準拠法を選定する。選定した準拠法の適用範囲は、見解の相違があるが、適用した抵触法の規定に対応して、次の事項である、と考える。

　第14条から第16条まで　→　事務管理に関して、事務管理の成立および効力に関する諸問題、とりわけ、事務管理の成立要件として、事務管理の目的、事務管理の能力、事務管理者の意思などに関する諸問題、救助契約に基づかない海難救助など。
　　　不当利得に関して、不当利得の成立および効力に関する諸問題、とりわけ、利得の性質、損失の性質、利得と損失との因果関係の存否・程度、利得の不当性の意味、利得者の負う債務、利得の返還の方法、利得の返還につき利得の範囲・損失の範囲、損害賠償の請求の可否など。

第 17 条および第 20 条から第 22 条まで　→　不法行為に関して、不法行為の成立および効力に関する諸問題、とりわけ、行為者の責任能力の要否、不法行為能力、不法行為における主観的違法性、不法行為の違法性阻却事由の要否、損害の発生の要否、損害の種類、行為と損害との因果関係の要否、損害賠償請求権者、損害賠償の範囲・方法、損害賠償請求権の時効、不法行為債権の譲渡性・相続性の有無、共同不法行為の責任の分担、損害賠償額の算定の基準および方法など。

　　不法行為の成立に関して、「不法」について日本法との累積的適用。
　　不法行為の効力に関して、日本法の認める「損害賠償その他の処分」について日本法との累積的適用。
第 18 条から第 22 条まで　→　生産物責任の成立および効力。
第 19 条から第 22 条まで　→　名誉または信用を毀損する不法行為の成立および効力。

不法行為の準拠法の選定には、議論の余地がある事項がある。判例・裁判例の蓄積を期待したい。

第13章　任意債権関係の準拠法

1．はじめに

　国際契約は多種多様である。国際売買契約、国際ライセンス契約、国際消費者契約、国際労働契約などにおいて、契約の当事者の国籍・常居所・主たる事業所の所在地、契約の締結地、契約の目的物の所在地、契約の履行地などの属地的要素のいずれか1つを取り出したとしても、その地は、契約に最も密接な関係がある地（最密接関係地）であるとは考えられない。国際契約を構成する属地的要素は、契約をめぐる法律関係を契約の最密接関係地に連結する要因とはなり得ない。それに代わって、契約の当事者が契約の準拠法を選定していた場合には、その準拠法の選定を認める（当事者自治、意思自治）、と考えることができる。国際契約に、準拠法条項を規定する。

【実務例】Article ○　governing law
The formation, validity, construction and the performance of this Agreement shall be governed by the laws of Japan.
〔この契約の成立、有効性、解釈および履行は、日本法による。〕

　準拠法条項の成立および効力を認めると、この契約の成立、有効性、解釈および履行については、日本法による。準拠法条項は、主たる契約が無効であるときは、主たる契約から分離・独立して解釈・適用することができるかどうかについて、消極的に解される。議論の余地がある。消費者契約および労働契約については、消費者および労働者の保護という観点から、その契約の準拠法の選定には当事者自治の原則に対する特例を認める。

法適用通則法は、契約の成立および効力という指定概念については、当事者自治の原則としての主観的連結、例外としての客観的連結および特則としての準拠法の事後的変更に細分化する。契約の類型は、契約の一般と、消費者契約および労働契約とに区別する。

　債権債務関係では、債権の譲渡、債権質、相殺、債権者代位権、詐害行為取消権などの準拠法の選定が問題となる。

2．契約の準拠法

（1）　当事者自治の原則

　当事者自治の原則とは、法律行為の当事者が法律行為に係る法律関係の準拠法を選定しているときに、当事者による準拠法の選定を認める原則を意味する。この原則は、当事者の意思を連結する要因とするから、意思自治の原則ともいう。この原則の根拠は、理論的には、国際契約の多様性のために連結素を客観的に確定できないこと、諸国の実質法上の契約自由の原則を反映すること、国際契約の当事者が契約の準拠法を事前に予測することができることなどにあり、実務的には、国際契約の当事者にとっても裁判所にとっても契約の準拠法の選定についてエネルギーの節約となることなどにある。

　当事者自治の原則は、諸国の実質法上、契約自由の原則が強行法規に対応して修正されることに影響を及ぼされて、量的制限論や強行法規の特別連結論などの制限論がある。量的制限論は、当事者自治の原則を認める対象を契約に一定の実質的な関連がある国（法域）の法に量的に制限する理論であって、第 26 条第 2 項がこれを具体化する。この理論に対して、当事者自治の原則を認めるから、この量的な制限は論理的に妥当でない、と批判される。強行法規の特別連結論は、当事者が選択した地の法とともに、準拠法の属する法域とは異法域の強行法規が具体的事案に関連があり、かつ、法廷地の公序に反しない限り、その強行法規の適用を認めて当事者自治の原則を制限する。この理論は、経済的弱者を保護すべき類型の契約において、具体的事案

に関連がある法域の強行法規を適用してその者の保護を目的とする。日本法が契約の準拠法でない場合でも、法廷地である日本の強行法規の適用に異論はないものの、外国の強行法規の適用には議論の余地がある。

　当事者自治の原則に対する制限論が理論的に評価され得ないから、諸国の抵触法（国際私法）は、一般に、当事者自治の原則を認める。

　契約の成立という単位法律関係は、契約の成立における申込みと承諾の要否、申込みまたは承諾の錯誤・詐欺・強迫等のような意思表示の瑕疵による契約の無効・取消しなどに係る事項である。契約の効力という単位法律関係は、契約により生ずる債権債務の種類・内容・効力、債務不履行の場合の効果、弁済等による債権の消滅、双務契約における同時履行の抗弁権および危険負担、売買契約における瑕疵担保責任などに係る事項である。

　基本的に、具体的事案における法律関係の性質を法律行為の成立および効力に係る事項と決定して、適用すべき抵触法の規定として第7条を特定すると、同条の規定の解釈・適用が問題となる。

（2）　適用すべき抵触法の規定の解釈・適用——主観的連結（第7条）

　第7条は、「法律行為の成立及び効力」については「当事者が当該法律行為の当時に選択した地」の法による、と規定する。この規定の趣旨は、法律行為の成立および効力の準拠法の選定について当事者自治の原則を採用するところにある。この規定は、「当事者が……選択した地」という文言から、当事者の「選択した」という意思を連結する要因（要素）とする主観的連結の規定である。

　指定概念を示す「法律行為の成立及び効力」のうち「法律行為」とは、国際契約を意味する。その理由は、次のように解する。法律行為には身分的法律行為、物権的法律行為および債権的法律行為があるものの、身分的法律行為については第24条から第37条までの規定を、物権的法律行為については第13条の規定をそれぞれ適用する。身分的法律行為および物権的法律行為を消去すると、「法律行為」は、債権的法律行為となる。法律行為には契約、

単独行為および合同行為も含まれるものの、その主要なものは契約である。契約であり、第7条の規定が抵触法の規定であるから、「法律行為」とは、国際契約を意味する。「法律行為」は、単独行為として契約の取消しおよび解除をも含む。「当事者」は、取消しおよび解除の相手方をも含む。

　指定概念を示す「法律行為の成立」とは、法律行為（契約）の実質的成立要件を意味する。その理由は、法律行為の成立には実質的成立要件と形式的成立要件とがあるものの、形式的成立要件（方式）は第10条に規定し、法律行為の方式を消去すると、「法律行為の成立」は、法律行為の実質的成立要件となるからである。法律行為の実質的成立要件には、行為能力に係る事項もあるものの、行為能力については第4条の規定を適用する。「法律行為の……効力」とは、法律行為の成立について適用すべき法により法律行為が成立したときの、その法律行為の当事者の権利義務を意味する。

　連結素を示す「当事者が……選択した地」の「当事者が……選択した」とは、当事者が法律行為の準拠法を選択・指定（選定）するときに、法域を「選択した」という当事者の意思表示を意味する。法律行為の当事者が「選択した」という意思は、当事者自治の原則に照らして、当事者の明示の意思と黙示の意思とを含む、と解釈される。

　当事者が「選択した」との意思表示に係る事実は、第7条の規定に従う準拠法の選定の前提となる事実であるから、原則として、裁判所による職権調査事項に属し、かつ、職権探知主義に服するものの、迅速な審理の実現ために、例外として、当事者による協力が必要である、と解する。

　「当事者が……選択した地」であるから、当事者による準拠法の選択・指定（選定）は、抵触法的指定といわれる。抵触法的指定とは、当事者が法域を選択し、選択した法域において実効性がある実質法を準拠法として指定することを意味する。本書では「抵触法的選定」という。抵触法的選定に対して、実質法的指定とは、準拠法の強行法規に反しない限り、準拠すべき実質法上の契約自由の原則に従って契約内容を当事者が自由に決定し、契約内容を規定する代わりに、準拠すべき実質法の規定を契約に組み込むことを意味

する。実質法的指定は、ここでは認めない。

　当事者自治の原則を原則として貫くから、当事者の明示の意思を認める場合には、その意思を解釈することとなるものの、明示の意思を認めない場合には、当事者の黙示の意思を探求することとなる。黙示の意思は、当事者が「当該法律行為の当時」に「選択した」という意思を有していたものの、その意思を外部的に表示しなかった（現実の意思を黙示した）場合と、その意思を有していなかったものの、準拠法がその当時に問題となっていたときは、「選択した」と仮定される（仮定的意思を想定する）場合とを考えることができる。前者の場合は、当事者自治の原則の趣旨に照らして、第7条の「選択した」に該当する。後者の場合は、準拠法の選定を仮装する必要はないから、第8条の「選択がない」に該当する。

【判例】最高裁昭和53年4月20日第一小法廷判決（民集32巻3号616頁）
《判旨》「本件定期預金契約上の債権の準拠法……を決定するには、まず……〔抵触法の規定〕に従い当事者の意思によるべきところ、原審の確定したところによれば、当事者の明示の意思表示を認めることはできないが、上告人（本店所在地タイ国）東京支店は、当時日本に居住していた華僑のAと円を対象とする本件定期預金契約をし、同預金契約は、上告人東京支店が日本国内において行う一般の銀行取引と同様、定型的画一的に行われる附合契約の性質を有するものであるというのであり、この事実に加えて、外国銀行がわが国内に支店等を設けて営業を営む場合に主務大臣の免許を受けるべきこと、免許を受けた営業所は銀行とみなされること（……）等を参酌すると、当事者は本件定期預金契約上の債権に関する準拠法として上告人東京支店の所在地法である日本法を黙示的に指定したものと解すべきである。」

　当事者が「選択した」という当事者の意思の解釈として、当事者の明示の意思および黙示の意思の確定に加えて、① 附合契約の準拠法約款、② 準拠法の分割指定、③ 「選択した」という指定行為それ自体の有効性、④ 「選択した地の法」の対象となり得る法などが問題となる。これらの問題について、法適用通則法には規定が存在しないから、解釈にゆだねる。解釈として、次のように整理する。

① 附合契約の当事者は、契約の準拠法を交渉しないで準拠法約款（準拠法条項）に合意するから、この約款に当事者自治の原則が妥当するかが問題となる。契約が運送証券や保険証券に証券化している場合には、証券の所持人は準拠法を予測することができるから、附合契約の準拠法約款にも当事者自治の原則が妥当する、と解する。

② 契約を分割してそれぞれに異なる準拠法を選定することがある。これを準拠法の分割指定という。準拠法の分割指定について、これが当事者の意思による限り、その分割指定を認めることが準拠法に対する当事者の合理的な期待の保護および取引の安全に資するから、準拠法を指定する範囲についても当事者の意思による、との見解がある。見解の相違があるが、当事者自治の原則に照らして、契約の成立および効力の一部についても準拠法の選定を認めることができるから、契約を分割してそれぞれに異なる準拠法の選定を認める、と解する。

③ 当事者による準拠法の選定の意思表示それ自体に錯誤・詐欺・脅迫などの瑕疵がある場合には、その選定の有効性が問題となる。この問題を抵触法それ自体で独自に解決すべきとの見解は、具体的基準が明確ではない、と批判され、準拠法の選定が有効であったと仮定して、この問題を契約の準拠法によって解決すべきとの見解は、循環論に陥る、と批判される。準拠法についての当事者による予測可能性を確保するために、後者の見解によるのもやむを得ない、と解する。

④ 準拠法は、一般に、選択された地の属する国（法域）において実効性がある法である。当事者の一方を国家（国家機関）とする国家契約、コンセッション契約においては、準拠法として国際法や法の一般原則を選定することがある。国家法ではなくとも、国家契約を実質的に規律するものであれば、契約の準拠法としての選定を認める、と解する。

連結素の確定の基準時は、第7条が不変更主義を採用して、「当該法律行為の当時」に固定する。「法律行為の当時」とは、法律行為が行われた当時およびその当時と社会通念に基づいて同視することができる「当時」を意味

する。「当時」は、具体的には、契約の締結の当時および契約の締結に至る交渉過程において準拠法について合意した当時である。「当時」の後の問題には、第9条を適用する。

当事者が選択した地の「法」とは、当事者が「選択した地」において実効性がある実質法を意味する。当事者が「選択した地」において実質法の改正があった場合には、「選択した地」の時際法的処理による。

3．選択がないときの処理

(1)　「選択がないとき」

第7条の規定する当事者の「選択した」との明示または黙示の意思を確定することができないとき、という主観的連結ができないときは、客観的連結が必要となる。客観的連結は、基本的に、抵触法の機能に照らして、契約の最密接関係地を選択する、と考えることができる。

第7条と第8条との関係は、第1段階として第7条による主観的連結により、その主観的連結ができないときは、第2段階として第8条による客観的連結による、と整理することができる。

(2)　適用すべき抵触法の規定の解釈・適用——客観的連結（第8条）

第8条第1項は、第7条の規定による「選択がないとき」は「法律行為の成立及び効力」については「当該法律行為の当時」において「当該法律行為に最も密接な関係がある地」の法による、と規定する。この規定の趣旨は、主観的連結ができないときは、法律行為をめぐる諸般の事情を総合的に考慮して、客観的な「法律行為に最も密接な関係がある地」という連結素の確定によるところにある。この規定は客観的連結の規定である。客観的連結であっても、連結素の確定における「最も密接な関係」の判断によっては柔軟な処理が期待できる。「選択がないとき」とは、第7条が「選択した」と規定する文言に関連して、当事者による準拠法の指定の明示または黙示の意思

が存在しないときとして、いずれかの国（法域）を明示または黙示に選択していないときを意味する。「選択がないとき」は、選択の意思に瑕疵があるときをも含む。

指定概念を示す「法律行為の成立」の解釈は、第7条の規定と同旨である。

連結素を示す「当該法律行為に最も密接な関係がある地」は、法律関係の最密接関係地を選択する、という抵触法の機能を具体化する。最密接関係地として考慮すべき要素は、当事者の国籍・常居所・主たる事業所の所在地、契約の締結地、契約の目的物の所在地、契約の主たる義務の履行地などの客観的要素である、と考える。

連結素の確定の基準時は、第8条第1項が不変更主義を採用して、「当該法律行為の当時」に固定する。「当該法律行為の当時」の解釈は、第7条の規定と同旨である。

「最も密接な関係がある地の法」の具体的な推定は、第8条の第2項および第3項の規定による。第8条第2項は、同条第1項の場合において「法律行為において特徴的な給付」を当事者の一方のみが行うものであるときは「その給付を行う当事者の常居所地法（……）」をその法律行為の最密接関係地の法と「推定する」と規定する。この規定の趣旨は、特徴的給付の理論を採用するところにある。特徴的給付の理論とは、商業上の行為に関しては、契約関係の重心が職業的行為を引き受ける者の側にあることから、契約の最密接関係地は商人が営業を営む地であるとする考察を基礎として、それを一般化し、契約に特徴的な給付（その種類の契約を、他の種類の契約から、区別する基準となる給付）をすべき者が活動の拠点を有している地を契約の最密接関係地とする考え方を意味する。法律行為の特徴的給付を行う者の常居所地は、法律行為の最密接関係地である、と考えることができる。片務契約の場合には、唯一の義務を負う者の給付が特徴的給付であり、その者の常居所地や事業所の所在地が最密接関係地となる。双務契約の場合において、当事者の一方の給付が対価としての金銭給付であるときは、その反対給付が特徴的

給付となり、特徴的給付を行う者の常居所地や事業所の所在地が最密接関係地となる。特徴的給付を行う者の本拠となる地以外の地が例外的に最密接関係地である、と考えることができる事案にも対処するため、特徴的給付を行う者の本拠となる地の法を最密接関係地の法と推定する。第8条第2項のかっこ書の規定により、法律行為に関係する事業所が複数の異法域にある場合には、当事者の本拠である主たる事業所の所在地の法を最密接関係地の法と推定する。事業所の解釈は、第18条ただし書の規定と同旨である。「事業所の所在地」は、本店の所在地と事業活動の本拠となる実質的な事業所の所在地とが異法域に属する場合には、社会的な事業活動の本拠としての実質的な事業所の所在地と解釈する。第8条第2項の適用の要件は、「法律行為において特徴的な給付を当事者の一方のみが行うものであるとき」である。この要件を充足しない法律行為の場合、すなわち、特徴的給付を当事者の一方のみに観念できない場合には、第8条第1項の規定を適用する。

　第8条第3項の規定により、「不動産を目的とする法律行為」については、その最密接関係地が不動産の所在地であるから、不動産の所在地の法による。「不動産」に該当するか否かは、目的物の所在地の法による。「不動産を目的とする法律行為」は、不動産の所有権の移転を目的とする法律行為および不動産を目的とする債権の発生・移転を目的とする法律行為をも含む。

　第8条の第2項および第3項が規定する「推定する」を覆したときは、第8条第1項の規定を適用する。

　連結素である最密接関係地を確定する前提となる事実も最密接関係地の法の推定を覆す事実もともに、準拠法の選定の前提となる事実であるから、見解の相違があるが、裁判所による職権調査事項に属し、職権探知主義に服する、と解する。

4．準拠法の変更（第9条）

　第9条本文は、「当事者」は「法律行為の成立及び効力」について「適用すべき法」を「変更することができる」と規定する。「変更することができる」と規定するから、原則的には第7条が規定する「当該法律行為の当時に選択」をするが、例外的にはその「当時」の後に「変更」が「できる」と解釈する。この規定は、例外則である。この規定の趣旨は、当事者自治の原則を原則として貫くために、準拠法の事後的な変更を認めるところにある。「当事者」および「法律行為の成立及び効力」の解釈は、第7条の規定と同旨である。「変更する」は、時期の制限がないから、事実審の最終口頭弁論期日までと解釈する。「変更する」場合には、当事者は、当事者自治の原則により、準拠法の将来効であるか遡及効であるかをも合意することができる、と解釈する。「適用すべき法」とは、主観的連結に関する第7条、客観的連結に関する第8条、第11条第2項または第12条第3項および第9条本文のそれぞれの規定に従って選定した法を意味する。
　第9条ただし書の規定の趣旨は、適用すべき法を事後的に変更した場合において、変更前の適用すべき法によって利害関係にある第三者が存在するときは、その第三者を保護するところにある。「第三者」とは、変更前の適用すべき法によって利害関係にある者を意味する。「変更する」によって、利害関係を有する法律行為が成立しない場合またはその効力に差異が生ずる場合には、第三者の権利を害するから、当事者は、その変更を第三者に主張することはできない。「権利を害すること」とは、第三者の有する権利を実質的に不利益に変更することを意味する。

5．法律行為の方式の準拠法（第10条）

　基本的に、具体的事案における法律関係の性質を法律行為の方式に係る事

項と決定して、適用すべき抵触法の規定として第10条各項を特定すると、同条同項の規定の解釈・適用が問題となる。

　第10条第1項は、「法律行為の方式」は「当該法律行為の成立について適用すべき法（……）による」と規定する。この規定の趣旨は、「法律行為の方式」を法律行為の実質的成立要件とは別の指定概念として、法律行為の実質的成立要件について適用すべき法によるところにある。その理由は、法律行為の方式が法律行為の成立に関わる要件であり、かつ、法律行為が行われた当時において有効性が確定している必要があるからである。

　指定概念を示す「法律行為の方式」とは、法律行為の成立要件のうち、法律行為の実質的成立要件を除き、法律行為の外部的な形式に関する形式的成立要件を意味する。「法律行為」とは、親族的法律行為の方式に関する第34条が規定する「親族関係についての法律行為」を除き、財産的法律行為を意味する。「法律行為」は基本的に契約である。「方式」は、具体的には、書面、書面への署名・捺印、公的機関による証明、証人の立会、届出などの要否に係る事項である。第10条第1項かっこ書の規定の趣旨は、準拠法の遡及的変更が方式に影響を及ぼさないことを確認するところにある。「法律行為の方式」の準拠法としての「法律行為の成立について適用すべき法」とは、第7条または第8条第1項の規定等に従って選定する法を意味する。

　第10条第2項は、同条第1項の規定にかかわらず、「行為地法に適合する方式は、有効とする」と規定する。この規定を、法律行為の方式は、行為地の法による、と読解すると、抵触法の規定の構造となる。この規定の趣旨は、「場所は行為を支配する」という法諺を具体化し、同条第1項が規定する「適用すべき法」上の方式を行為地において具備することができない場合に対応するところにある。「行為地法に適合する方式」とは、行為地の法による方式を意味する。「行為地」とは、当事者が現実的かつ物理的に在る地を意味する。同条の第1項または第2項の規定に従って、法律行為の方式は、法律行為の成立について適用すべき法または行為地の法を選択的に適用することとなる。選択的適用よって法律行為の方式上の成立は、容易にな

る。

　第10条第3項の規定は、異法域に在る者に対してなされた意思表示について、「場所は行為を支配する」という法諺に基づいて、意思表示をする者が行為当時に在る地として、意思表示の発信地を行為地とみなす。第10条第4項の規定は、異法域に在る者の間で締結された契約の方式について、当事者の便宜を考慮して申込みの通知の発信地または承諾の通知の発信地に選択的に連結し、それらの地の法を選択的に適用する。第10条第5項の規定は、動産または不動産に関する物権およびその他の登記をすべき権利を設定または処分する法律行為の方式について、同条の第2項から第4項までの規定を適用除外として、専ら同条第1項の規定に従う。「物権及びその他の登記をすべき権利を設定し又は処分する法律行為」とは、動産および不動産の物権変動を目的とする物権的法律行為や登記により物権と同一の効力または物権に類似する効力（対抗力）を有すると考えることができる権利を設定または処分する法律行為を意味する。「方式」は、第10条第1項の規定に従って「当該法律行為の成立について適用すべき法」となり、第13条の第1項または第2項が規定する「目的物の所在地法」によることとなる。

　第10条は、財産関係についての法律行為の方式に関する総則である。この総則に対する特則は、親族関係についての法律行為の方式は第34条、消費者契約の方式は第11条の第3項から第5項まで、遺言の方式は「遺言の方式の準拠法に関する法律」、手形行為・小切手行為の方式は手形法第89条・小切手法第78条にそれぞれ規定する。これらの単位法律関係については、特則規定を優先的に適用する。

6．消費者契約および労働契約の特例

（1）　消費者契約について適用すべき抵触法の規定の解釈・適用（第11条）

　基本的に、具体的事案における法律関係の性質を消費者契約の成立および効力に係る事項と決定して、適用すべき抵触法の規定として第11条各項を

特定すると、同条同項の規定の解釈・適用が問題となる。

　第11条第1項は、「消費者（……）と事業者（……）との間で締結される契約（……）の成立及び効力」について第7条の規定による選択により適用すべき法または第9条の規定による変更によって適用すべき法が「消費者の常居所地法以外の法である場合」であっても「消費者がその常居所地法中の特定の強行規定を適用すべき旨の意思を事業者に対し表示したとき」は、「当該消費者契約の成立及び効力に関しその強行規定の定める事項については、その強行規定をも適用する」と規定する。第11条第1項のかっこ書の規定は、消費者を「個人（事業として又は事業のために契約の当事者となる場合におけるものを除く。）をいう」と、事業者を「法人その他の社団又は財団及び事業として又は事業のために契約の当事者となる場合における個人をいう」と、消費者と事業者との間で締結される契約を「労働契約を除く。……『消費者契約』という」とそれぞれ定義する。これらの解釈は、消費者契約法第2条および民事訴訟法第3条の4第1号が規定するものと基本的に同旨である。「その強行規定をも適用する」とは、当事者が選定した準拠法に加えて、消費者の常居所地の法のうちの特定の強行規定をも累積的に適用することを意味する。「強行規定」とは、任意規定に対する概念であって、消費者契約の成立、方式および効力に関する規定であり、当事者の意思によって排除することができない規定を意味する。強行規定を適用すべき旨の消費者による意思表示は、実体法上の意思表示であるから、裁判上でも裁判外でもこれをすることができる。裁判上の主張は、特定の強行規定を具体的に示し、適用するに当たっての攻撃・防御の方法の主張である。「意思を事業者に対し表示した」という事実は、見解の相違があるが、第10条の第1項および第3項の規定に従う準拠法の選定の前提となる事実であるから、裁判所による職権調査事項に属し、職権探知主義に服する、と解する。第11条第1項の規定により、消費者の常居所地の法の強行規定によることで消費者が保護される場合には、準拠法が異なる法であっても、保護を受けることができる。保護を受ける前提として、消費者が常居所地の法における特定の

強行規定を適用すべき旨の意思を事業者に対して表示することを要件とする。消費者の常居所地の法の「特定の強行規定」は、個々の規定が、規定に反する当事者の合意の効力を認めるか否かを判断する。意思表示の方法は問題とされないものの、意思表示の内容は、「特定の」ものを適用する旨の表示が必要である、と解する。意思表示がなされた場合には、契約の準拠法に加えて、消費者の常居所地の法のなかの特定の強行規定を累積的に適用するから、消費者は、契約の準拠法による無効および取消し等の事由に加えて、抗弁として、その強行規定による無効および取消し等の事由をも主張することができる。

　第11条第2項は、「消費者契約の成立及び効力」について第7条の規定による「選択がないとき」は、第8条の規定にかかわらず、その成立および効力については「消費者の常居所地法による」と規定する。その理由は、消費者が常居所地の法を知っており、消費者の保護となるからである。

　第11条の第3項から第5項までは、消費者契約の方式に関する特則であって、第10条に優先して適用する。第11条第6項の第1号および第2号は、能動的消費者について消費者保護規定の適用除外とする。能動的消費者とは、消費者が自ら事業所の所在する地に赴いて契約を締結したり、事業所の所在する地において債務の全部の履行を受ける旨の契約を締結した消費者を意味する。第11条第6項の第1号から第4号までの規定による適用除外とする理由は、能動的消費者を保護する必要がないからである。

（2）　労働契約について適用すべき抵触法の規定の解釈・適用（第12条）

　基本的に、具体的事案における法律関係の性質を労働契約の成立および効力に係る事項と決定して、適用すべき抵触法の規定として第12条各項を特定すると、同条同項の規定の解釈・適用が問題となる。

　第12条第1項の規定の趣旨は、労働契約の最密接関係地の法において労働契約について当事者の意思によって排除することができない強行規定により労働者の保護が図られている場合に、労働者に強行規定の適用を求めるこ

とを認めるところにある。その理由は、使用者が労働契約の最密接関係地の法以外の法を準拠法として選択することによってその強行規定の適用を回避し、労働者の保護が奪われることを防ぐことができるからである。「労働契約」および「労働者」の定義は、ここに規定がないから、抵触法上の概念として、解釈にゆだねる。解釈として、「労働契約」は、個人である労働者が使用者との間で締結する契約であって、労働者が使用者の指揮監督に服し、労務を提供し、その対価として報酬を受領することを内容とする契約である、と解する。労働契約の解釈は、労働契約法第6条に規定するものと基本的に同旨である。「労働者」は、使用者の指揮監督のもとで労務を提供し、これに対して使用者から報酬を支払われる者である、と解される。

　第12条第1項の規定の前提として、「労働契約の成立及び効力」は、第7条の規定に従って労働契約の「当時に当事者が……選択した地の法」により、また、第9条の規定に従って労働契約について「適用すべき法を変更することができる」。「その強行規定をも適用する」とは、当事者が選択した地の法に加えて、最密接関係地の法のなかの特定の強行規定をも累積的に適用することを意味する。「強行規定」とは、労働契約の成立および効力に関する規定のうち、当事者が任意に排除することができない規定を意味する。「強行規定」は、法廷地法でも絶対的強行法規でもなくても、適用を求める労働者の意思表示によりこれを適用する。第12条第1項の規定により、労働者が特定の強行規定を適用すべき旨の意思表示をする必要があり、その旨の意思表示は、実体法上の意思表示であるから、裁判上でも裁判外でも行うことができる。その旨の意思表示は、裁判外で行われた場合においても、裁判上では、意思表示をしたという事実が準拠法の選定の前提となる事実であるから、裁判所による職権調査事項に属し、職権探知主義に服する、と解する。第12条第1項の規定の適用にあたっては、同条第2項の規定により、「当該労働契約において労務を提供すべき地の法（……）」をその労働契約の最密接関係地の法と「推定する」。その理由は、労働者の常居所地よりも「労務を提供すべき地」（労務提供地）を労働契約の最密接関係地である、と

考えることができるからであり、通常は労働者が労務提供地の法による保護を期待するからである。労務提供地は、「提供すべき」の文言から、労働者が労働契約に基づき使用者の指揮監督のもとで勤務する地と解する。第12条第2項のかっこ書の規定により、労務提供地が複数の法域に存在し、労務提供地を確定することができない場合にあっては、その「労働者を雇い入れた事業所の所在地」を労働契約の最密接関係地である、と考えることができる。

　第12条第3項は、労働契約の成立および効力について第7条の規定による選択がないときは、その労働契約の成立および効力については、第8条第2項の規定にかかわらず、「当該労働契約において労務を提供すべき地の法を当該労働契約に最も密接な関係がある地の法」と「推定する」と規定する。労働契約の成立および効力は、第7条に従って準拠法の選択がないときは、第8条第2項に規定する特徴的給付の理論の適用を排除して、「労務を提供すべき地」の法を労働契約の最密接関係地の法と推定する。「推定する」と規定する理由は、労働者の常居所地よりも労務提供地が労働契約の最密接関係地であり、労務提供地における労働条件や労働環境に関する法の適用が妥当であり、労働者が常居所地の法よりも労務提供地の法による保護を期待する、と考えることができるからである。

　第12条の第2項および第3項が規定する「推定する」を覆したときは、同条第1項の規定を適用することとなる。

　労働契約の方式については、第12条に規定がないから、専ら第10条の規定を適用する。

7．代理の準拠法

　代理に関する規定は法適用通則法には存在しないから、抵触法上の条理に従って準拠法を選定する。代理の認否という法律関係は、その性質を代理の対象となる行為に係る事項と決定して、その行為の実質の準拠法による。

代理という法律関係は、抵触法それ自体で独自に法定代理と任意代理とに区別して、準拠法を選定する。法定代理の代理権の発生、範囲および消滅という単位法律関係は、代理権が法律の規定によって発生するから、代理権の発生の原因となる法律関係について適用すべき法による、と解される。任意代理は、代理人の行為が相手方と本人との間に法律関係を成立させるから、① 本人と代理人との関係、② 代理人と相手方との関係、③ 相手方と本人との関係に区別して、準拠法を選定する。いずれにも見解の相違がある。
① この関係が本人と代理人との合意に基づいて代理権を発生させるから、代理権を創設する契約について適用すべき法による、と解する。
② この関係が代理行為それ自体の成立および効力の問題を生ずるから、代理行為の性質によって定まる実質の準拠法による、と解する。
③ この関係が授権行為によって成立するから、代理行為地の法による、と解する。

8．債権債務関係の準拠法

（1）　債権の譲渡（第23条）

　債権の譲渡の実質的成立要件に関する規定は法適用通則法には存在しないから、抵触法上の条理に従って準拠法を選定する。債権の譲渡の実質的成立要件は、債権の譲渡行為が、譲渡される債権の運命に係る事項であるから、譲渡に係る債権について適用すべき法による、との見解が支配的である。債権の譲渡を準物権行為と理解しつつも、債権の流通の円滑化という観点から、債権の譲渡行為を一種の債権行為とみて、債権契約について適用すべき法による、との見解もある。
　第23条は、「債権の譲渡の債務者その他の第三者に対する効力」については「譲渡に係る債権について適用すべき法による」と規定する。
　指定概念を示す「債権の譲渡の債務者その他の第三者に対する効力」とは、債権の譲渡の債務者および第三者に対する対抗要件を意味する。「効力」

は、「譲渡に係る債権について適用すべき法」によるから、譲渡に係る債権が契約に基づく場合には、第7条以下の規定に従って、事務管理または不当利得に基づく場合には、第14条以下の規定に従って、不法行為に基づく場合には、第17条以下の規定に従って、それぞれ譲渡に係る債権について適用すべき法による。

第23条に関連して、債権の譲渡の成立および当事者間における効力は、譲渡に係る債権について適用すべき法による。この債権の譲渡とは、債権的原因行為から区別された債権の移転を目的とする処分行為を意味する。

法律関係の性質の決定に関して、基本的に、次のように整理される。第1に、対象債権の譲渡可能性という単位法律関係は、その性質を譲渡対象債権に係る事項と決定し、それについて適用すべき法による。第2に、譲渡対象債権の債権者と債務者との間で譲渡禁止の特約がある場合には、その債権者と債務者との間での有効性という単位法律関係も、債権の譲渡の譲受人に対する有効性という法律関係もともに、その性質を譲渡対象債権に係る事項と決定し、それについて適用すべき法による。第3に、債権の譲渡の譲渡人と譲受人との間における実質的成立要件および成立の時期という単位法律関係は、その性質を契約に係る事項と決定し、債権譲渡契約について適用すべき法による。対象債権に適用すべき法が譲渡の当事者間において要件の具備を必要とする場合には、その要件を具備しない限り、当事者間での対象債権の移転は生じない。第4に、譲渡対象債権に保証や担保物権が設定されている場合には、その保証や担保物権が債権譲渡に伴う譲受人への移転という単位法律関係は、譲渡対象債権について適用すべき法と保証契約や担保物権について適用すべき法との累積的適用による、との見解が有力である。

(2) 債務の引受、債権質、相殺、債権者代位権、詐害行為取消権

権利質、相殺、債権者代位などにおける第三者に対する効力は、1つの債権をめぐって、譲受人、権利質権者、相殺権者、代位債権者などが争うこともあり、同一の準拠法によらないと、それらの者の間の優劣は決められない

から、第23条と平仄を合わせて考える。
　① 債務の引受、② 債権質、③ 相殺、④ 債権者代位権、⑤ 詐害行為取消権に関する各規定は法適用通則法に存在しないから、抵触法上の条理に従って準拠法を選定する。解釈を、次のように整理することができる。
① 債務の引受という法律関係は、その性質を債権の譲渡と同様の事項と決定して、引き受けられるべき債務について適用すべき法による、と解される。
② 債権質について、最高裁は、次のように判示する。

【判例】最高裁昭和53年4月20日第一小法廷判決（本書197頁）
《判旨》本件契約は「訴外会社……の上告人香港支店に対する当座貸越債務を担保するため……本件定期預金……証書の裏面元利金受領署名欄に日付空白のまま署名し、これを右支店に交付して担保設定契約をしたというのであるから、これは債権質設定契約にあたるものと解すべきである（以下「本件債権質」という。）。」「本件債権質に適用されるべき法律について考えるに、わが法例10条1項〔第13条第1項に対応。〕は、……と定めているが、これは物権のように物の排他的な支配を目的とする権利においては、その権利関係が目的物の所在地の利害と密接な関係を有することによるものと解されるところ、権利質は物権に属するが、その目的物が財産権そのものであって有体物でないため、直接その目的物の所在を問うことが不可能であり、反面、権利質はその客体たる権利を支配し、その運命に直接影響を与えるものであるから、これに適用すべき法律は、客体たる債権自体の準拠法によるものと解するのが相当である。」

　この判決に対して、同一の債権について、債権の譲受人と債権の質権者とのいずれが優先するかを判断することができるようにするためには、債権の譲渡の第三者に対する効力について適用すべき法と、権利質について適用すべき法とが一致している必要がある、と批判される。債権の譲渡と同一の準拠法によるものと解して、第23条を類推適用する、と解される。権利質の準拠法は、客体たる債権について適用すべき法による、と解する。
③ 相殺という法律関係は、受働債権について適用すべき法と自働債権について適用すべき法とを累積的に適用する、と解される（支配的見解）。相殺

は、反対債権の利用による弁済であり、一般に、経済的価値のある受働債権が法律関係の重心であるから、受働債権について適用すべき法のみによる、との見解もある。この見解は、第23条の規定と整合的である、と考える。この見解によれば、相殺の可否および効果の準拠法は、受働債権について適用すべき法であり、受働債権について適用すべき法によって相殺が可能である場合には、自働債権も消滅することとなる。

④ 債権者代位権は、一方で、代位する債権者が有する債権の効力であり、他方で、債務者の利益の保護という観点から、代位行使される債権の運命にかかわる事項でもあるから、双方の債権について適用すべき法を累積的に適用する、と解される（支配的見解）。第23条の規定する譲渡に係る債権が代位行使される債権であるから、債権者代位権は、その第三者に対する効力をも含めて、代位行使される債権について適用すべき法による、と解する。

⑤ 詐害行為取消権は、取消しを求める債権者が有する債権の効力に係る事項であり、かつ、取り消される法律行為の運命に係る事項であるから、これら双方の準拠法を累積的に適用する、と解される（支配的見解）。詐害行為取消権は、詐害行為の対象となった財産の帰属が中心的な事項であるから、財産の所在地法による、と解する。

9．国際物品売買契約の準拠法

（1）　国際物品売買契約

　国際物品売買の国際とは、売主の営業所と買主の営業所とが異なる国に所在する、その売主と買主との間の物品売買を意味する、と解する。

　国際物品売買契約にも、定形条項（ボイラープレート条項）を規定する。定形条項は、基本的に、仲裁条項（仲裁合意）、裁判管轄条項（国際裁判管轄の合意）、準拠法条項（準拠法の合意）の他に、包括合意条項（契約書に記載した事項のみが当事者間の約定のすべてである旨の規定）、分離可能条項（契約の一部が無効となっても、他の条項は別に有効である旨の規定）、改正条項（書面によっての

みの契約の改正をする旨の規定）、譲渡禁止条項（契約上の地位の譲渡を禁止する旨の規定）などである。とりわけ、仲裁合意、国際裁判管轄の合意、準拠法の合意の典型的かつ簡潔な実務例は、次のとおりである。

【実務例】 Article ○ Arbitration
All disputes arising out of or in connection with this Contract shall be finally settled under the Rules of Arbitration on the International Chamber of Commerce by one or more arbitrators appointed in accordance with the said Rules.
〔この契約からまたはこの契約に関連して生ずるすべての紛争は、国際商業会議所の仲裁規則により、同規則に従って選任される1人または複数の仲裁人にゆだねて、これを終局的に解決するものとする。〕

【実務例】 Article ○ Arbitration
Any dispute, controversy, claim or question arising out of or related to this Agreement, or the breach thereof, shall not be brought into the court of law but shall be judged by arbitration according to the law.
〔この契約からもしくはこの契約に関連して生ずるいかなる紛争、紛議、請求または疑義も、またはこの契約の違反は、裁判所にこれを提起するのではなく、法に従う仲裁に付託してこれを判断するものとする。〕

【実務例】 Article ○ Jurisdiction
Any dispute arising out of or in connection with this Agreement shall be solely resolved through a legal proceeding before the District Court of Tokyo, Japan, which shall have the exclusive jurisdiction over the dispute.
〔この契約からまたはこの契約に関連して生ずるいかなる紛争も、東京地方裁判所における法的手続によってのみ解決するものとする。東京地方裁判所は、その紛争について専属管轄権を有するものとする。〕

【実務例】 Article ○ Governing Law
This Agreement shall be governed by the law of Japan, provided that the application of the United Nations Convention on Contracts for International Sale of Goods shall be excluded.
〔この契約は、日本法による。ただし、国際物品売買契約に関する国際連合条約は、これを適用しない。〕

国際物品売買には、国際運送、国際保険および国際的支払が付帯するのが通常の国際取引である。国際運送・国際保険は、国際契約によるから、国際私法的処理が問題となり、抵触法的処理として、当事者自治の原則による。国際的支払取引は、営業所が異なる国に所在する銀行間の取引であって、これは特に信用状取引であるのが通常である。この取引にも、国際裁判管轄権と準拠法が問題となる。

（２） ウィーン売買条約

国際物品売買契約についての統一法（条約）には、「国際物品売買契約に関する国際連合条約」（平成20年条約第8号）（以下「ウィーン売買条約」という。）がある。ウィーン売買条約第１条第（１）項柱書の規定により、国際物品売買契約は、「営業所が異なる国に所在する当事者間の」物品売買契約である。この文言により、この条約における国際性を理解することができる。「営業所」は、同条約第10条第（１）項の規定の趣旨に照らして、契約およびその履行に「最も密接な関係」があるものである。「最も密接な関係」がある、と判断する考慮の要因は、同条同項の規定により、「契約の締結時以前に当事者双方が知り、又は想定していた」という事情である。この営業所の要件として、その所在の恒久性・継続性・独立性を必要とするが、法人格は必要ではない、と解される。

ウィーン売買条約は、万民法型統一条約である。この条約を直接に適用するか、抵触法的処理をする必要があるか、という問題が生ずる。ウィーン売買条約は、第１条第（１）項柱書および第（１）号の規定により、当事者の営業所が所在する「異なる国」が締約国である場合、または第（ｂ）号の規定により、法廷地の「国際私法の準則によれば」「締約国の法の適用」となる場合「のいずれかの場合に適用する」こととなる。この条項の解釈には、議論の余地がある。同条第（１）項各号の適用の順は、第（ａ）号の規定により、その場合には、これにより、同号の場合でないときは、第（ｂ）号の規定による、と解する。第（ａ）号の規定により、営業所が所在する「国が

いずれも締約国である場合」には、この条約を直接に適用する、と解する。同号の場合でなく、第（b）号の規定により、法廷地の「国際私法の準則」に従って「締約国の法」を選定する場合については、次のように解する。法廷地が日本であると、法廷地の「国際私法の準則」として、法適用通則法第7条の規定により、当事者が「選択した地」である締約国、または同法第8条第1項の規定により、「最も密接な関係がある地」である締約国に連結するときは、締約国の法の一部としてこの条約を適用する、と解釈する。「選択した地」または「最も密接な関係がある地」である日本に連結するときは、日本法の一部としてこの条約を適用する。日本に連結するときは、この条約を民法・商法の特別法として優先的に適用することとなる、と解する。締約国に連結するときであると日本に連結するときであるとを問わず、当事者が明示または黙示にウィーン売買条約の適用を排除しているときは、こうした問題は生じない。ウィーン売買条約第95条の規定より、「第1条（1）（b）の規定には拘束されない」と留保を宣言することができる。留保を日本は宣言していない。締約国と非締約国との間に加えて、留保の宣言国と非宣言国との間でも、この条約の適用について問題が生ずる。

　ウィーン売買条約は、同条約第6条の規定により、当事者が「この条約の適用を排除することができる」。この条約の規定は任意規定である。同条約第9条第（1）項の規定により、当事者は、当事者が「合意した慣習及び当事者間で確立した慣行に拘束される」。当事者は、援用可能統一規則を援用することができる。この条約の規律の対象は、同条約第2条・第3条の規定により、限定した「売買」のみである。同条約の規律の内容は、同条約第4条の規定により、「売買契約の成立」ならびに「売買契約から生ずる売主及び買主の権利及び義務」である。

10. 結びに代えて

　国際契約の準拠法の選定（選択・指定）について、主観的連結の第7条の

規定の解釈・適用の範囲内において、当事者による明示の意思または黙示の意思という連結素を確定する。この黙示の意思による準拠法の指定は、抵触法的指定であって、事案の事実関係から客観的事情に照らして、抵触法の機能である契約の最密接関係地の属する法域を探求して確定する。この明示の意思または黙示の意思という連結素を確定することができないときは、客観的連結の第8条第1項の規定により、契約の最密接関係地の法によるものの、この最密接関係地の法は、同条第2項が規定する特徴的給付の理論によって特定する。この客観的連結における契約の最密接関係地の確定は、主観的連結における黙示の意思の探求のときの最密接関係地の確定と実質的に同じであって、その確定の要素として実質的に同じ事情を考慮することになる、といえよう。主観的連結と客観的連結とには相違があると理解しても、主観的連結において仮定的意思の推定を認めないから、契約に最も密接な関係がある地の確定にはその相違はほとんどない、と解する。そのように解すると、第7条の「選択した」を明示の意思と解釈して、明示の意思が明確でないときを、第8条の「選択がないとき」の解釈に包摂することと解してよいであろう。端的に、第7条は、当事者の明示の意思を確定することができるときに適用し、第8条は、当事者の明示の意思を確定することができないときに適用する、と整理するものと解釈する。この解釈を前提とすると、第7条から第9条までの条項の適用の順序は、次のように整理することができる。契約の準拠法を ① 選択したという意思が明示であり、② それを変更する、③ それを変更しない、その準拠法の ④ 選択がない（その準拠法を選択したという意思が明示でない）、⑤ 契約の最密接関係地の法の特定 ⑥ その最密接関係地の法特徴的給付の理論による推定 ⑦ 不動産を目的とする、となるものと解する。

```
契約の準拠法 ─┬─ ① 選択した ─┬─ ② 変更する   → 第9条
              │              └─ ③ 変更しない → 第7条
              └─ ④ 選択がない → 最密接関係地の法の特定 → 第8条第1項
   ┌──────────────────────────┘
   └→ ⑤ 最密接関係地の法の推定 ─┬─ ⑥ 特徴的な給付をする → 第8条第2項
                                └─ ⑦ 不動産を目的とする → 第8条第3項
```

　消費者契約・労働契約の準拠法の選定についても、同じように整理することができる。

　基本的に、具体的事案において、法律関係の性質の決定、適用すべき抵触法の規定の特定、特定した規定の連結素の確定によって、準拠法を選定する。選定した準拠法の適用範囲は、見解の相違があるが、適用した抵触法の規定に対応して、次の事項である、と考える。

第7条から第9条まで　→　債権契約の成立に関する諸問題、たとえば、契約の成立における申込と承諾の要否、申込または承諾の錯誤・詐欺・強迫等の意思表示の瑕疵による契約の無効・取消、債権契約の効力に関する諸問題、たとえば、契約により生ずる債権および債務の種類・内容・効力、債務不履行の場合の効果、弁済等による債権の消滅、双務契約における同時履行の抗弁権および危険負担、売買契約における瑕疵担保責任など。

第10条　→　贈与における書面の要否、遺言における証人の立会の必要性など。

第11条　→　消費者契約の成立および効力。

第12条　→　労働契約の成立および効力。

第23条　→　債権譲渡の効力を債務者その他の第三者に対抗するための要件その他。

国際取引は、主体と客体、それらの関係に分解する。国際取引の主体は、自然人、法人その他の団体であり、国際取引の客体は、物、金融または知的財産などである。それらの関係は、基本的に、国際取引の手段としての国際契約である。国際契約の法的問題は、契約の準拠法の選定、準拠すべき実質法の解釈・適用である。

　ウィーン売買条約の適用について、判例・裁判例の蓄積が期待される。

第14章　外国判決の承認・執行および国際的訴訟競合の処理

1．はじめに

　裁判は、国家の司法権の一作用としての裁判権の行使であり、裁判権の発現である。裁判権の発現としての裁判の結果は、裁判権を行使した裁判所の属する国（法域）の領域内においてのみ効力を生ずる。外国における裁判の結果は、日本において効力を生じない。日本は、外国における裁判について一定の要件を充足する裁判の結果として、外国裁判所の判決（外国判決）の効力を承認し、承認した外国判決について執行を許す。その根拠は、当事者の権利の実現に対する国際的確保、司法エネルギーの節約および偏面的法律関係の発生の回避などにある。

　外国判決の承認とは、外国判決を言い渡した裁判所の属する国（判決国）で外国判決が有する既判力および形成力を内国で認めることを意味する。判決国の法が付与した効力を内国に拡張するから、判決効の内容および範囲は、判決国の法による。承認の要件を具備する外国判決は、日本において特別の手続を必要としないで自動的に効力を有する（自動的承認の原則）。外国判決の承認に関する要件は、民事訴訟法第118条に規定する。

　外国判決の執行とは、外国判決がその内容の強制的な実現を判決国の執行機関に命じるものであるから、内国において承認の要件を充足しているか否かを審査したうえで、改めて外国判決について執行判決を付与することを意味する。執行力は、内国における内国法上の付与である。民事執行法第22条第6号が規定する「外国裁判所の判決」についての執行判決に関する要件は、同法第24条に規定する。

2．外国裁判所の確定判決

　民事訴訟法第118条柱書が規定する「外国裁判所の確定判決」の効力が承認の対象である。承認の対象の適格性は、承認を求められた裁判所の属する日本の国際民事訴訟法による。

　第118条柱書が規定する「外国裁判所の確定判決」と、民事執行法第24条第1項（号）の規定する「外国裁判所の判決」との共通項となる「外国」、「裁判所」および「判決」という文言の解釈が問題となる。「外国」とは、国際法により日本が国家承認（政府承認）をした国家（政府）に限定せず、日本の司法権に属さない裁判権の行使の主体であって、日本国以外の国家、地域的な国際組織および連邦国家内の州などを意味する。「裁判所」とは、法域によって裁判に関する手続に相違があるから、裁判機能の実質的な点に着目して、民事関係の裁判機関を意味する。「判決」とは、日本の国際民事訴訟法に照らして、民事および商事上の請求についての民事裁判という外観を呈する形式的要件および内容的に民事裁判という実質的要件を充足するものを意味する。「判決」は、その形式および名称を問わず、実体私法上の争訟について対審構造を備えた手続により裁判所が終局的にした裁判である、と解される。「判決」は、本案判決であって、訴訟判決を含まない。民事執行法第24条が規定する「判決」は、強制執行の給付請求権を表示して給付を命ずる内容を有する判決である。「確定」とは、外国判決が、その外国法に照らして、通常の不服申立が尽きた状態にある、という形式的に確定していることを意味する。「確定」判決とする根拠は、承認については、第118条柱書が「確定判決」と規定し、既判力の発生を「確定」の判決とすること、執行については、民事執行法第24条第3項が「確定したこと」の「証明」を要件とし、日本における執行後に判決国でその判決が覆された場合には、原状回復が困難であるところにある。「判決」の民事性、対審性、争訟性および終局性が問題となる。

第 14 章　外国判決の承認・執行および国際的訴訟競合の処理　221

【判例】最高裁平成 10 年 4 月 28 日第三小法廷判決（民集 52 巻 3 号 853 頁）
〈事案の概要〉「本件は、……中華人民共和国に返還される以前の香港において香港高等法院がした訴訟費用負担の裁判について、被上告人らが民事執行法 24 条に基づき執行判決を求めた事案である。」
《判旨》「民事執行法 24 条所定の『外国裁判所の判決』とは、外国の裁判所が、その裁判の名称、手続、形式のいかんを問わず、私法上の法律関係について当事者双方の手続的保障の下に終局的にした裁判をいうものであり、決定、命令等と称されるものであっても、右の性質を有するものは、同条にいう『外国裁判所の判決』に当たるものと解するのが相当である。」

　この判決の趣旨に照らして、民事執行法第 24 条が規定する「外国裁判所の判決」は、「私法上の法律関係について当事者双方の手続的保障の下に終局的にした裁判」である。具体的事案において、外国判決に該当するかどうかは、実質的な視点で、法廷地法である日本法によって判断する。裁判制度には判決国と日本との間に相違があるものの、英米法における summary judgment や default judgment も民事上の法律関係について当事者の双方の手続的保障のもとに終局的にした裁判と認めると、それは「判決」である。外国家庭裁判所の審判も同じく認めると、それは「判決」である。
　家族関係事件に関する外国判決も外国の非訟裁判も、争訟性の性格の強いものは、基本的に、承認適格性を認めてよい。養育費請求事件は、日本においては家事非訟事件に該当するが、当事者の双方の手続的保障を特に考慮すべき争訟的性格の強い事件であるから、養育費請求事件の外国判決は、承認の対象となる、と解される。外国の非訟裁判は、第 118 条の適用ではなく、国際民事訴訟法上の条理によるものの、見解の相違があるが、その条理の内容として同条の第 1 号および第 3 号の要件を具備すれば足りる、と解する。請求権が形成されると同時にその給付を命ずる形成給付の裁判およびそれの従たる非訟手続の費用確定の裁判については、民事執行法第 24 条を類推適用または準用する、と解される。
　外国判決の承認の基準時は、外国判決の自動的承認の原則に照らして、基本的に、外国判決の確定の当時である。審査の前提となる事実は、第 118 条

の第1号、第2号および第4号の各要件については外国裁判所における訴訟係属の開始の当時を基準とし、同条第3号の要件のうち実体的公序の要件は、承認の審査の当時を基準とする、と解される。

外国判決の承認の要件は、公益に関わるから、裁判所による職権調査事項に属し、その基礎となる事実は、職権探知主義に服するものの、事実についての証明責任は、承認を求める当事者が負う、と解する。

3．外国裁判所の確定判決の承認の要件 （民事訴訟法第118条）

外国判決の承認の要件は、民事訴訟法第118条柱書の規定により、同条各号が規定する「要件のすべて」である。「要件のすべて」であるから、原告は、「要件のすべて」について主張・立証する必要があるものの、被告は、抗弁として、「要件」の1つでも充足しない、その「要件」についてのみ主張・立証することとなる。同法第118条各号の規定の解釈・適用が問題となる。

（1） 間接管轄（第1号）

第1号の規定の趣旨は、裁判管轄権の国際的競合を前提として、判決国の裁判所が具体的事案に関連がなかった場合には、不利な判決を受けた被告を手続的に保護するとともに、管轄権が日本の裁判所に専属する事件に対する日本が有する利益を保護するところにある。「裁判権」とは、判決国の裁判所の（裁判）管轄権を意味する。これを間接管轄権という。間接管轄権については独自の解釈の方法論を採ることも考えることができる。その理由は、直接管轄権の解釈の方法論（判断の枠組み）に第3条の9が規定する「特別の事情」の審査を組み込むから、「特別の事情」の審査を組み込まない外国裁判所の管轄権の判断を考慮するからである。

第14章　外国判決の承認・執行および国際的訴訟競合の処理　223

【判例】最高裁平成10年4月28日第三小法廷判決（本書221頁）
《判旨》「民訴法118条1号所定の『法令又は条約により外国裁判所の裁判権が認められること』とは、我が国の国際民訴法の原則から見て、当該外国裁判所の属する国（以下「判決国」という。）がその事件につき国際裁判管轄（間接的一般管轄）を有すると積極的に認められることをいうものと解される。」どのような場合に判決国の裁判所が国際裁判管轄権を有したかについては「当事者間の公平、裁判の適正・迅速を期するという理念により、条理に従って決定するのが相当である。具体的には、基本的に我が国の民訴法の定める土地管轄に関する規定に準拠しつつ、個々の事案における具体的事情に即して、当該外国判決を我が国が承認するのが適当か否かという観点から、条理に照らして判決国に国際裁判管轄が存在するか否かを判断すべきものである。」

【裁判例】東京地裁平成21年2月12日判決（判時2068号95頁）
〈事案の概要〉「本件は、〔韓国の法人である〕原告が、〔日本の法人である〕被告に対し、大韓民国（以下「韓国という。」釜山高等裁判所」が原告による売買契約に基づく代金の支払を求める本訴事件およびその一審係属中に被告による既払代金の一部の返還を求める反訴事件につき言い渡した「判決（以下「本件外国判決」という。）について、民事執行法24条に基づき、執行判決を求める事案である。」本訴事件および反訴事件は、同一の実体法上の原因に基づく訴訟で、主要な争点を共通とするものであったから、統一的な裁判をすることが必要であった。釜山地方裁判所は、原告の本訴請求および被告の反訴請求の双方を棄却した。原告および被告は、同地裁判決を不服として、釜山高等裁判所に控訴した。同高裁は、原告の控訴を容認し、被告の控訴を棄却した。被告は、同高裁判決を不服として、最高裁判所に上告し、同最高裁は、上告を棄却した。それにより本件外国判決は確定した。
《判旨》「本件外国判決に係る訴訟については、民事訴訟法5条1号〔現行法第3条の3第1号に基本的に対応。〕の趣旨に照らし、韓国〔裁判所〕が国際裁判管轄〔権〕を有するものとして、本件外国判決を我が国で承認する」。

【判例】最高裁平成26年4月24日第一小法廷判決（本書6頁）
《判旨》「1号所定の『法令又は条約により外国裁判所の裁判権が認められること』とは、我が国の国際民訴法の原則からみて、当該外国裁判所の属する国（以下「判決国」という。）がその事件について国際裁判管轄を有すると積極的に認められることをいう（以下、この場合における国際裁判管轄を「間接管轄」という。）。」「人事に関する訴え以外の訴えにおける間接管轄の有無については、基本的に我が国の民訴法の定める国際裁判管轄に関する規定に準拠しつつ、個々の事案における具体的事情に即

して、外国裁判所の判決を我が国が承認するのが適当か否かという観点から、〔国際民事訴訟法上の〕条理に照らして判断すべきものと解するのが相当である。」

　間接管轄権は、直接管轄権と表裏一体の関係にある、と解すると、民事訴訟法第1編第2章第1節各条項の規定における「日本」という文言を判決国と読み替えてこれを解釈・適用し、その有無を判断することとなる。

【裁判例】東京地裁平成6年1月14日判決（判時1509号96頁）
《判旨》「民事訴訟法200条1号に定める『外国裁判所の裁判権を否認せざること』〔現行法第118条第1号では「外国裁判所の裁判権が認められること」。〕とは、当該外国の裁判所が我が国の国際民事訴訟法の原則から見て、その事件につき国際裁判管轄権を有すると積極的に認められること（以下「間接的国際裁判管轄権」という。）をいい、その範囲は、我が国の裁判所が直接に渉外的訴えを受理した場合に、それにつき本案判決をなすに必要な国際裁判管轄権（以下「直接的国際裁判管轄権」という。）と表裏一体の関係にあると解するのが相当である。」

【裁判例】東京地裁平成22年4月15日判決（判時2101号67頁）
《判旨》「不法行為に基づく損害賠償等請求訴訟において、判決国の裁判権の行使を正当とするに十分な法的関連が認められ、かつ、負担が大きい外国における応訴を強いること及び外国判決の結論を我が国においても承認することに相応の合理性が認められるためには、我が国において国際裁判管轄（直接管轄）が認められるか否かを判断する場合に、我が国における行為による損害の発生という客観的事実関係の証明が要求されること（最高裁判所平成13年6月8日第二小法廷判決・民集55巻4号727頁参照）に準拠して、原則として判決国における不法行為の客観的事実関係が証明されることを要するものと解するのが相当である。」

【裁判例】横浜地裁平成11年3月30日判決（本書80頁）
《判旨》間接管轄について「日本の国際民訴法の原則からすれば、渉外離婚事件については、原則として当該離婚事件の被告住所地国に裁判管轄権を認め、例外的に、原告が遺棄された場合、被告が行方不明である場合その他これに準ずる場合、原告の住所地国にも管轄権を認めるのが相当である。」

（2） 送達または応訴（第2号）

　第2号の規定の趣旨は、外国裁判所において防御の機会を与えられなかった敗訴の被告を保護するところにある。「呼出し若しくは命令の送達」とは、日本の法令に従ったものでなくとも、敗訴の被告が訴訟手続の開始を現実的に了知することができ、かつ、敗訴の被告が防御権を行使することができたものを意味する。敗訴の被告が「送達を受けた」のが日本国内であるか、外国であるかによって問題が生ずる、と考える。「応訴した」とは、被告の防御の機会が与えられたことを意味する。これは、外国裁判所において国際裁判管轄権について管轄違いの抗弁を提出した場合をも含む。訴状の送達を受けたか否かが問題であるから、その後に外国裁判所の国際裁判管轄権の有無について争うと、それをもって「応訴した」に該当することとなる。同号かっこ書が規定する「公示送達」とは、第110条の規定する送達と同旨のものを意味し、「その他これに類する送達」とは、第107条が規定するものに類似するものを意味する。呼出状が被告に直接郵送されたときが問題となる。

【判例】最高裁平成10年4月28日第三小法廷判決（本書221頁）
《判旨》「民訴法118条2号所定の被告に対する『訴訟の開始に必要な呼出し若しくは命令の送達』は、我が国の民事訴訟手続に関する法令の規定に従ったものであることを要しないが、被告が現実に訴訟手続の開始を了知することができ、かつ、その防御権の行使に支障のないものでなければならない。のみならず、訴訟手続の明確と安定を図る見地からすれば、裁判上の文書の送達につき、判決国と我が国との間に司法共助に関する条約が締結されていて、訴訟手続の開始に必要な文書の送達がその条約の定める方法によるべきものとされている場合には、条約に定められた方法を遵守しない送達は、同号所定の要件を満たす送達に当たるものではないと解するのが相当である。」「民訴法118条2号所定の被告が『応訴したこと』とは、いわゆる応訴管轄が成立するための応訴とは異なり、被告が、防御の機会を与えられ、かつ、裁判所で防御のための方法をとったことを意味し、管轄違いの抗弁を提出したような場合もこれに含まれると解される。」

【裁判例】東京地裁平成21年2月12日判決（本書223頁）
《判旨》「被告は、本件外国判決に係る訴訟について、訴状、答弁書提出期限の催告書

及びそれぞれの訳文の送達を受けて応訴しており、……本件外国判決は、……条2号……の要件を充足していると認められる。」

【裁判例】東京地裁（八王子支部）平成9年12月8日判決（判タ976号235頁）
《判旨》「『……呼出し若は命令の送達』があったというためには、通常の弁識能力を有する……〔被告〕にとって、送付されてきた文書が外国裁判所からの正式な呼出し若しくは命令であると合理的に判断できる体裁を整えたものでなければならず、そのためには、当該文書の翻訳文が添付されていることが必要であり、かつ、右文書の送付が司法共助に関する所定の手続を履践したものでなければならないと解すべきである。」「なお、送達が有効になされたか否かについて、当事者が語学に堪能であったか否か、送付された文書を現実に受領し、その内容を十分理解していたか否か等、個々の事案の具体的事情に応じた利益を衡量して判断することは、後日の紛争を極力防止するために特に厳格な方式を要求している送達制度の本旨並びに多数の事件を一様に処理するために要請される訴訟手続の画一性及び安定性に反し、被告に応訴するかどうかの態度決定を迷わせることになるから相当とはいえない。」

(3) 公序（第3号）

　第3号の規定の趣旨は、外国裁判所の判決の内容および訴訟手続が日本の公序に反する場合には、外国判決の効力の日本における承認が日本の公序に反することとなるところにある。「判決の内容」は、実体的公序に係る事項であり、「訴訟手続」は、手続的公序に係る事項である。実体的公序の違反は、具体的事案において判断され、外国判決の主文および主文の基礎となった認定事実を審査する、と解する。外国判決が日本の確定判決に抵触する場合には、日本の確定判決が公序を構成するから、外国判決は、公序に違反することとなる。手続的公序の違反は、裁判機関の中立性、対審構造として被告の審問請求権・防御権の保障がないこと、原告による判決の詐取、判決成立過程における第三者による不法行為およびその他の犯罪の介入などを審査する、と解する。公序違反の審査の基準時は、承認の審査の当時である。公序違反の判断の基準は、外国判決を承認した場合の結果の異常性および具体的事案と日本社会との牽連性である。

【裁判例】東京高裁平成5年11月15日判決（高民集46巻3号98頁）
《判旨》第3号の要件には「当該外国判決の主文のみならず、それが導かれる基礎となった認定事実をも考慮することができるが、更に、少なくとも外国においてされた非訟事件の裁判について執行判決をするか否かを判断する場合には、右裁判の後に生じた事情をも考慮することができると解するのが相当である。外国裁判が公序良俗に反するか否かの調査は、外国裁判の法的当否を審査するのではなく、これを承認、執行することがわが国で認められるか否かを判断するのであるから、その判断の基準時は、わが国の裁判所が外国裁判の承認、執行について判断をする時と解すべきだからである。」

　公序違反の審査の対象の期間は、外国裁判所における訴えの提起から判決の確定までと解する。外国判決の確定後に管轄原因事実が日本国内にあるときとなった場合において、外国判決の前提となる事実が変更して前提が存在しなくなったときは、外国判決それ自体の内容の妥当性をどのように評価するかが問題となる。

【裁判例】東京高裁平成13年2月8日判決（判タ1059号232頁）
《判旨》「共に日本国籍を有する夫婦の離婚に伴う権利関係が、離婚後の元夫婦の常居所地である外国の裁判所でその常居所地の法律に基づいて判決され、当該外国法からみてその判決内容に問題がない場合でも、当事者の常居所が判決の前提とする土地から我が国に変わり、当該判決の内容が我が国の法律の定める内容と大きく隔たるものであるときは、当該外国判決の内容どおりとしても障害が生じないという特別の事情があるのでない限り、その判決の内容は、我が国の公序に反するものと解するのが相当である。」

　公序違反の審査の対象は、判決主文および証拠資料であって、これは裁判所による職権調査事項に属する。承認の対象は、外国判決が分割可能である場合には、外国判決の一部であってもよい（部分的承認）。

【判例】最高裁平成9年7月11日第二小法廷判決（民集51巻6号2573頁）
《判旨》「外国裁判所の判決が我が国の採用していない制度に基づく内容を含むからといって、その一事をもって直ちに右条件〔要件〕を満たさないということはできな

い」。「カリフォルニア州民法典の定める懲罰的損害賠償（以下……「懲罰的損害賠償」という。）の制度は、悪性の強い行為をした加害者に対し、実際に生じた損害の賠償に加えて、さらに賠償金の支払を命ずることにより、加害者に制裁を加え、かつ、将来における同様の行為を抑止しようとするものであることが明らかであって、その目的からすると、むしろ我が国における罰金等の刑罰とほぼ同様の意義を有するものということができる。」「被害者が加害者から、実際に生じた損害の賠償に加えて、制裁及び一般予防を目的とする賠償金の支払を受け得るとすることは、……我が国における不法行為に基づく損害賠償制度の基本原則ないし基本理念と相いれないものである」。「本件外国判決のうち、補償的損害賠償及び訴訟費用に加えて、見せしめと制裁のために被上告会社に対し懲罰的損害賠償としての金員の支払を命じた部分は、我が国の公の秩序に反するから、その効力を有しないものとしなければならない。」

（4）　相互の保証（第4号）

第4号の規定する「相互の保証」（相互主義）は、事案において、判決国における外国判決の承認の要件と日本における外国判決の承認の要件とが重要な点で異ならないことであり、具体的に、実質的に同等であれば足りる、と解される。

【判例】 最高裁平成10年4月28日第三小法廷判決（本書221頁）
《判旨》「民訴法118条4号所定の『相互の保証があること』とは、当該判決等をした外国裁判所の属する国において、我が国の裁判所がしたこれと同種類の判決等が同条各号所定の要件と重要な点で異ならない要件の下に効力を有するものとされていることをいうと解される（最高裁昭和57年（オ）第826号同58年6月7日第三小法廷判決・民集37巻5号611頁参照）。」「香港と我が国との間には、外国判決の承認に関して同条4号所定の相互の保証が存在したものと認めるのが相当である。」

【裁判例】 東京地裁平成21年2月12日判決（本書223頁）
《判旨》「韓国民事訴訟法217条には、外国判決の承認の要件として、我が国の民訴法118条と概ね同様の規定が置かれているというのであるから、本件外国判決は、……同条……4号の要件を充足していると認められる。」

4．外国裁判所の判決についての執行判決

（1） 解釈の方法論（民事執行法第24条）

民事執行法第22条第6号が規定する外国判決が債務名義を構成し、同法第24条第3項（号）の規定する要件を充足するときは、同条第4項の規定によって執行判決において、強制執行を許す旨を宣言する。この宣言は、原則として、外国判決に記載された内容に限る。執行判決に対して仮執行宣言を付すことができるか否かが問題となる。

【裁判例】東京地裁平成21年2月12日判決（本書223頁）
《判旨》「執行判決に仮執行宣言を付すことができるか否かについては明文の規定がないものの、執行判決に限ってその確定を待たなければ強制執行に着手できないとすべき合理的理由は見当たらない。また、執行判決手続においては裁判の当否を調査できないとされている〔民事執行法第24条第2項〕ことからしても、外国判決に対しては早期に執行力を付与するのが相当であるから、執行判決についても仮執行宣言を付すことが許されるというべきである。」

（2） 実質的再審査の禁止（第2項）

民事執行法第24条第2項は、外国の「裁判の当否を調査しない」と規定して、実質的再審査を禁止する。「裁判の当否」とは、適正な審理の当否を意味する。「裁判の当否」は、外国の裁判における事実認定、判決国の法の解釈・適用、訴訟手続における瑕疵の有無、証拠判断および判断の妥当性などに係る事項である。第118条の第2号および第3号の各要件については、必要な範囲内において、外国の裁判における事実認定、法の解釈・適用およびその手続を審査することができる、と解する。議論の余地がある。

【判例】最高裁平成10年4月28日第三小法廷判決（本書221頁）
《判旨》「所論は、香港高等法院の本案判決は、被上告人らが詐取したものであり、手続的公序に反するというが、その実質は、右本案判決における認定判断が証人の誤導

的な証言の結果によるというものであって、証拠の取捨判断の不当をいうものであるところ、我が国の裁判所としては、右のような証拠判断の当否については調査し得ないものであり（民事執行法24条2項）、論旨は採用することができない。」

【裁判例】東京地裁平成21年2月12日判決（本書223頁）
《判旨》本件外国判決が証拠によらずに認定したことが、日本の民事訴訟法に照らして弁論主義に違反し、手続的公序に反する旨の被告による主張の「実質は、本件外国判決における認定判断の不当をいうものであるところ、我が国の裁判所としては、執行判決は裁判の当否を調査しないでしなければならない（民事執行法24条2項）から、このような認定判断の当否については判断することができない」。

(3) 外国裁判所の判決の確定の証明および承認要件の具備（第3項）

民事執行法第24条第3項の規定による執行判決訴訟の審理事項によって、外国判決は、「確定したことが証明されないとき」は却下となり、第118条各号に掲げる「要件を具備しないとき」は棄却となる。「要件を具備」するか否かの審査は、民事訴訟法第118条各号の要件の解釈・適用である。

5．国際的訴訟競合

(1) 国際的訴訟競合の意義

第142条の規定の趣旨は、重複訴訟（二重起訴）による既判力の矛盾・抵触の回避、二重に応訴する被告の負担の軽減および審理の重複による訴訟経済の回避などにある。これは国際的重複訴訟にも妥当する。「裁判所」とは、日本の裁判所を意味し、外国の裁判所を含まない。「裁判所」に外国の裁判所を含まないから、日本の裁判所の訴訟と外国の裁判所の訴訟とが重複することがある。これを国際的訴訟競合という。国際的訴訟競合は、同一の国際民事事件に対して複数の国（法域）の裁判所が（国際裁判）管轄権を有する、という国際裁判管轄権が競合することが前提となる。この競合には、外国裁判所と日本の裁判所とにおいて、原告と被告とが並行する場合と、原告と被告とが逆転する場合とがある。国際的訴訟競合によって、外国判決と日本の

裁判所の判決との間に既判力の矛盾・抵触が生ずることがある。これらの国際的訴訟競合の状態を無視して、日本の裁判所が管轄権を有する場合において、同一の争いに対する外国裁判所の訴訟係属を顧慮せず、日本の裁判所が審理を実現してよい、と考えることはできない。日本の裁判所における国際的訴訟競合の処理の方法が問題となる。

（２）　国際的訴訟競合の処理

　国際的訴訟競合の処理に関する法規が不備であるから、国際民事訴訟法上の条理によってこれを補充する。解釈論として、承認予測説と管轄規制説とがある。承認予測説は、外国判決の承認の制度を前提として、濫訴の防止、訴訟経済および判決の矛盾・抵触の回避を理由に、外国裁判所に係属している訴訟の判決が将来に言い渡される可能性、その判決が確定する可能性および確定判決を日本の裁判所が承認する可能性を予測して、日本の裁判所における競合する訴訟を規制するとの見解である。この見解は、外国判決の確定可能性および承認可能性という将来の不安定な要素を判断基準とする。この見解によると、その可能性の予測がはずれた場合には、どのように処理すべきかが問題となる、と考える。管轄規制説は、国際的訴訟競合に対する柔軟な処理として、日本の裁判所に訴えが提起された場合において、同一の事件について既に外国の裁判所に訴訟が係属しているときは、日本の裁判所の管轄権についての解釈の方法論（判断の枠組み）のなかで、外国と日本とのいずれがより適切な法廷地であるかといった要因を比較衡量するとの見解である。この見解によると、外国判決の承認という法制度の前提をどのように評価するかが問題となる、と考える。国際的訴訟競合は、確定および承認の可能性という将来の不安定な要素を判断基準とするよりも、日本の裁判所の管轄権についての民事訴訟法第３条の９の規定する「特別の事情」の審査によって処理すべきである、と考える。外国判決の確定および承認の可能性よりも、その蓋然性を予測することができるまで、国際民事訴訟法上の条理により、日本の裁判所の訴訟手続を中止する、とも考える。

【裁判例】東京地裁平成元年5月30日中間判決（本書7頁）
《判旨》第118条が「一定の承認要件の下に外国判決の国内的効力を承認する制度を設けている趣旨を考え、国際的な二重起訴の場合にも、先行する外国訴訟について本案判決がされてそれが確定に至ることが相当の確実性をもって予測され、かつ、その判決が我が国において承認される可能性があるときは、判決の抵触の防止や当事者〔間〕の公平、裁判の適正・迅速、更には訴訟経済といった観点から、二重起訴の禁止の法理を類推して、後訴を規制することが相当とされることもあり得る」。「本件について、我が国の裁判所が、不法行為地の裁判所として管轄権を有するにもかかわらず、現段階で承認可能性のある本案判決がされるかどうかを確実に予測することができない……〔外国〕訴訟が先に係属していることを理由に二重起訴の禁止の法理の趣旨を類推して本件訴えを不適法として却下し、その審理を拒絶することは相当ではない」。被告は予備的に本件訴訟手続の中止を求めるが「国際的な二重起訴の場合に裁判所に訴訟手続を中止する権限を認める成文〔法〕上の根拠はない」。

　第3条の9が規定する「特別の事情」の審査において、外国と日本とのいずれの国の裁判所が訴訟の追行に最も適切かという観点から、外国訴訟係属の進行の事情をも考えることができる。

【裁判例】東京地裁平成3年1月29日判決（判時1390号98頁、判タ764号256頁）
《判旨》「不法行為地の裁判籍が認められるとしても、……特段の事情があるか否か」を検討する。「本件請求権のように、アメリカ第一訴訟の結果如何で停止条件の成就、不成就が決まるような場合にはむしろアメリカで審理を行うのが適切である。」「アメリカの訴訟が先行して提起され、準備書面の交換、証拠の収集が相当程度進んでおり、したがってアメリカで審理を行うのが便宜であった。」「民事訴訟法が外国判決の承認の制度を採っていること……審理の重複、判決の抵触を避けるという見地から、訴訟追行にどの国の裁判所が最も適切か、という観点からの検討が必要であり、本件でも、国際裁判管轄を決定する要素の1つとして、先行して提起されたアメリカ訴訟の進行状況をも考慮に入れるべきである。」「本件に関する証拠は、ほとんどアメリカ国内にあり、この点からも審理はアメリカで行うのが便宜である。」「原告は、自社の製品をアメリカに輸出して利益を上げたのであるから、将来アメリカで製造物責任訴訟を提起されることも予期しえたはずである。」「被告は、本件製麺機の製造物責任に関する訴訟を日本国内で提起されることなど全くの予期しえなかったであろう。したがって、この点からも被告に日本国内で応訴させるのは、不公平である。」

6. 結びに代えて

　財産関係事件の外国判決について、その執行は、外国判決の承認を前提とする。外国判決の承認の要件の審査は、民事訴訟法第118条各号に掲げる要件についての解釈・適用である。同条各号の要件のすべておよび民事執行法第24条の規定について、最高裁平成10年4月28日第三小法廷判決は、その解釈・適用の現在の法状態を示す、といってよい。

　家族関係事件の外国判決について、その承認は、外国裁判所の裁判を訴訟裁判と非訟裁判とに区別して、訴訟裁判には民事訴訟法第118条各号に掲げる要件を解釈・適用するものの、非訟裁判には法の不備を国際民事手続法上の条理によって補充するとして、見解の相違があるが、その条理の内容を第118条第1号および第3号の規定と同旨である、と解する。

　外国判決をめぐる処理は、第118条の第1号から第3号までの規定の解釈・適用が主要な問題となる。第1号の要件について、最高裁平成26年4月24日第一小法廷判決が現在の法状態を示す、といってよい。第2号の要件について、規定振りという観点から、「送達（……）を受けた」のが日本国内であるときは、同条第2号の解釈・適用の範囲となり、それがその外国であるときは、同条第3号の解釈・適用の範囲となる、と解する。第3号の適用の時期的範囲は、外国裁判所における訴訟係属の開始から外国判決の確定までと解する。

　国際的訴訟競合の処理について、承認予測説と裁判管轄説とが併存すると理解するのが現在の法状態である。承認予測説による場合において、その予測がはずれたときは、どのように対応するかの基準が不明確である。裁判管轄説による場合において、外国判決の承認の制度を無視することもできず、第3条の9が規定する「特別の事情」の審査における判断の基準も不明確である。第2条が規定する民事訴訟の「公正かつ迅速」な追行に配慮しつつ、国際民事訴訟法上の条理によって訴訟手続を中止する、とも考える。

第 15 章　国際商事仲裁

1．はじめに

　国際商事仲裁は、国際取引紛争を対象として、その紛争の当事者が仲裁人を選任し、選任した仲裁人が判断した仲裁判断に服する旨の合意をして行う紛争解決の手段・方法である。国際（商事）仲裁のうち、仲裁地が日本国外にある仲裁を外国仲裁という。

　国際仲裁には、仲裁人の選任、仲裁地の選定およびその他の仲裁手続を当事者の仲裁合意に基づくアド・ホック仲裁と、民間団体である常設仲裁機関の仲裁規則による旨の合意に基づく機関仲裁とがある。常設仲裁機関には、パリの国際商業会議所（ICC）、ロンドンの国際仲裁裁判所（LCIA）およびニューヨークのアメリカ仲裁協会（AAA）などがある。日本には、日本商事仲裁協会および日本海運集会所などがある。

【判例】最高裁平成 9 年 9 月 4 日第一小法廷判決（民集 51 巻 8 号 3657 頁）
〈事案の概要〉「上告人〔日本法人（株式会社）〕と A 社〔アメリカ合衆国の法人〕は、……上告人が、……A 社のサーカス団を日本に招へいして興行する権利を取得し、同社に対して対価を支払うとともに、A 社が、……日本において、同社のサーカス団が……合衆国カリフォルニア州〔内〕……において行った公演と規模、質共に同等のサーカスを構成して興行する義務を負う旨の契約（以下「本件興行契約」という。）を締結した。」「上告人と A 社は、本件興行契約締結の際、『本件興行契約の条項の解釈又は適用を含む紛争が解決できない場合は、その紛争は、当事者の書面による請求に基づき、商事紛争の仲裁に関する国際商業会議所の規則及び手続に従って仲裁に付される。A 社の申し立てるすべての仲裁手続は東京で行われ、上告人の申し立てるすべての仲裁手続はニューヨーク市で行われる。……。』旨の合意（以下「本件仲裁契約」という。）をした。」「本件訴訟は、上告人が、本件興行契約締結に際し、A 社の

代表者である被上告人が……履行について上告人を欺罔して上告人に損害を被らせたと主張して、被上告人に対して不法行為に基づく損害賠償を求めるものである。」「被上告人は、上告人とA社との間の本件仲裁契約の効力が上告人と被上告人との間の本件訴訟にも及ぶと主張して、本件訴えの却下を求めた。」

【実務例】 Article ○ Arbitration
All disputes, controversies or differences which may arise between the parties hereto, out of or in relation to or in connection with this Agreement shall be finally settled by arbitration in Tokyo pursuant to the Japan Commercial Arbitration Association if "A" (a New York corporation) requests the arbitration or in New York pursuant to Arbitration Rules of the American Arbitration Association if "B" (a Japanese corporation) requests the arbitration.
〔この契約からまたはこの契約に関連して生ずる当事者間のすべての紛争は、当事者A（ニューヨークの会社）が申し立てる場合には、終局的に、東京において日本商事仲裁協会の仲裁規則に基づいて行う仲裁によって解決し、当事者B（日本の会社）が申し立てる場合には、ニューヨークにおいてアメリカ仲裁協会の仲裁規則に基づいて行う仲裁によって解決する。〕

　紛争の当事者間に仲裁合意（仲裁契約）が存在するにもかかわらず、当事者の一方が原告として他方を被告としてその紛争に係る訴えを裁判所へ提起した場合において、被告が、妨訴抗弁として、その仲裁合意の存在を主張したときは、裁判所は、その紛争がその仲裁合意の対象となる紛争であるか、訴訟の当事者がその仲裁合意の当事者に関連があるか、その仲裁合意が成立していたか、その仲裁合意の効力の及ぶ範囲はどこまでかなどについて判断することとなる。訴訟の当事者は、これらを争点とすることができる。
　仲裁合意の法律関係は、その性質を契約に係る事項と決定する。この法律関係の性質の決定を前提として、仲裁契約の成立および効力の準拠法、仲裁手続の準則、仲裁判断において準拠すべき法ならびに外国仲裁判断の承認および執行が問題となる。

2．国際仲裁に関する法制

　日本における仲裁に関する主要成文法源は、「仲裁法」(平成15年法律第138号) および「外国仲裁判断の承認及び執行に関する条約」(昭和36年条約第10号) (以下「ニューヨーク条約」という。) である。仲裁法は、1985年採択の「UNCITRAL国際商事仲裁モデル法」をモデルとして制定した法律である。

　仲裁法は、第1条の規定により、「仲裁地が日本国内にある仲裁手続」を定める。同法は、第3条の規定により、「仲裁地が日本国外にある場合」にも適用する。同法第2条の第1項および第2項は、「仲裁合意」および「仲裁廷」を定義するものの、条文の読解によって仲裁の制度について理解することができる。この理解によると、仲裁とは、既に生じた民事上の紛争または将来において生ずるその紛争の解決を単独の仲裁人または仲裁人の合議体にゆだね、かつ、その仲裁判断に服する制度を意味する。

【判例】最高裁平成9年9月4日第一小法廷判決（本書234頁）
《判旨》「仲裁は、当事者がその間の紛争の解決を第三者である仲裁人の仲裁判断にゆだねることを合意し、右合意に基づいて、仲裁判断に当事者が拘束されることにより、訴訟によることなく紛争を解決する手続である」。

　問題は、仲裁地の意義である。仲裁地とは、一般に、仲裁事件の審理、仲裁手続および仲裁判断を行う地または行うことを予定する地を意味する。仲裁地は、仲裁判断の執行ならびに文書の利用および証人の仲裁廷への出廷などの可能性に影響を及ぼす。仲裁地は、仲裁地が仲裁について適用すべき仲裁法を特定するための連結素となるから、1か所である。仲裁が1か所の法域において行われるとは限らないから、仲裁地を客観的に確定することができない場合がある、と考える。仲裁地は、仲裁法第28条第1項の規定によ

り「当事者が合意により定める」ところによるものの、「当事者の合意がないとき」は、同条第2項の規定により、仲裁廷が、当事者の利便その他の紛争に関する事情を考慮して、仲裁地を定める。仲裁地を基準として、内国仲裁と外国仲裁とを区別する。

3．仲裁の準拠法

（1） 仲裁合意

仲裁合意は、仲裁法第2条第1項の規定により、「既に生じた民事上の紛争又は将来において生ずる一定の法律関係（……）に関する民事上の紛争」かつ、同法第13条第1項の規定により、当事者が「和解をすることができる民事上の紛争」を対象とする。

仲裁合意の対象となる民事上の紛争について訴えが提起されたときは、その法律関係の性質を手続に係る事項と決定し、「手続は法廷地法による」という原則によって法廷地の手続法による。法廷地の手続法として仲裁法第14条第1項柱書本文（ニューヨーク条約第2条第3項）の規定による。同法同条同項柱書本文の規定により、「仲裁合意の対象となる民事上の紛争について訴えが提起されたときは」、被告は、仲裁合意の存在を主張することができ、受訴裁判所は、それを認めるときは、訴えを却下する。仲裁合意の存在は、当事者の利益の保護という観点から、抗弁事項となり、妨訴抗弁を構成する。妨訴抗弁としての仲裁合意の効力の及ぶ範囲について、次のように解する。

【判例】最高裁平成9年9月4日第一小法廷判決（本書234頁）
《判旨》「当事者の申立てにより仲裁に付されるべき紛争の範囲と当事者の一方が訴訟を提起した場合に相手方が仲裁契約の存在を理由として妨訴抗弁を提出することができる紛争の範囲とは表裏一体の関係に立つべきものである」。

当事者間の争いは、紛争の仲裁付託可能性および仲裁合意の有効性などである。仲裁合意の有効性について、仲裁合意（仲裁契約）は、主たる契約が無効等となったときは、いかなる効力を有するかが問題となる。

【判例】最高裁昭和50年7月15日第三小法廷判決（本書155頁）
《判旨》「仲裁契約は主たる契約に付随して締結されるものであるが、その効力は、主たる契約から分離して、別個独立に判断されるべきものであり、当事者間に特段の合意のないかぎり、主たる契約の成立に瑕疵があっても、仲裁契約の効力に直ちに影響を及ぼすものではない。」

仲裁合意の存在を認めるためには、仲裁契約の成立（実質的成立要件）および効力という法律関係の準拠法が問題となる。仲裁契約の実質的成立要件および効力という法律関係は、その性質を法律行為（契約）に係る事項と決定して、適用すべき抵触法の規定を法適用通則法第7条と特定する。同法第7条が規定する当事者自治の原則によって、当事者が仲裁契約の当時に「選択した地」の法による。当事者による明示の意思が明確でないときは、黙示の意思を探求する。その探求は、抵触法の理念により、仲裁契約に最も密接な関係がある地（最密接関係地）である。仲裁契約の最密接関係地は、仲裁地である、と解する。その最密接関係地を確定することができないときは、「選択がないとき」として、同法第8条第1項の規定に従って、仲裁契約の当時において仲裁契約に「最も密接な関係がある地」の法による。この最密接関係地も、仲裁地である、と解する。主観的連結でも客観的連結でも、連結素としての仲裁契約の最密接関係地は、仲裁地である、と解する。

【判例】最高裁平成9年9月4日第一小法廷判決（本書234頁）
《判旨》「当事者間の合意を基礎とする紛争解決手段としての仲裁の本質にかんがみれば、いわゆる国際仲裁における仲裁契約の成立及び効力については、……〔第7条の規定〕により、第一次的には当事者の意思に従ってその準拠法が定められるべきものと解するのが相当である。」「仲裁契約中で右準拠法について明示の合意がされていない場合であっても、仲裁地に関する合意の有無やその内容、主たる契約の内容その他

諸般の事情に照らし、当事者による黙示の準拠法の合意があると認められるときには、これによるべきである。」「本件仲裁契約においては、仲裁契約〔の成立及び効力〕の準拠法について明示の合意はないけれども、『A社の申し立てるすべての仲裁手続は東京で行われ、上告人の申し立てるすべての仲裁手続はニューヨーク市で行われる。』旨の仲裁地についての合意がされていることなどからすれば、上告人が申し立てる仲裁に関しては、その仲裁地であるニューヨーク市において適用される法律をもって仲裁契約〔の成立及び効力〕の準拠法とする旨の黙示の合意がされたものと認めるのが相当である。」

【裁判例】東京高裁平成22年12月21日判決（本書52頁）
《判旨》「仲裁合意の成立及び効力並びに方式は、原則として当事者の意思に従っていずれの国の法律によるべきかを決定すべきであり、この点について明示の合意がされていない場合であっても、当事者が主たる契約について適用すべき法律を指定するなど、当事者による黙示の準拠法の合意があると認められるときにはこれによるべきことになるが、このような黙示の合意も認められない場合には、仲裁法44条1項2号、45条2項2号の規定の趣旨にかんがみ、当該仲裁合意において仲裁地とされている地の属する国の法律によるべきものと解するのが相当である。」

　仲裁合意の方式（形式的成立要件）は、仲裁法第13条第2項の規定により「書面によって」しなければならない。
　仲裁合意の当事者能力という法律関係は、その性質を行為能力に係る事項と決定し、当事者が法人である場合には、抵触法上の条理に従って法人の従属法（設立準拠法）により、当事者が自然人である場合には、法適用通則法第4条の規定の類推適用によって当事者の本国法による、と解する。
　仲裁合意について適用すべき法の適用範囲は、仲裁契約の効力の及ぶ人的および物的範囲である。

（2）　仲裁手続の準則（仲裁法第26条）

　仲裁手続の準則は、法としての属地的性質を重視して、仲裁地法によるとの見解があるものの、仲裁が合意に基づいて行われる紛争解決の手段であり、仲裁地の司法制度とは関連がないから、当事者自治の原則によって選定

するとの見解が支配的である。

「仲裁廷が従うべき仲裁手続の準則」は、仲裁法第26条第1項本文の規定により、「当事者が合意により定める」準則による。これは、当事者自治の原則を認める。当事者による「合意がないとき」は、同条第2項の規定により、仲裁廷が「適当と認める方法」による。

(3) 仲裁判断において準拠すべき法（仲裁法第36条）

仲裁廷が「仲裁判断において準拠すべき法」は、仲裁法第36条第1項前段の規定により、「当事者が合意により定める」法によるとして、当事者自治の原則によって選定する。その理由は、仲裁が私的自治に基づく制度であるから、仲裁判断について適用すべき法も当事者の合意によるのが妥当であるからである。「準拠すべき法」とは、法律の規定およびその他の規範を意味する。「抵触する内外の法令の適用関係を定めるその国の法令」とは、その国の抵触法を意味する。「事案に直接適用されるその国の法令」とは、その国の実質法を意味する。仲裁廷は、当事者による「合意がないとき」は、同条第2項の規定により、「仲裁手続に付された民事上の紛争に最も密接な関係がある国の法令」であって具体的「事案に直接適用されるべきもの」を適用しなければならない。この最密接関係国の法の「事案に直接適用されるべきもの」とは、その最密接関係国の実質法を意味する。その理由は、紛争との関連性を考慮して適用すべき法を選定することが当事者の予測可能性および法的安定性の確保に資するからである。

問題は、友誼的仲裁または「衡平と善」による仲裁の許否である。友誼的仲裁とは、具体的事案の解決のために実質的考慮をも含めて判断する仲裁を意味する。「衡平と善」による仲裁とは、具体的事案に適した具体的正義による仲裁を意味する。「衡平と善」による仲裁は、具体的妥当性を確保し、紛争の性質や内容、当事者間の関係などに応じた柔軟な判断ができ、仲裁人の専門的知見に沿う判断ができ、仲裁廷の恣意的な判断を防止する。当事者の双方による明示の求めがある限り、同条第3項の規定によって、「衡平と

善」により実体的な仲裁判断をする。同条第4項の規定は、仲裁廷が契約の定めによって判断し、取引について適用される慣習を考慮すべきことを確認する。この規定に対して、同条第3項を優先して適用する。第36条に規定する当事者自治の原則および準拠法の合意がないときは、最密接関係国の法によるとすると、物権や不法行為などに係る紛争についても仲裁判断の場合にだけ当事者自治の原則によることとなり、法的安定性を損なう不都合な結果を生ずる。同条は、契約についてのみ規定する、と狭義に解される。広義には、仲裁地の抵触法の規定に従って仲裁判断において準拠すべき法を選定する、と解される。

4．外国仲裁判断の承認および執行決定

　外国仲裁判断の承認・執行に関する主要成文法源は、ニューヨーク条約および仲裁法第8章、民事執行法である。

　ニューヨーク条約第1条第1項前段は、この条約を仲裁判断の承認・執行が求められる国以外の国の領域内においてされ、かつ、当事者間の紛争から生じた仲裁判断の承認および執行について適用する、と規定する。仲裁判断は、同条第2項により、各事案ごとに選定された仲裁人によってされた判断のほか、当事者から付託を受けた常設仲裁機関がした判断を含む。外国仲裁判断の承認・執行をできる限り可能にするため、仲裁判断の対象を広く認める。仲裁判断の当事者の属性や仲裁判断のなされた国は、問題とされない。同条第3項前段により、いかなる国も他の締約国の領域においてされた判断の承認・執行についてのみこの条約を適用する旨を、相互主義に基づいて、宣言することができる。日本は、この宣言を行っている。第2条第1項により、契約紛争であるか否かを問わず、仲裁付託可能な事項について現在または将来の紛争の当事者による仲裁付託の書面による合意は、承認される。書面による合意は、同条第2項により、契約中の仲裁条項または仲裁合意であって、当事者が署名したものまたは交換された書簡等を含む。同条第3項

により、合意事項について訴えが提起されたときは、締約国の裁判所は、当事者の一方の請求により、仲裁に付託すべきことを当事者に命じなければならない。締約国の裁判所は、仲裁付託の書面による合意を承認し、仲裁合意に妨訴抗弁としての効力を認めることとなる。

各締約国は、第3条の規定により、この条約の規定する要件を充足する外国仲裁判断を承認し、自国の手続規則によって執行する。承認・執行の積極的な要件は、第4条の規定により、仲裁判断の認証付き原本等および仲裁契約の原本等の提出である。第5条は、承認・執行の拒否事由を抗弁事項と職権調査事項とに区別して規定する。同条第1項は、判断が不利益に援用される当事者の請求により、承認・執行が求められた国の権限のある機関に対しその当事者が次の証拠を提出する場合に限り、拒否することができる抗弁事項として、次のことを挙げる。仲裁合意の当事者が「その当事者に適用される法令により無能力者であったこと」または仲裁合意が「当事者が準拠法として指定した法例により若しくはその指定がなかったときは判断がされた国の法令により有効でないこと」、仲裁判断が不利益に援用される当事者が「仲裁人の選定若しくは仲裁手続について適当な通告を受けなかったこと」または「その他の理由により防禦することが不可能であったこと」、仲裁判断が「仲裁付託の条項に定められていない紛争若しくはその条項の範囲内にない紛争に関するものであること又は仲裁付託の範囲をこえる事項に関する判定を含むこと」、「仲裁機関の構成又は仲裁手続が、当事者の合意に従っていなかったこと又は、そのような合意がなかったときは、仲裁が行われた国の法令に従っていなかったこと」、仲裁判断が「まだ当事者を拘束するものとなるに至っていないこと」または仲裁判断のされた国等により「取り消されたか若しくは停止されたこと」である。同条第2項は、承認および執行が求められた国の権限のある機関が、次のことを認める場合においても、拒否することができる職権調査事項として、紛争対象事項が「その国の法令により仲裁による解決が不可能なものであること」「その国の公の秩序に反すること」を挙げる。第6条は、仲裁判断の取消しなどを規定する。

この条約は、第7条1項の規定により、当然に他の条約または国内法の規定に優先するものではない。外国仲裁判断の承認・執行を求める当事者は、この条約または国内法のいずれをも選択することができる、と解される。

この条約を適用することができない外国仲裁判断については、仲裁法第8章の規定による。

5．結びに代えて

国際仲裁について考えるときの重要な要素は、仲裁地である。仲裁地は、仲裁が私的自治によるものであるから、当事者が合意によりこれを定める。仲裁地が複数の法域にわたる場合、つまり、仲裁廷が複数の法域においてもたれる場合には、最終の法域において最終的な調整がされて一連のすべての処理が完了するから、仲裁廷が終局的な仲裁判断を示すときの法域をもって仲裁地と解する。

国際仲裁について、① 仲裁合意（仲裁契約）の成立および効力の準拠法、② 仲裁廷が従うべき仲裁手続の準則、③ 仲裁判断において準拠すべき法が問題となり、いずれの問題も基本的に、当事者自治の原則による。① は、法適用通則法の第7条から第10条までの規定による。仲裁廷が日本国内にある場合には、② は仲裁法第26条の規定に従って、③ は仲裁法第36条の規定に従ってその準則および準拠すべき法を選定する。

外国仲裁判断について、民事執行法第22条第6号の2が規定する債務名義により強制執行を行うために、外国仲裁判断の効力を承認して執行する。その承認および執行は、ニューヨーク条約、仲裁法第45条・第46条の規定による。

ニューヨーク条約と仲裁法との適用関係は、条約優位の一元論によるものの、同条約第7条第1項の規定により、当事者の選定によるものの、仲裁法の制定の経緯により、仲裁法も国際的標準を規定する、と考えることができるから、同列にあり、かつ、相互補完関係にある、と解する。

仲裁合意が存在する場合において、関連する紛争について訴えが提起されたときは、被告は、妨訴抗弁として、その紛争が仲裁の対象となるものであるか、紛争の当事者と訴訟の当事者とが合致するかなどを主張することができる、と考える。

仲裁廷は、国際仲裁の性質により、私的自治に基づき、当事者自治の原則による、という抵触法的処理を行うこととなる。

あとがき

　本書は、次のような経緯で成ったものである。
　著者は、平成20年（2008年）9月から平成25年（2013年）8月までの間、筑波大学大学院ビジネス科学研究科（法科大学院）において、選択科目「国際私法」（2単位）・「国際民事訴訟法」（1単位）（カリキュラム変更後「国際私法（国際民事訴訟法を含む。）」（2単位））の講義を（非常勤講師として）担当した。この講義の講義ノート（40字×30行×20枚程度の20回分）および配布レジュメ（40字×30行×10枚程度の20回分）を加筆・修正したのが本書である。
　本書は、この講義ノート・配布レジュメのうち基礎的理解を記述したところの一部のみであり、事例研究や判例研究のところは削除している。
　本書は、このようにして成ったものであり、そのうえ、簡潔に概論するために、支配的見解を記述したのみで、解釈論の論争を書き込まなかった。書き込まないと、著書は長寿となる、と思う。
　本書によって、国際私法の解釈の方法論、渉外的事案の国際私法的処理・抵触法的処理について、その基礎的理解を得ることができたものと確信している。その理解をさらに深化されるように期待したい。
　最後に、妻・篤子へ、ありがとう。

判例・裁判例・審判例の索引

最高裁判所

最高裁昭和36年12月27日判決（昭和34年（オ）第437号　慰謝料請求事件）（家月14巻4号177頁）･･･ 94

最高裁昭和39年3月25日大法廷判決（昭和37年（オ）第449号　離婚請求事件）（民集18巻3号486頁）･･ 80

最高裁昭和50年7月15日第三小法廷判決（昭和49年（オ）第1125号　仲裁手続不許請求事件）（民集29巻6号1061頁）････････････････････････････････ 155,238

最高裁昭和50年11月28日第三小法廷判決（昭和45年（オ）第297号　損害賠償請求事件）（民集29巻10号1554頁）･････････････････････････････････････ 28

最高裁昭和53年4月20日第一小法廷判決（昭和50年（オ）第347号　転付債権請求事件）（民集32巻3号616頁）･･････････････････････････････････ 197,211

最高裁平成6年3月8日第三小法廷判決（平成2年（オ）第1455号　土地持分移転登記抹消登記、土地建物持分移転登記抹消登記等請求事件）（民集48巻3号835頁）（家月46巻8号59頁）･･ 62,141

最高裁平成7年1月27日第二小法廷判決（平成6年（行ツ）第71号　国籍確認請求事件）（民集49巻1号56頁）･･･ 131

最高裁平成8年6月24日第二小法廷判決（平成5年（オ）第764号　離婚等請求事件）（民集50巻7号1451頁）･･ 81

最高裁平成9年7月1日第三小法廷判決（平成7年（オ）第1988号　特許権侵害差止等請求事件）（民集51巻6号2299頁）･････････････････････････････ 171

最高裁平成9年7月11日第二小法廷判決（平成5年（オ）第1762号　執行判決請求事件）（民集51巻6号2573頁）･････････････････････････････････････ 227

最高裁平成9年9月4日第一小法廷判決（平成6年（オ）第1848号　損害賠償請求事件）（民集51巻8号3657頁）･････････････････････････････ 234,236,237,238

最高裁平成9年11月11日第三小法廷判決（平成5年（オ）第1660号　預託金請求事件）（民集51巻10号4055頁）････････････････････････････････････ 20

判例・裁判例・審判例の索引　247

最高裁平成10年3月12日第一小法廷判決（平成6年（行ツ）第109号　国籍確認請求事件）（民集52巻2号342頁、家月50巻9号75頁）……………………… 74
最高裁平成10年4月28日第三小法廷判決（平成6年（オ）第1838号　執行判決請求事件）（民集52巻3号853頁）……………………… 221,223,225,228,229
最高裁平成12年1月27日第一小法廷判決（平成7年（オ）第1203号　所有権移転登記手続等請求事件）（民集54巻1号1頁、家月52巻6号39頁）……………… 66,97
最高裁平成13年6月8日第二小法廷判決（平成12年（オ）第929号　著作権確認等請求事件）（民集55巻4号727頁）……………………………………… 23,39
最高裁平成14年9月26日第一小法廷判決（平成12年（受）第580号　損害賠償等請求事件）（民集56巻7号1551頁）……………………………… 3,170,181
最高裁平成14年10月29日第三小法廷判決（平成12年（受）第612号　自動車引渡等請求事件）（民集56巻8号1964頁）………………………………………… 163
最高裁平成15年2月27日第一小法廷判決（平成14年（受）第1100号　損害賠償、商標権侵害差止等請求事件）（民集57巻2号125頁）……………………… 171
最高裁平成18年7月21日第二小法廷判決（平成15年（受）第1231号　貸金請求事件）（民集60巻6号2542頁）…………………………………………… 14,15
最高裁平成26年4月24日第一小法廷判決（平成23年（受）第1781号　執行判決請求事件）（判時2221号35頁、判タ1401号157頁）……………… 6,,23,35,223

高等裁判所

東京高裁昭和28年9月11日判決（昭和28年（ネ）第899号　有体動産仮処分申請事件）（高民集6巻11号702頁）……………………………………………… 71
東京高裁昭和43年6月28日判決（昭和35年（ネ）第1946号、昭和37年（ネ）第1879号　損害賠償請求控訴同付帯控訴事件）（高民集21巻4号353頁）………… 43
広島高裁昭和62年3月9日決定（昭和61年（ラ）第61号　船舶競売手続取消決定に対する執行抗告申立事件）（判時1233号83頁）……………………………… 166
東京高裁平成5年11月15日判決（平成4年（ネ）第388号　執行判決本訴、請求異議反訴請求控訴事件）（高民集46巻3号98頁、家月46巻6号47頁）……… 227

大阪高裁平成 11 年 2 月 26 日判決（平成 10 年（ネ）第 128 号　保証債務履行請求控訴事件）（金判 1068 号 45 頁）……………………………………………………… 3,9

東京高裁平成 13 年 2 月 8 日判決（平成 12 年（ネ）第 3501 号　外国判決強制執行許可等請求控訴事件）（判タ 1059 号 232 頁）……………………………………… 227

東京高裁平成 13 年 5 月 30 日判決（平成 11 年（ネ）第 6345 号　著作権侵害差止等請求控訴事件）（判時 1797 号 111 頁）……………………………………………… 169

東京高裁平成 17 年 11 月 24 日決定（平成 17 年（ラ）第 1435 号　親権者指定申立却下審判に対する抗告事件）（家月 58 巻 11 号 40 頁）……………………………… 99

東京高裁平成 19 年 4 月 25 日判決（平成 18 年（ネ）第 5547 号　離婚無効確認等請求控訴事件、同附帯控訴事件）（家月 59 巻 10 号 42 頁）……………………………… 83

東京高裁平成 19 年 7 月 18 日判決（平成 15 年（ネ）第 5804 号　損害賠償請求控訴事件）（判時 1994 号 36 頁）…………………………………………………………… 56

福岡高裁平成 21 年 2 月 10 日判決（平成 20 年（ネ）第 380 号　損害賠償請求控訴事件）（判時 2043 号 89 頁）………………………………………………………… 70,76

東京高裁平成 22 年 12 月 21 日判決（平成 22 年（ネ）第 2785 号　定期傭船契約に基づく不稼働損失等請求控訴事件）（判時 2112 号 36 頁）…………………………… 52,239

地方裁判所

東京地裁昭和 33 年 7 月 10 日判決（離婚請求事件）（下民集 9 巻 7 号 1261 頁）…… 77

東京地裁昭和 40 年 4 月 26 日決定（昭和 39 年（ヨ）第 2237 号　地位保全仮処分申請事件）（労民集 16 巻 2 号 308 頁）…………………………………………………… 57

東京地裁昭和 43 年 12 月 20 日判決（昭和 41 年（行ウ）第 156 号　救済命令無効確認等請求事件）（労民集 19 巻 6 号 1610 頁）……………………………………………… 44

徳島地裁昭和 44 年 12 月 16 日判決（昭和 43 年（ワ）第 294 号　弁護士報酬等請求事件）（判タ 254 号 209 頁）……………………………………………………………… 62

神戸地裁昭和 54 年 11 月 5 日判決（昭和 54 年（タ）第 21 号　離婚請求事件）（判時 948 号 91 頁）…………………………………………………………………………… 75

大阪地裁昭和 55 年 2 月 25 日判決（昭和 53 年（タ）第 224 号　認知請求事件）（家月

33 巻 5 号 101 頁）…………………………………………………………………100

東京地裁昭和 59 年 3 月 27 日中間判決（昭和 55 年（ワ）第 8734 号　損害賠償請求事件）（下民集 35 巻 1～4 号 110 頁）……………………………………………22

東京地裁昭和 59 年 3 月 28 日判決（昭和 57 年（タ）第 480 号　認知請求事件）（判時 1141 号 102 頁）…………………………………………………………58

札幌地裁昭和 59 年 6 月 26 日判決（昭和 56 年（タ）62 号　離婚請求、同反訴請求事件）（判時 1140 号 123 頁）……………………………………………72

大阪地裁昭和 62 年 2 月 27 日判決（昭和 59 年（ワ）第 9117 号　損害賠償請求事件）（交民集 20 巻 1 号 268 頁、判時 1263 号 32 頁、判タ 639 号 232 頁）…………122

東京地裁平成元年 5 月 30 日中間判決（昭和 60 年（ワ）第 15593 号　損害賠償債務等不存在確認請求事件）（判時 1348 号 91 頁、判タ 703 号 240 頁）………7,232

東京地裁平成 2 年 11 月 28 日判決（平成元年（タ）第 557 号　離婚請求事件）（判時 1384 号 71 頁、判タ 759 号 250 頁）……………………………………114

東京地裁平成 3 年 1 月 29 日判決（平成元年（ワ）第 9993 号　債務不存在確認請求事件）（判時 1390 号 98 頁、判タ 764 号 256 頁）………………………232

東京地裁平成 3 年 9 月 24 日判決（昭和 60 年（ワ）第 15593 号　損害賠償債務等不存在確認請求事件）（判時 1429 号 80 頁、判タ 769 号 280 頁）…………8

東京地裁平成 4 年 1 月 28 日判決（平成 2 年（ワ）第 7787 号　保証債務請求事件）（判時 1437 号 122 頁、判タ 811 号 213 頁）………………………………156

東京地裁平成 4 年 12 月 15 日決定（平成 4 年（ナ）第 3450 号　債権担保権実行事件）（判タ 811 号 229 頁）………………………………………………166

東京地裁平成 7 年 4 月 25 日判決（平成 4 年（ワ）第 8898 号　損害賠償請求事件）（判時 1561 号 84 頁、判タ 898 号 245 頁）……………………………22

神戸地裁平成 9 年 1 月 29 日判決（平成 6 年（タ）第 5 号・第 50 号　婚姻取消等請求、婚姻無効確認反訴請求事件）（判時 1638 号 122 頁）…………………84

千葉地裁平成 9 年 7 月 24 日判決（平成 7 年（ワ）第 1702 号　損害賠償請求事件）（判時 1639 号 86 頁）……………………………………………………4

東京地裁（八王子支部）平成 9 年 12 月 8 日判決（平成 8 年（ワ）第 1772 号　外国判

決に対する執行請求事件）（判タ976号235頁）……………………………………226
横浜地裁平成11年3月30日判決（平成5年（タ）第15号　離婚無効確認請求事件）
（判時1696号120頁）………………………………………………………………80,224
名古屋地裁平成11年11月24日判決（平成7年（タ）第167号　離婚等請求事件）
（判時1728号58頁）………………………………………………………………………99
東京地裁平成19年8月28日決定（平成19年（ヨ）第20047号　契約違反行為禁止
等仮処分命令申立事件）（判時1991号89頁、判タ1272号282頁）………………57
東京地裁平成21年2月12日判決（平成20年（ワ）第17721号　執行判決請求事件）
（判時2068号95頁）……………………………………………223,225,228,229,230
東京地裁平成21年6月29日判決（平成20年（ワ）第15156号　損害賠償請求事件）
（判タ1328号229頁）……………………………………………………………………94
東京地裁平成22年4月15日判決（平成20年（ワ）第38667号　執行判決請求事件）
（判時2101号67頁）……………………………………………………………………224
東京地裁平成23年3月10日判決（平成21年（ワ）第11437号　損害賠償等請求事
件）（判タ1358号236頁）………………………………………………………………42

家庭裁判所

東京家裁昭和38年6月13日審判（昭和38年（家）自第677号至第679号　養子縁
組許可申立事件）（家月15巻10号153頁）…………………………………………72
東京家裁昭和45年3月31日審判（昭和44年（家）第9730号　遺言執行者選任申立
事件）（家月22巻10号101頁）………………………………………………………141
大阪家裁昭和54年2月1日審判（昭和51年（家）第2460号・昭和53年（家）第
2260号　婚姻費用分担等申立事件）（家月32巻10号67頁）…………………………5
京都家裁昭和55年2月28日審判（昭和54年（家）第1718号、第1719号　戸籍訂
正許可申立事件）（家月33巻5号90頁）………………………………………………87
長野家裁昭和57年3月12日審判（昭和51年（家）第131号　遺産分割審判申立事
件）（家月35巻1号105頁）……………………………………………………………72
盛岡家裁平成3年12月16日審判（平成3年（家）第175号　養子縁組申立事件）

（家月44巻9号89頁）……………………………………………………………110

札幌家裁平成4年6月3日審判（平成4年（家）第439号　養子縁組許可申立事件）（家月44巻12号91頁）………………………………………………100

京都家裁平成6年3月31日審判（平成元年（家）第2699号　面接交渉申立事件）（判時1545号81頁）………………………………………………………6

熊本家裁平成10年7月28日審判（平成10年（家）第264号　婚姻費用分担申立事件）（家月50巻12号48頁）……………………………………………2

青森家裁（十和田支部）平成20年3月28日審判（平成18年（家）第252号　養子縁組許可申立事件（趣旨変更後の事件名　特別養子縁組申立事件））（家月60巻12号63頁）……………………………………………………136, 142

東京家裁平成22年7月15日審判（平成21年（家）第11448号　親権者変更申立事件）（家月63巻5号58頁）…………………………………………137

事項の索引

* 目次に掲げていない用語・語句を、便宜のために統合・配合し、英語・ドイツ語・フランス語・ラテン語（イタリック体）の原語を付すなど修正して、掲げる。

ーあ行ー

油による汚染損害についての民事責任に関する条約　21
UNCITRAL 国際商事仲裁モデル法　52, 236
遺言による後見人の指定　124
遺言による認知　124
遺言の執行　125
遺言の実質的内容　124
遺言の成立及び効力　124
遺言の撤回の許否　126
遺言の取消し　124, 125
遺言の方式（形式的成立要件）　124, 127, 204
遺言の方式に関する法律の抵触に関する条約　59
遺言の方式の準拠法に関する法律　59, 75, 124, 127, 136, 137, 140
意思表示の発信地　204
移送　13, 38, 41
異則主義　119, 160
遺贈　124
一方的婚姻障碍　81
移動中の物（*res in transitu*）　164
移動中の物の所在地　164

インコタームズ（Incoterms）（貿易条件の解釈に関する国際規則）　52
氏の変更　108
疑わしいときは法廷地法による（*in dubio lex fori*）　71
訴えの提起の時　21
運送中の貨物　164
営業所　214
援用可能統一規則　52, 215
応訴　30, 225
応訴による管轄権　30
公の秩序（公序）　75

ーか行ー

会社その他の社団又は財団に関する訴え　34
加害行為の結果発生地……35, 174, 179, 180, 181, 182, 185, 186
加害行為の行為地　35, 174, 179, 180, 181, 182, 185, 186
確定　220
隠れた反致（versteckte Rückverweisung）　142
貨物引換証　165
仮執行宣言　229
為替手形及び約束手形に関し統一法を制

定する条約……50
管轄　5
管轄権　5,20,21
管轄原因事実の証明　22
管轄原因の確定の基準時　30,37
間接管轄権（間接管轄）　222
間接に指定する（間接指定主義）　135,136
間接法　56
外交関係に関するウィーン条約　16
外交婚・領事婚　85
外国会社　34
外国裁判所の確定判決　220
外国裁判所の判決　7,220,221
外国人法　153
外国仲裁　234.237
外国仲裁判断の承認・執行　241
外国仲裁判断の承認及び執行に関する条約　236
外国倒産処理手続の承認援助に関する法律　154
外国判決（foreign judgment; ausländische Entscheidung）　7,219,221,229
外国判決の執行　219
外国判決の承認　219
外国判決の承認の基準時　221
外国法　69,70,74
外国法人（foreign corporation; ausländische juristische Person）　152,153
外国法人の設立の準拠法　152
外国法に準拠して設立された法人　152
外国法によるべき場合　74,189

外国法の規定の適用排除後の処理　76
外国法の適用違背　73
外国法の適用の結果の異常性　75
外国法の不明　71
学説法　59
旗国法（law of flag state）　164
客観的併合（訴訟客体の併合）……39
客観的連結　199
狭義の反致　139,140
強行規定　205,207
強行法規の特別連結論（die Sonderanknüpfung des zwingenden Rechts）　194
強制執行を許す旨を宣言　229
共通本国法　94,115
居所地法　138
擬似外国会社（pseudo-foreign corporation）　155
国及びその財産の裁判権からの免除に関する国際連合条約　16
具体的事案の内国関連性　75
形式的成立要件（方式）　196
契約型養子縁組　108
契約自由の原則　194
契約上の債務に関する請求　32
契約上の債務の履行の請求　32
契約の効力　195
契約の成立　195
決定型養子縁組　108
血統主義（jus sanguinis）　131
検認（probate）　126
権利の得喪　162

事項の索引　253

原因となる事実が発生した地（原因事実発生地）　174, 175, 176
行為性質説　15, 16
行為地　203
行為地法（行為地の法）（*lex loci actus*）　112, 146, 147, 203
工業所有権の保護に関するパリ条約　50, 168
後見開始の審判等　148
後見等　148
公示送達　225
公序違反の審査の対象　227
公序違反の判断の基準　227
公序則（公序条項）　74
公序則の適用の基準　75
「衡平と善」による仲裁　240
小切手に関し統一法を制定する条約　50
国際契約　193
国際航空運送についてのある規則の統一に関する条約　21, 50
国際裁判管轄（国際裁判管轄権）（international judicial jurisdiction; Internationale Zuständigkeit）　5, 13, 19, 26, 79, 98, 148, 150, 212, 214
国際裁判管轄の合意（裁判管轄条項）　4, 9, 28, 29, 39, 41, 212
国際私法（private international law; internationales Privatrecht; droit international privé）　5, 8, 20, 49, 51, 54, 55
国際司法共助　45
国際私法的処理　5, 8, 49
国際商業会議所（ICC）　52

国際的宣告管轄権　150
国際的訴訟競合（国際的重複訴訟）　7, 230
国際倒産に関するUNCITRALモデル法　52
国際物品売買　212
国際物品売買契約　212
国際物品売買契約に関する国際連合条約　50, 214
国際振込に関するUNCITRALモデル法　52
国際法人　153
国際民事訴訟法上の条理　14, 26, 37, 41, 221, 231
国際民事手続法（国際民事訴訟法）　9, 55
国際民事手続法上の条理　14, 26, 80, 98, 100
国籍（nationality; Staatsangehörigkeit; nationalité）　131
国籍法　55, 131
国家承認（政府承認）　58, 220
国境を越える法律関係　1
子に対する扶養義務の準拠法に関する条約　55
子の認知　104
子の福祉（利益の保護）　96, 98, 100, 107, 113
子の保護要件の規定　105, 110
個別労働関係民事紛争　38
婚姻挙行地法（*lex loci celebrationis*）　84

婚姻の効力　86
婚姻の財産的効力　88
婚姻の成立　82
婚姻の方式（形式的成立要件）……84
婚姻の身分的効力　86

　　　　－さ行－

債権質　211
債権者代位権　212
債権譲渡契約　210
債権の譲渡　210
債権の譲渡の債務者その他の第三者に対する効力　209
債権の譲渡の実質的成立要件　209
債権の譲渡の譲渡人と譲受人との間における実質的成立要件　210
裁判官は法を知る……70
裁判権　13,219
裁判事務心得　59
裁判の当否　229
債務の引受　211
債務の履行地　32
Savigny　53
詐害行為取消権　212
財産権上の訴え　33
財産関係についての法律行為の方式　204
自然人　145
失踪の宣告　150
失踪の宣告管轄権　150
失踪の宣告による死亡の擬制　121

失踪の宣告の効力　152
指定概念　60
仕向地　165
仕向地の法（仕向地法）（lex destinationis）　165
氏名公法理論……87
終局判決　19,21
主観的併合（訴訟主体の併合）　39
主観的連結　194,195,199
主権免除（sovereign immunity）　13,14
主たる営業所　31
主たる事業所の所在地　184
主たる事務所　31
商慣習法（商人法）（lex mercatoria）　52
渉外事件　5,13,49,50,51
渉外的法律関係　1,2,49
渉外的法律関係の準拠法　54
渉外的要素（foreign element）　1
承諾の通知の発信地　204
消費者　38,205
消費者契約　29,38,205
消費者契約の成立および効力　206
消費者契約の方式　206
消費者契約法　205
商標権独立の原則　170
将来効　178,202
職権探知主義　17,21,65,70,181,184,196,201,205,207,222
職権調査事項　17,21,43,45,65,196,201,205,207,222,227

親権者・監護権者の指定・変更　113
真正商品の並行輸入　171
親族関係　114
親族関係についての法律行為の方式　204
信用状（letter of credit; L/C）　214
事案に直接適用されるその国の法令　240
事業　34
事業者　38, 205
事業主　38
事業所　39, 177, 184, 186, 201, 208
時際法（intertemporal law; intertemporales Recht）　56
時際法的処理　56, 70, 121, 199
実質的再審査　229
実質法（materielles Recht）　49, 53, 55, 61, 69
実質法的指定　196
実体的公序　226
自動執行条約（self-executing treaties; *self-executing* Verträge）　45
自動的承認の原則　219, 221
事務所又は営業所を有する者に対する訴え　33
重国籍　127, 133, 150
準拠法（governig law）　3, 5, 49, 54, 69, 195
準拠法単一の原則（le principe de la loi unique）　54, 130, 162, 166
準拠法に関する通則　53, 58
準拠法の合意（準拠法条項、準拠法約款）　10, 89, 193, 197, 213
準拠法の合意がないとき　241
準拠法の選定（choice of law）　55
準拠法の分割指定（dépeçage）　197
準拠法の変更　89
準拠法を定める法　53, 55
準国際私法（準抵触法、州際私法）（quasi private international law, interstate conflict of laws）　134, 135
準用する　86, 88, 91, 92, 105, 138, 143
ジョイント・ベンチャー（joint venture）　157
上位法　56
常居所（habitual residence; gewöhnlicher Aufenthalt; résidence habituelle）　64, 137
譲渡に係る債権　210
譲渡に係る債権について適用すべき法　210
条約　58
条理　14, 58, 59, 71
人際法（人際私法）（interpersonal law; interpersonales Recht）　57, 134, 136
人的不統一法国　134, 136
推定する　200, 201, 207
請求権競合　187
制限免除主義　14
生産業者等　183
清算主義　119, 122
生産物　183
生産物責任　35, 175, 180, 182
生産物の引渡しを受けた地（生産物の引

渡地） 184
製造物責任法 183
生地主義（jus soli） 131,132
セーフガード条項（保護条項） 105,110,140
世界知的所有権機関（WIPO） 168
世界統一私法 50
世界統一私法条約（完全統一私法条約） 50
先決問題（preliminary question; Vorfrage; question préalable） 65,115
専属する 27
選択がないとき 199,206,208
選択した 195,196,197
選択的に適用（選択的適用） 85,102,105,106,107,112,127,203,204
選択的に連結（選択的連結） 63,102,111,127,204
船舶債権その他船舶を担保とする債権に基づく訴え 34
船舶先取特権 166
船舶の衝突その他海上の事故に基づく損害賠償の訴え 36
絶対的強行法規 57,170,207
相互の保証（相互主義）（reciprocity; Gegenseitigkeit; réciprocité） 228,241
相殺 211
相続統一主義（同則主義） 119,120
相続人の確定 121
相続人の不存在 121
相続人の不分明 121

相続分割主義 119
相続若しくは遺留分に関する訴え 37
送達 45,225
双方的婚姻障碍 82
遡及効 178,202
訴訟手続 226
訴訟手続を中止 231
訴訟能力 44
訴状の送達 225
属地主義（territorial principle; Territorialitätsprinzip） 168

－た行－

待婚期間の要件 82
対象債権の譲渡可能性 210
単位法律関係 54,60,63,64
単位法律関係を示す概念 60
代理 208
代理行為地の法 209
段階的に適用（段階的適用） 86,113,134
段階的に連結（段階的連結） 63,86,115,134,140,142
地域的不統一法国 134,135
知的財産 167,183
知的財産基本法 19,27,167
知的財産権 19,27,35,161,167
知的財産権侵害行為 180
知的財産の国際的保護 168
知的所有権の貿易関連の側面に関する協定（TRIP's 協定） 167

嫡出である子　101
嫡出でない子　103
中間確認の訴えの管轄権　41
中間判決　19,21
仲裁契約の成立（実質的成立要件）および効力　238
仲裁合意（仲裁契約、仲裁条項）（arbitral agreement）　4,9,235,236,237,242
仲裁合意の当事者能力　239
仲裁合意の方式（形式的成立要件）　239
仲裁地　234,236,238
仲裁廷　4,236
仲裁廷が従うべき仲裁手続の準則　240
仲裁人（arbitrator）　4,234
仲裁判断（arbitoral award）　4,234,236,240
仲裁判断において準拠すべき法　240
仲裁判断の承認・執行　241
仲裁付託可能性（arbitrability）　238
仲裁法　236
調整問題（適応問題）（coordination; Angleichung）　66,120,122,126
重複訴訟（二重起訴）　230
直接管轄権（直接管轄）　26,224
直接に指定する（直接指定主義）　135,136
著作権侵害　169
著作権の譲渡　169
著作者人格権侵害　169
通常予見すること（通常予見可能）　36,181,184
抵触規則　55
抵触する内外の法令の適用関係を定める法令　55,240
抵触法（conflict of laws; Kollisionsrecht）　5,9,20,55,57,58,61,240
抵触法上の条理　55,59,66,74,87,98,122,145,154,164,165,168,208,209,211,239
抵触法的指定　196
抵触法的処理　8,60,69,79,96,120,214
抵触法の規定　60
手形行為・小切手行為の方式　204
手形又は小切手による金銭の支払の請求　33
適応問題（調整問題）（adjustment; Anpassung; adaptation）　66,91,110
適用すべき法　5,10,49,53,54,74
手続的公序　226
手続は法廷地法による　42,43,61,237
転致　139,140
統一私法　50
統一私法条約　50
統一法（uniform law; vereinheitliches Recht）　50
登記（登録）　27,90
登記・登録の法域の法　164
登記をすべき権利　161
当事者自治（当事者自治の原則）（party autonomy; Parteiautonomie; autonomie de la volonté）　89,174,178,193,194,214,238,239,240

当事者適格　44
当事者による事後的な準拠法の変更（当事者自治）　178,188
当事者能力　43,153
当事者の確定　43
登録国の法（登録国法）　168
特徴的な給付（特徴的給付の理論（principle of characteristic performance））　200
特別縁故者への財産分与　122
特別裁判籍に相当する管轄原因　32
特別の事情　40,222
特許製品の並行輸入　171
取引保護　147,158
同一常居所地法　87
同一本国法　86,113
動産は人骨に付着する（Mobile ossibus inhaerent）　160
動産・不動産区別主義　160
動産・不動産統一主義　160,161
同則主義　119,160

－な行－

内縁　94
内外法人平等の原則　153
内国民待遇（national treatment; Inländerbehandlung）　168
荷為替信用状に関する統一規則及び慣例（荷為替信用状規則）　52
日本人条項　85,92,133
日本において事業を行う者（……）に対する訴え　34
日本の裁判所の管轄権　26,80,98
ニューヨーク条約　236,241
任意代理　209
任意的連結　63
認許（Anerkennung）　153
認知の方式（形式的成立要件）　106
能動的消費者　38,206

－は行－

ハーグ国際私法会議（Hague Conference on Private International Law）　51,56,137
ハーグ国際私法会議規程　51
ハーグ国際私法条約　51,59,75
配分的に適用（配分的適用）　82
配分的に連結（配分的連結）　63,82
判決の国際的調和　55
判決の内容　226
反訴の管轄権　42
反致（renvoi; Rückverweisung）　139
バイ・スタンダー（by-stander）　183
場所は行為を支配する（locus reigit actum.）　84,111,112,127,203,204
万民法型統一私法　50
万民法型統一私法条約（万民法型統一条約）　50,214
比較法の方法（comparative law method）　56,62
被害者　183
被害者の常居所地　186

被後見人等　148
非訟裁判　98, 221
人に関する訴え　79, 98
人に対する訴え　30
夫婦財産契約　90, 91
夫婦財産制　88, 89, 123
フォーラム・ショッピング（法廷地漁り）（forum shopping）　20
附合契約　198
附従的連結（akzessorische Anknüpfung）　177, 187
不正競争行為　180
普通裁判籍　30
不統一法国　134
不動産に関する訴え　36
船荷証券（bill of lading; B/L）　165
船荷証券に関するある規則の統一のための国際条約　50
不変更主義　64, 104, 106, 108, 109, 125, 126, 163, 198, 200
不法行為があった地　35
不法行為に関する訴え　35
扶養義務　115
扶養義務の準拠法に関する条約　59
扶養義務の準拠法に関する法律　59, 75, 88, 136, 137, 140
扶養権利者　115
物権行為の行為能力　164
物権行為の方式（形式的成立要件）　164
物権変動　162
部分的承認　227

部分的反致　141
文学的及び美術的著作物の保護に関するベルヌ条約　50, 168
変更主義　64, 87, 89, 114, 162, 176, 181
変更することができる　178, 187, 202, 207
偏面的法律関係　139, 219
別居　94
便宜置籍船（flags of convenience ship）　165
弁論主義　70, 184
法域（jurisdiction）　1, 49, 54, 135
方式（形式的成立要件）　89, 111, 203
法人　145, 152
法人格　153
法人格の否認　156
法人その他の社団又は財団に対する訴え　31
法人の一般的権利能力……154
法人の行為能力　154
法人の個別的権利能力　154
法人の従属法（personal law of corporations; Personalstatut der juristischen Personen）　154, 239
法人の設立準拠法　154
法人の不法行為能力　154
法人の本拠地　155
法定代理　209
法定担保物権の成立および効力　166
法廷地　1, 20, 42, 69, 75, 139, 174, 188
法廷地法（lex fori; law of the forum）　42, 139, 142, 166, 174, 189
法適用法　56

事項の索引　261

法の適用に関する通則法（法適用通則法）　58, 60, 63, 96, 138
法律回避（evasion of law; Gesetzesumgehung）　65
法律関係の性質の決定（classification; Qualification; qualification）　61
法律関係の本拠（Sitz）　138
法律行為　195
法律行為の成立　196, 203
法律行為の方式　203
法律詐欺（fraude à la loi）　65
法律不遡及の原則……89
法例　58
本国法主義（principle of national law; Staatsangehörigkeitsprinzip）　130, 137, 146
本国法による　64, 130
妨訴抗弁　237

－ま行－

Mancini　53
民事裁判権　13, 45
民事裁判権条約　16
民事裁判権の免除　13, 14
民事訴訟手続に関する条約　45
民事訴訟手続に関する条約等の実施に伴う民事訴訟手続の特例等に関する規則　46
民事訴訟手続に関する条約等の実施に伴う民事訴訟手続の特例等に関する法律　46
民事又は商事に関する裁判上及び裁判外の文書の外国における送達及び告知に関する条約　45
無国籍　132, 134
明示の意思　196
名誉または信用の毀損　35, 175, 180, 185
申込みの通知の発信地　204
黙示の意思　196, 197
目的物の所在地　64, 160, 162, 163
目的物の所在地法（lex rei sitae）　63
目的物の所在地法主義　121, 161, 164
最も密接な関係（closet connection）　53, 86, 87, 138, 143, 199, 214
最も密接な関係がある地　53, 63, 86, 87, 95, 130, 138, 199, 216
最も密接な関係がある法（最密接関係法 das engste Recht）　136
最も有意義な関係（the most significant relationship）　53, 138
最も有意義な関係がある地　53, 138
モデル法（模範法）（model law）　51
モントリオール条約　21, 42

－や行－

約定担保物権の成立および効力　165
友誼的仲裁　240
より密接な関係がある地　177, 186

－ら行－

領事関係に関するウィーン条約　16

累積的（重畳的）連結　63
連結する要素（要因）（connecting factor）　60
連結素（連結点　point of contact; Anknüpfungspunkt）　60, 63, 64
連結素の確定の基準時　64
離縁　109, 110
離婚に伴う氏の変更　91, 92
離婚に付随する効力　91
離婚の際の親権・監護権の帰属　91, 92
留保条項　74, 189
量的制限論　89, 194
累積的に適用（累積的適用）　105, 110, 114, 154, 162, 166, 189, 206, 207, 211, 212
労働契約　18, 38, 193, 206, 207
労働契約の方式　208
労働契約法　207
労働者　38, 207
労務を提供すべき地（労務提供地）　29, 38, 207, 208

― わ行 ―

ワルソー条約　21

著者紹介
廣江健司（ひろえ・けんし　Kenshi HIROE）
　　1977 年 3 月　　早稲田大学大学院法学研究科修了
　　　　　　　　　東京大学助手（法）等を経て
　　2004 年 4 月　　桐蔭横浜大学大学院法務研究科
　　　　　　　　　（法科大学院）教授
　　　　　　　　　弁護士（第一東京弁護士会）
　　2014 年 3 月　　同大学教授（定年により）退職
　　現在　　　　　　弁護士・同法科大学院特任教授

主要単著
『アメリカ国際私法の研究』（国際書院 1994 年）
『国際取引における国際私法』（国際書院 1995 年）
『集中講義 国際私法』（成文堂 2000 年）
『国際民事関係法』（成文堂 2008 年）他

　　　　　　　　　国際私法

　　　　　　　著者　　廣江健司

　　　　　　2015 年 2 月 20 日初版第 1 刷発行

・発行者──石井　彰　　　　・発行所
印刷・製本／新協印刷(株)

KOKUSAI SHOIN Co., Ltd.
3-32-5, HONGO, BUNKYO-KU, TOKYO, JAPAN
株式会社 国際書院
〒113-0033 東京都文京区本郷 3-32-5 本郷ハイツ404
TEL 03-5684-5803　　FAX 03-5684-2610
E メール：kokusai@aa.bcom.ne.jp
http://www.kokusai-shoin.co.jp

© 2015 by Kenshi HIROE

（定価＝本体価格 2,800 円＋税）
ISBN978-4-87791-265-9 C3032 Printed in Japan

本書の内容の一部あるいは全部を無断で複写複製（コピー）することは法律でみとめられた場合を除き、著作者および出版社の権利の侵害となりますので、その場合にはあらかじめ小社あて許諾を求めてください。